原始・古代
……旧石器・縄文時代遺跡
……弥生時代遺跡
……寺
……現在の電車
……神社
……名神高速
……古墳
……古墳群
高野川
本山遺跡
賀茂別雷社
(上賀茂社)
幡枝古墳群
植物園北遺跡
ケシ山遺跡
北白川遺跡群
北白川廃寺
嵯峨野・太秦古墳群
天神川
船岡山
菖蒲谷遺跡
出雲寺
賀茂御祖社
(下鴨社)
朝原山古墳群等
北野廃寺
嵯峨院跡遺跡
堀川
鴨川
吉田山
円山古墳
広沢古墳
双ヶ岡古墳群
二条城北遺跡
広隆寺
桂川
法観寺
岡崎遺跡
西ノ京上合町遺跡
八坂方墳
蛇塚古墳
天塚古墳
木島社
朱雀
愛宕寺
将軍塚1号墳
烏丸線
御廟野古墳
(天智天皇陵)
清閑寺霊山町遺跡
稲荷山古墳群
中臣十三塚古墳群
大宅廃寺
大枝遺跡
大原野神社遺跡
法琳寺廃寺
中臣遺跡
寺戸大塚古墳
五塚原古墳
妙見山古墳
下鳥羽遺跡
元稲荷古墳
鶏冠井遺跡
久我社
御香宮廃寺
乙訓寺
今里大塚古墳
黄金塚2号墳
長法寺南原古墳
宇治川
五ヶ庄二子塚古墳
木幡古墳群
雲宮遺跡
恵解山古墳
大鳳寺
鳥居前古墳
巨椋池
宇治二子山古墳
市田斉当坊遺跡
木津川
久津川古墳群
石不動古墳
芭蕉塚古墳
西山古墳群
八幡茶臼山古墳
久津川車塚古墳
尼塚古墳群
東車塚古墳
平川廃寺
淀川
西車塚古墳
芝ヶ原古墳群
久世廃寺

平安時代
……陵
紙屋川（西堀川）
賀茂別雷社
（上賀茂社）
蓮台野
船岡山
賀茂御祖社
（下鴨社）
仁和寺
平野社
北野社
化野
野寺
雙ヶ岡
大内裏
（平安宮）
吉田山
広隆寺
木島社
梅宮社
祇園社
東海道・東山道
右
左
平安京
西市
東市
京
京
市町
松尾社
清水寺
鳥辺野
河原院
高野新笠陵
藤原旅子陵
葛野郡葬地
紀伊郡葬地
山陰道
伏見稲荷社
大原野社
藤原乙牟漏陵
鳥羽作道
仁明天皇陵
鳥羽津
桓武天皇陵
浄妙寺
長岡京
右
左
西市
東市
京
京
木幡
大和街道
西海道
平等院

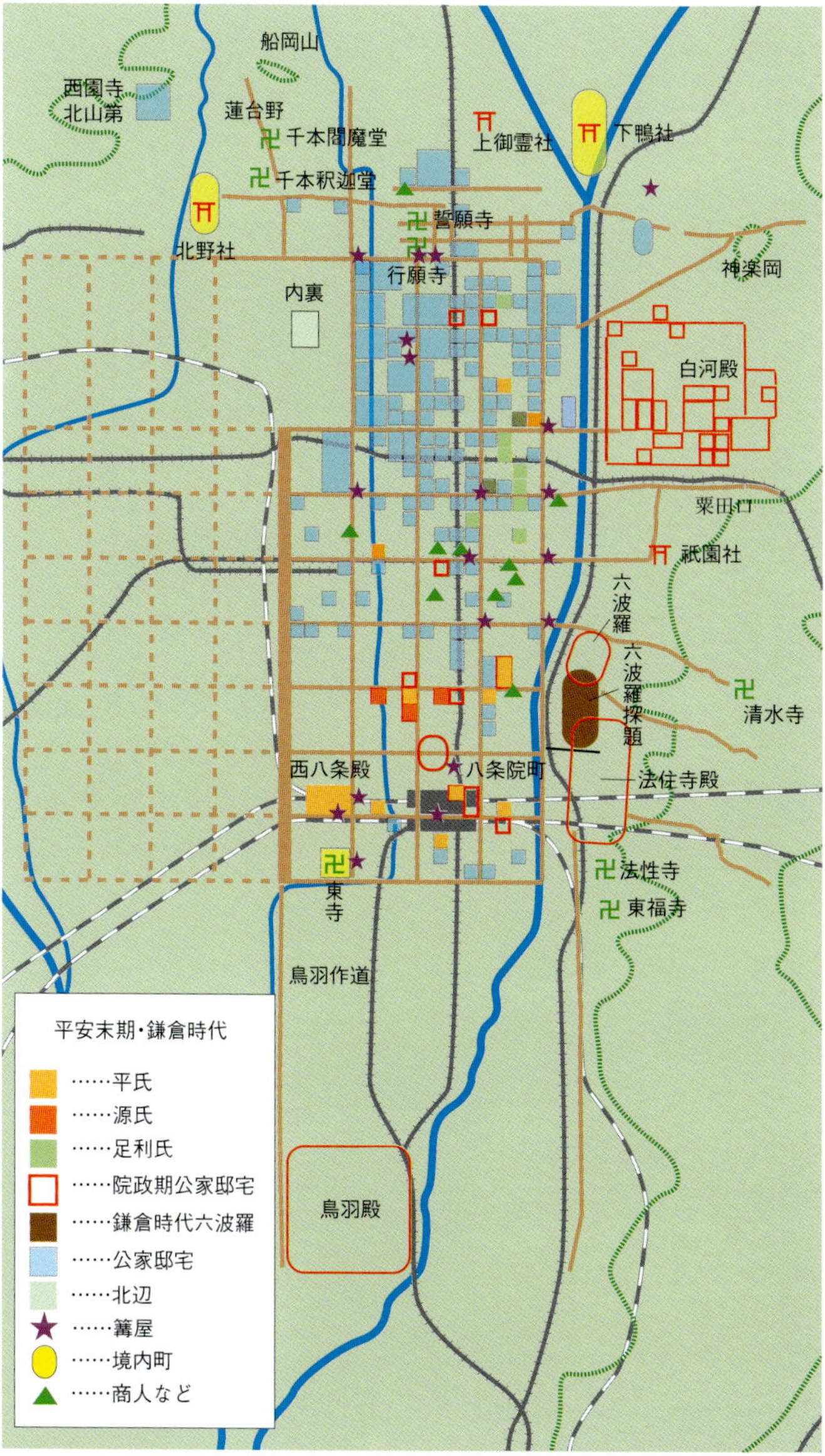
船岡山
西園寺
北山第
蓮台野
千本閻魔堂
上御霊社
下鴨社
千本釈迦堂
誓願寺
北野社
行願寺
神楽岡
内裏
白河殿
粟田口
祇園社
六波羅
六波羅探題
清水寺
西八条殿
八条院町
法住寺殿
東寺
法性寺
東福寺
鳥羽作道
鳥羽殿
平安末期・鎌倉時代
……平氏
……源氏
……足利氏
……院政期公家邸宅
……鎌倉時代六波羅
……公家邸宅
……北辺
……篝屋
……境内町
……商人など

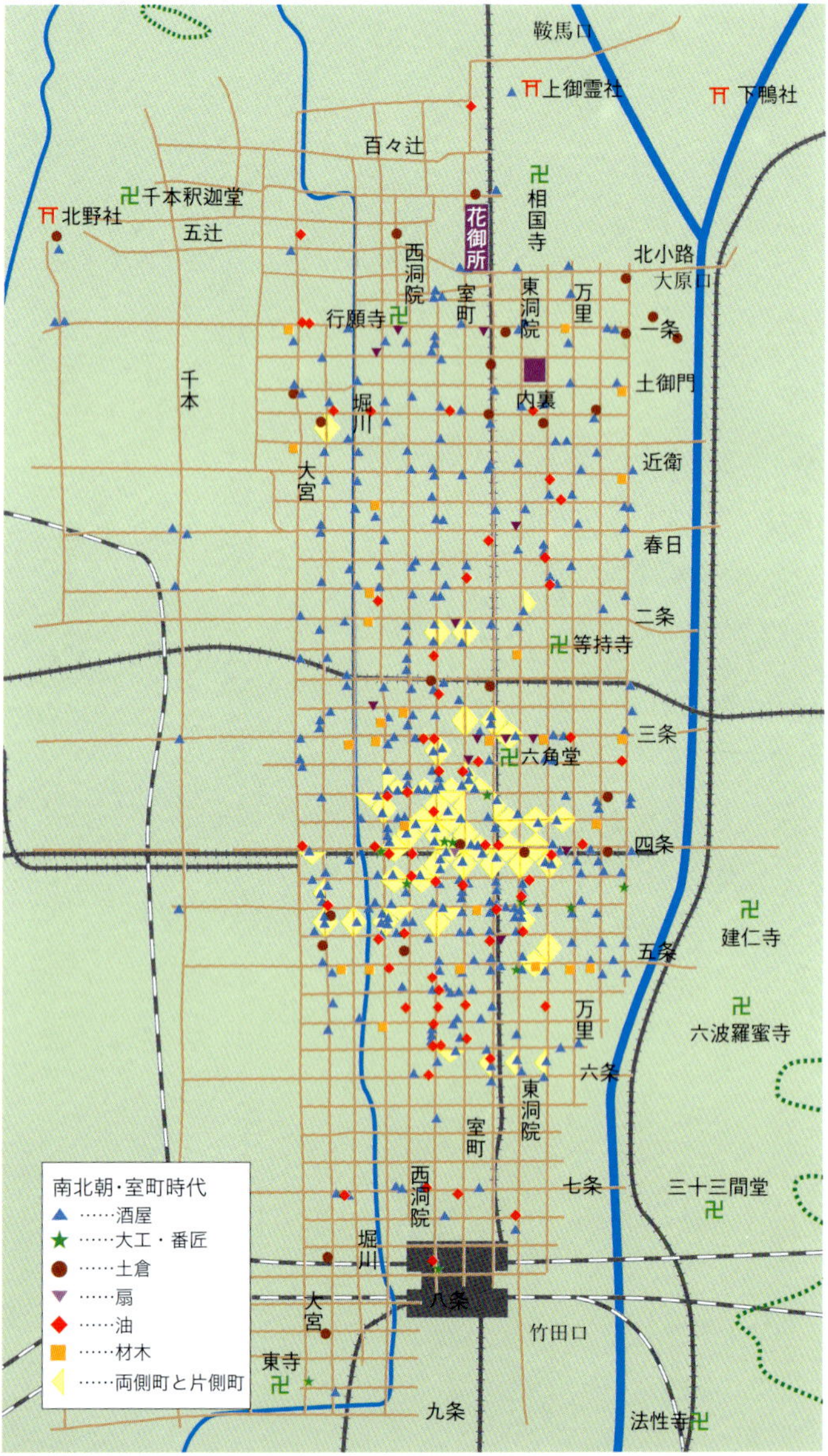
鞍馬口
上御霊社
下鴨社
百々辻
相国寺
千本釈迦堂
北野社
花御所
五辻
西洞院
北小路
大原口
室町
東洞院
万里
行願寺
一条
千本
土御門
堀川
内裏
近衛
大宮
春日
二条
等持寺
三条
六角堂
四条
建仁寺
五条
万里
六波羅蜜寺
六条
東洞院
室町
西洞院
七条
三十三間堂
堀川
八条
大宮
竹田口
東寺
九条
法性寺
南北朝・室町時代
……酒屋
……大工・番匠
……土倉
……扇
……油
……材木
……両側町と片側町

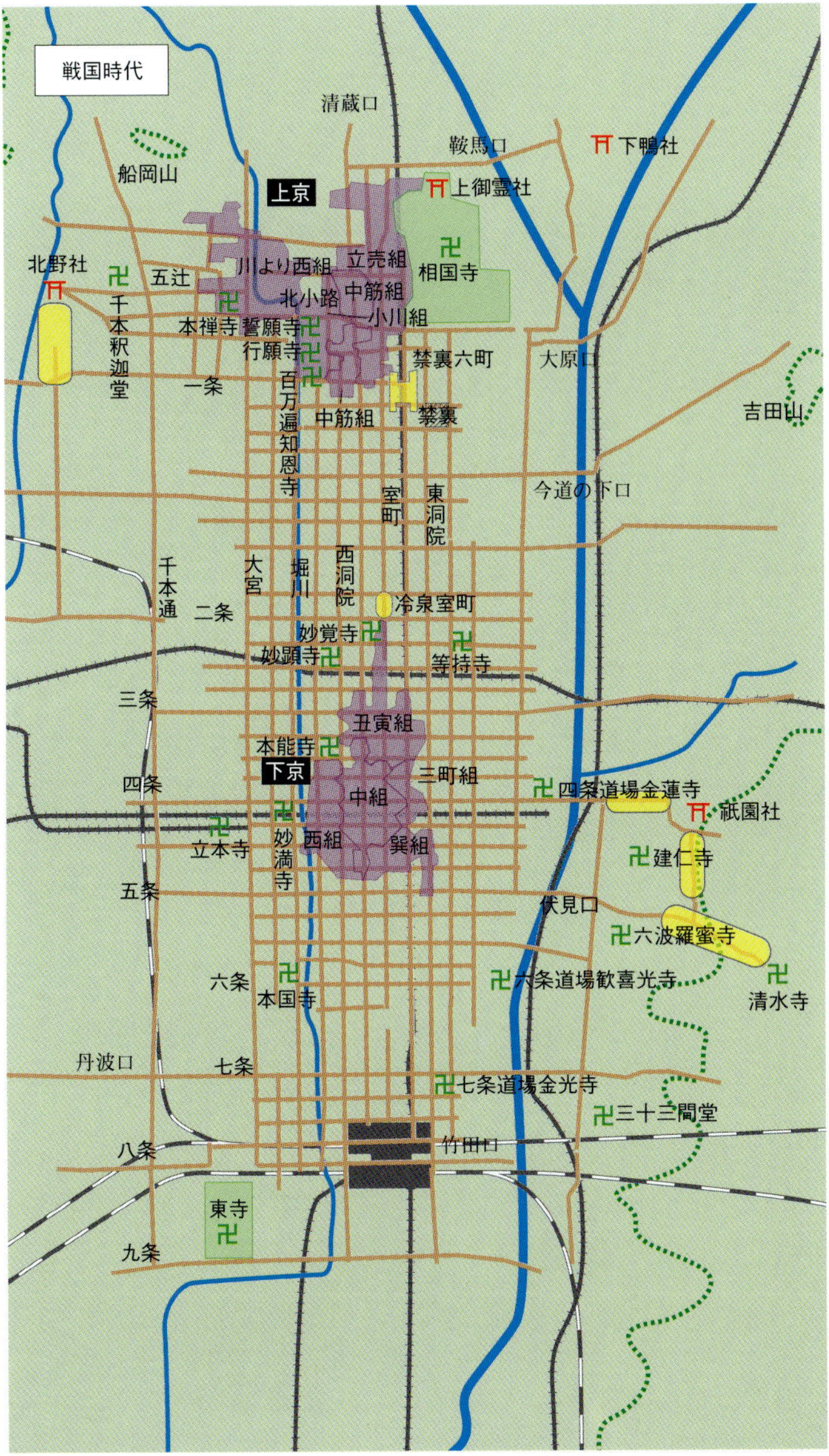
戦国時代
清蔵口
鞍馬口
下鴨社
船岡山
上京
上御霊社
北野社
五辻
川より西組
立売組
相国寺
北小路
中筋組
小川組
千本釈迦堂
本禅寺
誓願寺
行願寺
禁裏六町
大原口
一条
百万遍知恩寺
中筋組
禁裏
吉田山
今道の下口
室町
東洞院
千本通
大宮
堀川
西洞院
二条
冷泉室町
妙覚寺
妙顕寺
等持寺
三条
丑寅組
本能寺
下京
三町組
四条
中組
四条道場金蓮寺
祇園社
立本寺
妙満寺
西組
巽組
建仁寺
五条
伏見口
六波羅蜜寺
六条
本国寺
六条道場歓喜光寺
清水寺
丹波口
七条
七条道場金光寺
三十三間堂
八条
竹田口
東寺
九条

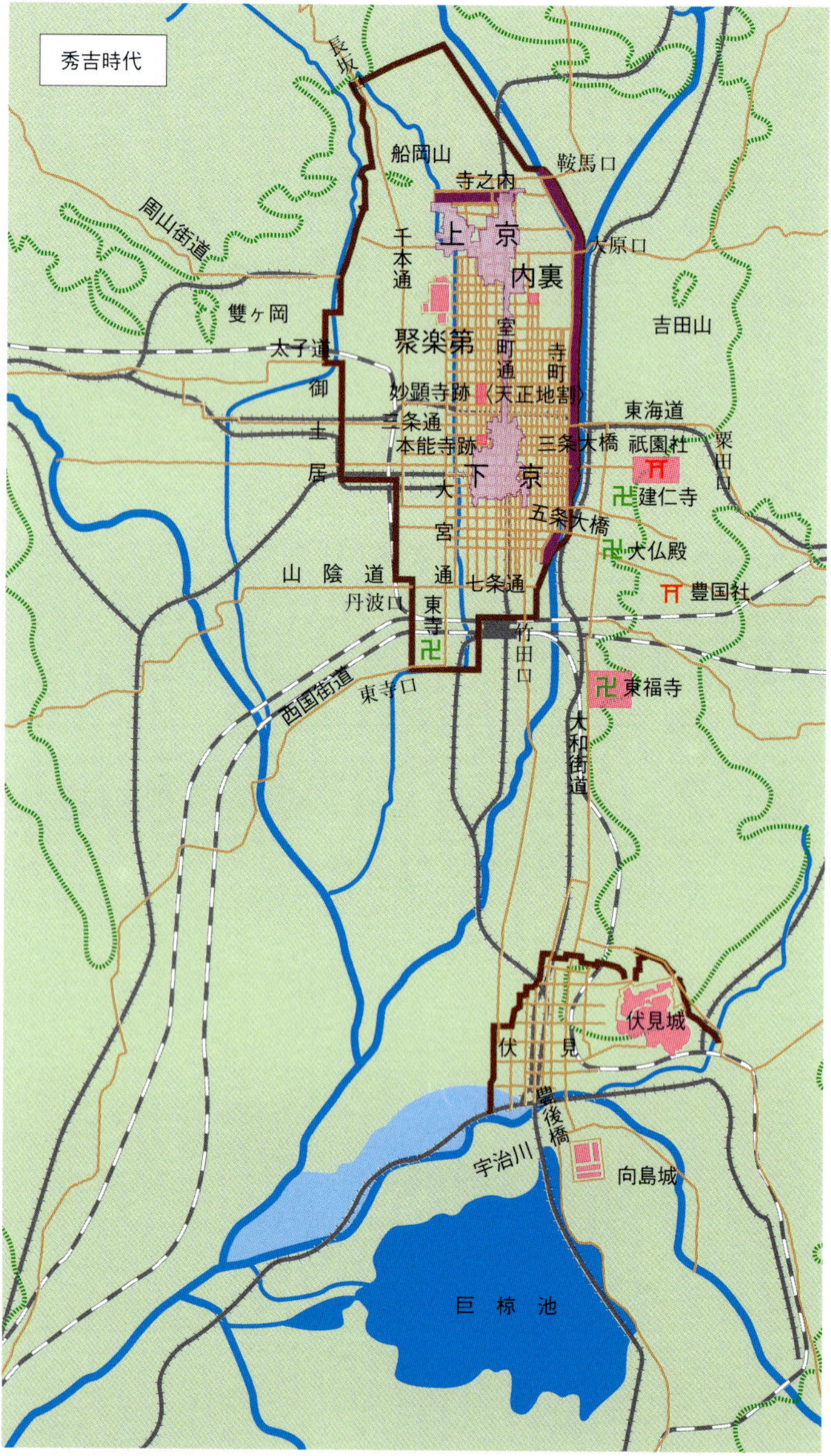
秀吉時代
長坂
船岡山
鞍馬口
寺之内
周山街道
上京
千本通
大原口
内裏
雙ヶ岡
吉田山
室町通
寺町
聚楽第
太子道
御土居
妙顕寺跡
（天正地割）
東海道
二条通
粟田口
本能寺跡
三条大橋
祇園社
下京
大宮通
建仁寺
五条大橋
大仏殿
山陰道
七条通
豊国社
丹波口
東寺
竹田口
西国街道
東寺口
東福寺
大和街道
伏見城
伏見
豊後橋
宇治川
向島城
巨椋池

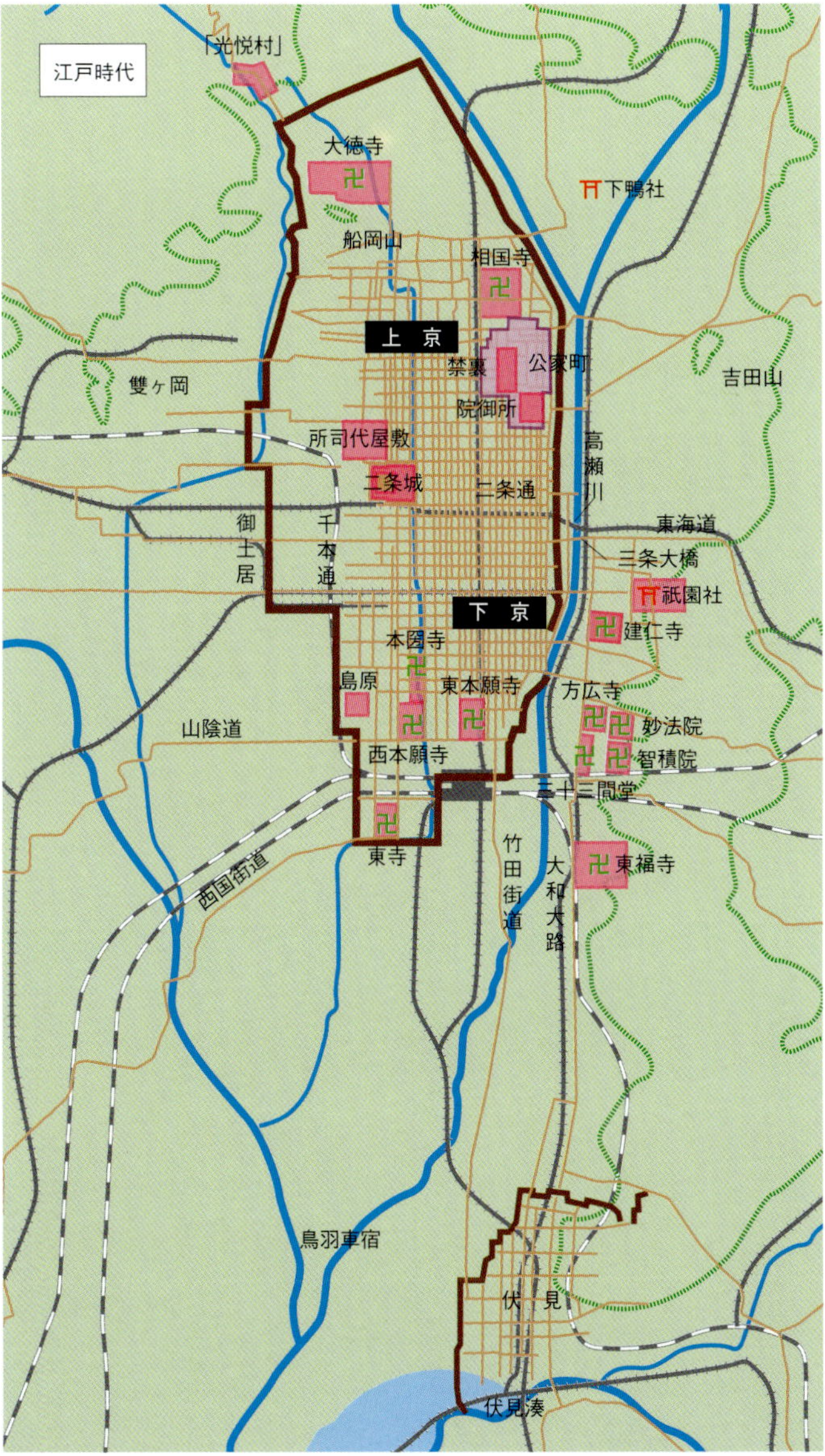

江戸時代
「光悦村」
大徳寺
下鴨社
船岡山
相国寺
上京
禁裏
公家町
吉田山
雙ヶ岡
院御所
所司代屋敷
高瀬川
二条城
二条通
御土居
千本通
東海道
三条大橋
祇園社
下京
建仁寺
本圀寺
島原
東本願寺
方広寺
山陰道
妙法院
西本願寺
智積院
三十三間堂
東寺
竹田街道
大和大路
東福寺
西国街道
鳥羽車宿
伏見
伏見湊

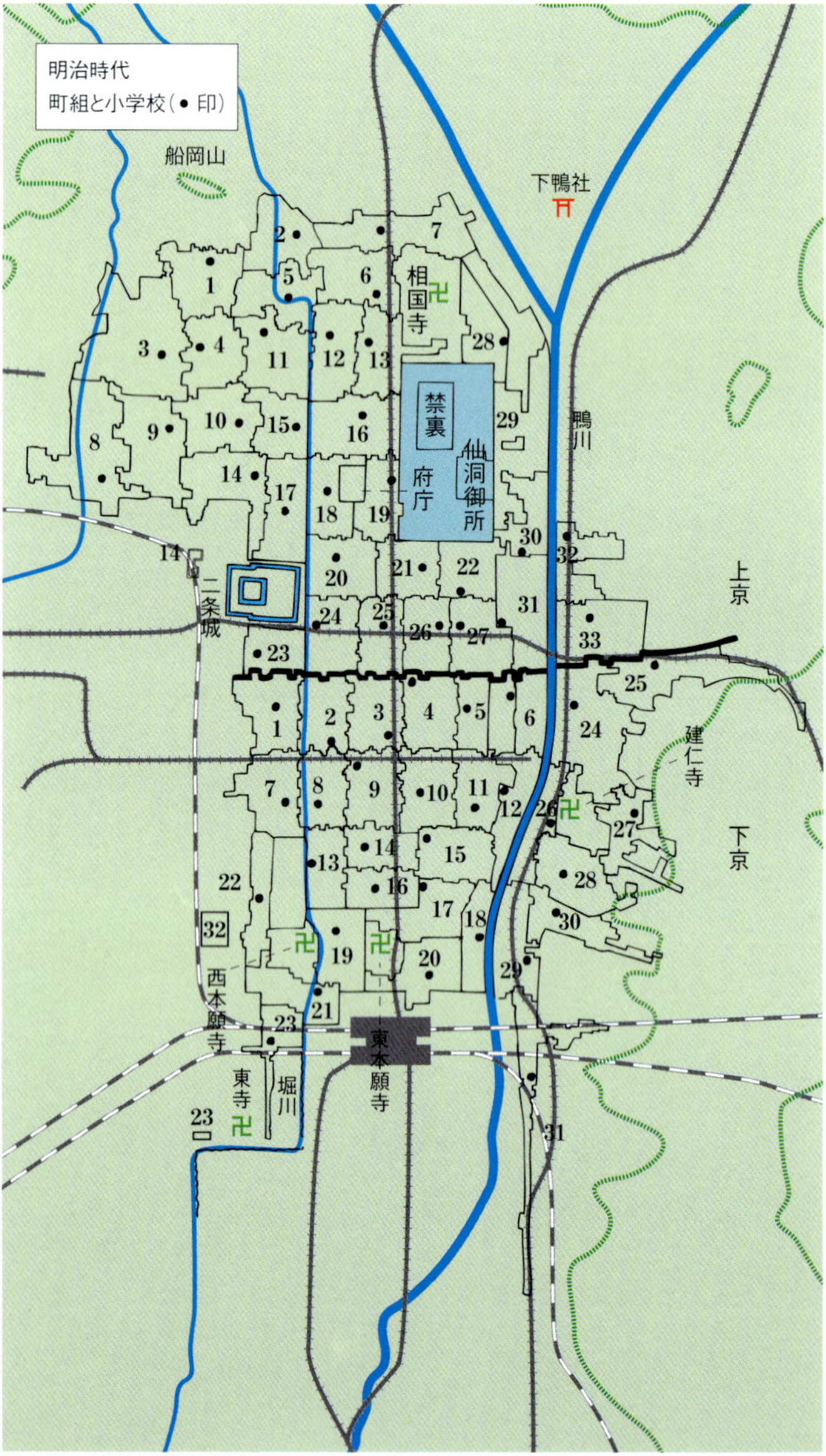
明治時代
町組と小学校（● 印）
船岡山
下鴨社
相国寺
禁裏
仙洞御所
府庁
鴨川
二条城
上京
下京
建仁寺
西本願寺
東本願寺
東寺
堀川

中公新書 1928

脇田 修
脇田晴子 著

物語 京都の歴史

花の都の二千年

中央公論新社刊

物語　京都の歴史　目次

第五章　近世の京都

物語　京都の歴史

第一章　京都の移り変わり――口絵地図に添って

原始・古代のありさま——地質・遺跡

京都盆地は上古、湖沼だった。昭和一六（一九四二）年までに八年を費やして干拓されてしまった巨椋池《おぐらいけ》はその名残であった。この盆地には古大阪湾の海水が入っていたが、その後、陸地が隆起して周囲の山々からの河川が土砂を運び、今日のような沖積平野となった。

そもそも日本列島がまだ、大陸から分離していなかった二万年前から、この地には人類が住み着いていた。その痕跡《こんせき》が旧石器時代の遺跡で、向日《むこう》丘陵や大枝《おおえ》、大原野《おおはらの》、上賀茂《かみがも》、山科《やましな》など、いずれも水場が近く、眺望のきく、狩猟にふさわしい場所である。

日本が大陸から離れた一万二〇〇〇年ほど前、縄文文化の人々の存在が京都でも確認できる。草創期の有茎尖頭器《ゆうけいせんとう》や早期の押型文《おしがたもん》土器などが発見され、北白川《きたしらかわ》では竪穴《たてあな》住居、追分町《おいわけちょう》では配石遺構と埋甕《うめがめ》が見つかっている。この一帯は白川による扇状地が、狩猟・漁撈《ぎょろう》のできる場所で、大きな集落のできる条件が整っていたのである。

紀元前数世紀には、弥生文化が稲作農耕に適した巨椋池周辺の低湿地に定着した。前期の遺跡は京都西南部の桂川《かつらがわ》流域の低地に集中して発見されている。中期になると、深草《ふかくさ》遺跡で多量の木器、それを作る石器・鉄工具、壺《つぼ》や甕などの土器が発掘されて本格的な水稲農耕集落の性格を示す。また朝鮮半島に起源をもつ井戸の存在や、紀伊《きい》・阿波《あわ》地域原産の石材加工の遺跡など広領域化していく。土器も近江《おうみ》や東海地方、また大阪地域の影響などをうけていて京都はその接点をなしていた。

京都盆地に古墳の築造が始まったのは、三世紀後半から四世紀前・中期にかけてであり、西南部の桂川右岸の乙訓《おとくに》地域からである。大和《やまと》系の前方後円墳ばかりでなく、東海地方や近江地域で流行した前方後方墳が含まれていた。双方の影響をうけていたといえよう。また、五世紀前半・中期ごろには東山《ひがしやま》丘陵の西の八坂《やさか》、深草、桃山《ももやま》あたりに古墳が築かれた。それらの地の古墳が縮小化し始める五世紀後期ごろから六世紀にかけて、嵯峨野《さがの》・太秦《うずまさ》の地に、巨大古墳が出現する。渡来集団の秦《はた》氏のものと見ることができる。

五世紀後半から七世紀前半、これらの大古墳と並行して群集墳が近畿地方を中心に現れるが、これは支配階級のみならず、より広範な階層の墳墓である。京都にもみられるこれらは大古墳と同じ地域にあり、首長の大古墳とその配下の共同体の成員の墓として、一対をなすものとの解釈もできよう。

平安京の造営

京都は夏は暑くて冬は寒い土地である。どうしてそんなところにわざわざ都を構えるのか。風水害、台風、地震などの当時の気象条件や、外敵への守りなどに規定されたものであろう。

都を選定する際には、高松塚古墳《たかまつづか》で有名になった「四神相応《しじんそうおう》の地」という条件がある。四神とは天の四方の星宿で、その方角を守る神である。東は青竜《せいりゅう》、西は白虎《びゃっこ》、南は朱雀《すざく》、北は玄武《げんぶ》となっていて亀に蛇が巻きついている。相応する地形とは、東に流水、西に大道、南に汚地《おち》（くぼんだ湿地）、北に丘陵がある土地で、平安京は「四神相応の地」といわれる。長岡京《ながおか》を捨てた理由は明らかでないが、「四神相応の地」ではなかった。

平安京・平安宮は長安《ちょうあん》京を模したものといわれている。しかし、平安京は東西四・七キロメートル、南北五・七キロメートル、総面積は二六・七九平方キロメートルで、長安京の大体三分の一であった。口絵のとおり、長岡京も同面積である。

延暦《えんりやく》一二年（七九三）からの造都は、土地の収用から始まり、次に河川の流路を変更して整備した。京都にはたくさんの河川があったが、現在では暗渠《あんきょ》となったり、埋め立てられたりしているという。旧賀茂川は運河となって堀川《ほりかわ》となっている。旧賀茂川と旧高野川《たかのがわ》は、四条から五条で合流していたのを、現在のように大工事を行った。その時期は造都の時期ともそれ以前ともいわれている。それゆえに賀茂川は絶えず西南に流れる傾向があり、鎌倉時代にも大洪水をもたらしたという。

翌一三年七月には、七条に東西市を移している。これによって長岡京は都市機能を失い、都としての機能は平安京に集約された。翌一四年正月、まだ大極殿《だいごくでん》はできていないが、宮中では踏歌《とうか》を奏して「新京楽　平安楽土　万年春」と唱って言祝《ことほ》いだ。造宮使が廃止されるのはあと一〇年待たなければならないが、一応、新都は軌道に乗ったのである。

平安京の構図は、口絵の図のように、朱雀大路《すざくおおじ》を境に左京《さきょう》と右京《うきょう》、これは天子から見ての左右である。その真ん中に大内裏《だいだいり》があり、周りには地方から番上《ばんじょう》して勤務する者などの宿泊する官衙《かんが》町があった。京内は一条から九条にいたる条坊制で区切られ、七条には左右の市が置かれた。朱雀大路の南の果てには羅城門《らじょうもん》があり、その左右に東寺《とうじ》・西寺《さいじ》が置かれていた。

そして、牛馬の放牧の地と、諸人の葬送の地を、図のように葛野《かどの》郡一所と紀伊郡一所に限り、京内の葬送を禁止した。のち、これらの土地が田畑として開かれるのを禁止している。堂々たる都市計画である。

左京中心へ——平安末期・鎌倉時代

平安京も、一世紀もたてば大きな変貌《へんぼう》をし、左京を中心として発展していく。上辺《かみへん》、下辺《しもへん》といわれるのも、左京のなかでの区分であり、上辺は大内裏より東で二条大路より北、貴顕の邸宅の立ち並んだところである。下辺は英語のダウンタウンと同じで、商業区域であり、庶民の居住区域である。源　融《みなもとのとおる》が陸奥《むつ》の塩を焼くありさまを模して、難波《なにわ》から海水を引いて塩を焼いたという別荘の六条河原院《かわらのいん》（現枳殻邸《きこくてい》）もあったが、それはたちまち廃墟《はいきょ》と化し、

『源氏物語』では怨霊《おんりょう》が出る話が作られ、『今昔物語集《こんじやくものがたりしゅう》』では幽霊の出る説話の場所となった。

やがて大内裏の修理職町《しゆりしきまち》という建築業の人々の所属する役所に通じる南北の小路《こうじ》が、町の小路と呼ばれて、最初の町場の発展の場所となる。やはり昔も今も、ゼネコンの繁栄から「町」が発展する。藤原兼家《ふじわらのかねいえ》の妻の一人である『かげろふ日記』の著者が、怒って書いている兼家の愛人が「町の小路の女」であった。奇《く》しくもそれが、繁華な商業区域などをさすようになる「町」の初見で、その発展を記録することとなった。それまでは「町」とは、官衙町などのように、四角い居住空間を示していた。この「町の小路」は現在の新町《しんまち》のことである。それ以来、新町と室町《むろまち》が、もっとも繁華な下京の商業区域を誇ったのである。とりわけその町と三条・四条・七条の交差点が、三条町・四条町・七条町といわれて繁華街となった。

そのころには、大内裏は荒れ果てて虎狼《ころう》の住処《すみか》といわれた。政治は里内裏《さとだいり》や執政者の居住地で行われた。平安後期の院政では院政の主の別荘地、賀茂川以東の白河や洛南《らくなん》の鳥羽《とば》が政権の中心地となり、側近の貴族の邸宅や権門の建立した寺院が櫛比《しっぴ》した。さらに平家政権に及んでは、六波羅《ろくはら》が中心となった。源平合戦ののちには、没官領《もっかんりょう》として、引き継いだ鎌倉幕府も政権出張所というべきものを南北の六波羅に置いたから、河東《かわひがし》の地の発展をもたらした。それもどちらかといえば、河東の下辺、六条・七条の辺を中心としたから、京内の地も下辺が繁華となった。

とはいえ、洛中も邸宅が多かったことはいうまでもない。鎌倉幕府は洛中の治安のために、篝屋《かがりや》を置き、御家人《ごけにん》たちを常駐させた。南北朝期に作製された『拾芥抄《しゅうがいしょう》』付図は平安後期・鎌倉時代の京都のありようを示している。

都市共同体としての町の成立——南北朝・室町時代

南北朝・室町時代の京都は、まず、足利《あしかが》幕府が京都を政権の所在地としたことによって、日本の政治・経済の中心としての地位を名実ともに獲得した。守護《しゅご》大名の多くは在京し、武具刀剣をはじめ織物など、手工業の多くが地方に優越した技術を誇った。

町ごとの自治もはっきりと見られて、「町人」を成員とする自治で町は運営されていた。町には「月行事《がちぎょうじ》」と呼ばれる月ごとの当番で回る世話役が存在し、その世話役のことも対外的には「町人」と称されていた。いまだ星雲状ではあるが、上京・下京には、自治的な町の集合が見られるのである。来るべき町の連合体＝町組《ちょうぐみ》の成立の前史を見ることができる。

下京では南北朝期、神輿渡御《みこしとぎょ》だけだった祇園御霊会《ぎおんごりょうえ》において、町々が協賛して出す鉾《ほこ》や山が姿を現す。応仁《おうにん》の乱の前から存在した山鉾の記録から、それを出した町共同体の存在を見ることができる。

また、応永《おうえい》二六年（一四一九）、北野《きたの》麴座《こうじざ》と町々の酒屋の麴専売権をめぐっての紛争から幕府の侍所が酒屋の麴室《こうじむろ》を破壊することになったが、それには町の世話役が立ち会っていて「町人」と呼ばれている。町共同体が成立している確証のある町といえよう。また、共同体の成立の可否はわからないが、堀川材木商人や大山崎油座《おおやまざきあぶらざ》商人という大商人の居住地が成立している。これらについて口絵の図に落とした。

当時、上京には「花御所」と呼ばれた室町幕府の将軍邸宅が、土御門《つちみかど》内裏のはるか北に建てられていた。しかも内裏が方一町の広さであるのに対し、花御所は方二町、倍の広さである。権力のあり方がわかる。花御所周辺の地は、廷臣たちを立ち退かせて、幕府重臣の屋敷となることも多かった。

しかしながら、酒屋や土倉《どくら》、綿屋などの大商人の店舗は相当あり、西陣《にしじん》機業の源流をなす大舎人《おおとねり》の織手という平安時代以来の織物業者も、元の場所に居住している。そして、町が「町人」＝「月行事」による自治によって運営されているのは、その大舎人の織手座の町以外にはないのであった。

それらとは別に、社寺門前町も多くできた。祇園境内・東寺境内・清水《きよみず》境内・北野境内と西京七保・賀茂六郷などがあげられる。ここでは社寺が検断権（警察裁判権）をもっていて、住民は共同体を結成していたとはいえ、その権利は制限されていた。

以上のような集合体としての町が、浮島のように、広い洛中洛外に点在していた。その町の間は、田畑であったり、野原であったりした。

町組の成立――戦国期

天文《てんぶん》六年（一五三七）、上京五町組・下京五町組が、その姿を現す。町組の形成はそれ以前からとも思えるが、確証はない。天文二年には、下京六六町の「月行事」が、祇園社に「神事コレナクトモ、山鉾渡シタキ事ジャケニ候」と申し入れている。その下京六六町の都市共同体は連合して五つの町組を作り、花御所周辺にできた上京も同様の五町組を結成して、合わせて上下京五町組と称して、自治権を執行した。しかも町組は、周りに「構え」という土堀を作り、自衛の空間を作っていた。戦国末期には禁裏門前町ともいうべき、禁裏を核とする六町も形成され、禁裏への奉仕の反対給付としての特権を享受した。「構え」を作ることも認められている。

その他、洛中洛外には北野社、祇園社、上下賀茂社、清水寺など、門前町を有する有力寺社がたくさん所在した。門前町の町人は、上下京の「町人」より寺社の支配に属するところ多く、権利は低かった。

このように、京都の地、すなわち洛中洛外は、浮島のように、それぞれの町々の集合体があちこちに所在していた。当時の京都を、浮島構造の都市的集落の集合体と名付けるゆえんである。

平安京は長安京を模倣して建設され、大内裏を核として作られたことは既に述べた。それに対して、この浮島構造の京都は、上京は足利幕府の花御所、下京は町人の集合場所としての六角堂《ろっかくどう》や町人の祭りを執り行う祇園社が、核といえばいえるものの、上京も下京も自立しているところが特色である。

同様の構造をもつ中世都市を世界に求めると、比較的ロンドンに似ている。一九世紀末、ロンドンはシティとウェストミンスター寺院をはじめ、宮殿や寺院などを核として二八の町で形成され、その集合体であるという。平安京のような政策的な都城経営ではなく、自然に成長していった町場形成として、京都はロンドンのような形態をとって発展したのである。それは、王宮を核としてカタツムリ型にぐるりと町が形成・拡大したパリ型とは、まったく別の都市形態といえよう。

日本でも、豊臣秀吉の大坂城を核とする大坂や、徳川家康の江戸城を核とする江戸、そして諸国の城下町など、パリと同じ型の都市ができる時代は近くなっている。京都も、上下京の間の空地は戦国期の新町形成によって埋められつつあった。秀吉は御土居《おどい》といわれる城壁を作り、上京も下京もその囲いに入れて洛外と分かち、聚楽第《じゅらくてい》を核とする大京都を作り上げた。近世は間近に迫ってきているのである。

秀吉時代

織田、豊臣時代には、京都の姿は大きく変化し、前代では上京と下京は分離した二地区となっていたものが、その繁栄によって結ばれる状況になった。これは「洛中洛外図屏風《びょうぶ》」にも描かれている。さて織田信長は、永禄《えいろく》一一年（一五六八）に入洛したが、利害関係の複雑な京都の難しさをよく知っていて、朝廷、寺社などのもつ所領など既成の権益を認め、自領では行った関所撤廃も行わず、禁裏領七口《ななくち》の関も存続していた。もっとも問題が起これば容赦せず、比叡山延暦寺《ひえいざんえんりゃくじ》を焼き、将軍義昭《よしあき》との関係が悪化した際は、彼の基盤ということで上京を焼き討ちにしている。

それを受けた秀吉は、市内は地子《じし》免除などをして、都市繁栄策をとったが、それとともに京都のかなりの地域を本格的に改造し、口絵の図のように、いわゆる「天正《てんしょう》地割」による短冊形の町割りを行った。おそらくこの時期には、京都はその周辺の発展も含めて、統計は残っていないが、一〇〇万前後の人口を擁していたと推定している。また京都は盆地なので、浄水は井戸で得られるが、下水道は都市計画に必要と、北高南低の地形によって、家並みの裏手には太閤背割《せわり》下水とされる下水道を整備した。そして北に寺之内《てらのうち》、東に寺町《てらまち》をおき、また町全体を御土居で囲み、防衛線とするとともに、七口の関所は廃止したが、これは通路とあっていた。今も鞍馬口《くらまぐち》・丹波口《たんばぐち》の地名が残っている。なお関白の邸宅として聚楽第をおき、洛中に拠点をつくったが、これは養嗣子秀次《ひでつぐ》の失脚の際、破却され、今は聚楽第の地名のみがある。

また伏見《ふしみ》城を築いて、太閤となった彼の本拠地としたが、京都の南東の押さえで、ここは末は淀川《よどがわ》となる木津川《きづがわ》にも近く、はるかに大坂をも睨《にら》む場所であった。関ヶ原合戦の際は徳川の武将鳥居元忠《とりいもとただ》が入っていて死守したことは知られている。町名には大名屋敷跡に福島《ふくしま》・筒井《つつい》・長岡《ながおか》（細川《ほそかわ》）・毛利《もうり》・井伊《いい》などの名が残る。なお桃山は近世中期に桃林ができてのちの地名である。

江戸時代

徳川期には、二条城の再建もなされたが、その意味は大きくなく、江戸に幕府がおかれ、政治の中心は東に移ったから、それにともない京都とその周辺では、人口減少などの影響が出た。しかし関東はまだまだ開けていなかったため、急速に増大した消費需要は、畿内の産物をもって賄う必要があった。そして前代からの基盤にたつ京都は、西陣などの繊維産業、製薬など多様な手工業により、依然として全国経済の中心であったし、また角倉了以《すみのくらりょうい》により亀岡《かめおか》・嵯峨間の保津川《ほづがわ》開削、二条・伏見間に高瀬川《たかせがわ》の建設など水運の便も開かれた。伏見は京都南の核であり、下流は淀川となる宇治川《うじがわ》に沿い、のちには大坂八軒家《はちけんや》より三十石船《さんじっこくぶね》が往来した。ただ金属産業の泉屋住友《いずみやすみとも》が大坂に移転したように、内陸部にある地理的不利は避けられなかったので、高度の技術などにより活路を求めるほかはなかった。

もちろん文化は卓越しており、茶の湯・能狂言などの芸能も、家元の成立があるなど定着し、出雲《いずも》のお国《くに》による歌舞伎も、徳川家康が将軍になって賑《にぎ》わう四条河原《しじようがわら》から生まれた。また宮廷文化は桂《かつら》・修学院《しゅがくいん》の離宮を残し、本阿弥光悦《ほんあみこうえつ》・尾形乾山《おがたけんざん》らの上層町人による華やかな文化を生んだ。このなかで人口は豊臣期より減少したと考えているが、それでも寛永《かんえい》期（一六二四〜四四）には四一万を超える大都市であった。

しかし時代が下る寛文《かんぶん》年間（一六六〇年代）、西廻《にしまわり》航路の開発で、日本海側の物資が、当時天下の台所として、全国経済の中心になりつつあった大坂に直送されるようになり、京都は衰退した。このなかで大名金融などを行って栄えていた豪商も、その地位に安住したり、踏み倒しにあって五十数家が没落したように、京都は西鶴《さいかく》が「始末でもって立つ」と評する状況になった。そして文化では、宮廷文化や家元に支えられた芸能は存在したが、新たな展開は少なく、儒学も伊藤仁斎《いとうじんさい》・東涯《とうがい》の堀川学派が出たりしたが、その後は全体に衰えていった。

明治時代

幕末から明治にかけて、京都では幕府に対抗し、朝廷を核にして尊皇攘夷《じょうい》や討幕運動などが起こり、政争の中心となり、それらの史跡は市内の随所に見られる。しかし幕府が倒れると、皇室が東遷し、京都は古都となって大きく影響をうけた。はじめは京都府の管下にあって、明治二二年（一八八九）四月より特例で京都市制がしかれたが、同三一年一〇月には初代民選市長内貴《ないき》甚三郎《じんざぶろう》が就任して市役所も開設された。やがて市域は東山を越えて山科、西は愛宕山麓《あたごさんろく》、北は花背《はなせ》・久多《くた》、南は伏見から桂川河畔までといったように広がり、大京都市が形成された。

伝統産業の強い京都ではあるが、明治前期、槇村正直《まきむらまさなお》や北垣国道《きたがきくにみち》らの施策もあって、殖産興業をはたし、西陣機業や清水焼などへの新技術導入が行われ、琵琶《びわ》湖《こ》疏水計画などを進め、近代産業への転換も進められた。政治面でも動きがあり、民権運動、米騒動や水平社《すいへいしゃ》の運動があったが、また革新系の代議士山本宣治《やまもとせんじ》を生み、戦後の知事蜷川虎三《にながわとらぞう》らの革新府市政をつくった。伝統的な産業による近代化の動きも活発になされ、西陣機業や清水焼などは西欧技術を取り入れて新たな展望を開いた。

また槇村により町組を基礎に小学校をつくり、教育の普及をはかったが、高等教育でも京都帝国大学・第三高等学校をはじめ私学にも立命館や橘学園、また龍谷・大谷・仏教や京都女子の仏教各派の大学・専門学校が創立され、キリスト教の同志社を含めて、宗教界の創設した学校も多く、京都は文教の府となっている。

第二章　平安京以前の京都

原始時代の京都盆地

この土地に人類が住み着いた痕跡《こんせき》は、今から二万年以上前に遡《さかのぼ》る。それは旧石器時代の遺跡の発見である。もっとも古い時期のものは、国府《こう》型といわれるナイフ形石器で、向日《むこう》丘陵の西側斜面の西京《にしきょう》区大枝北福西町《おおえきたふくにしちょう》と北《きた》区上賀茂《かみがも》のケシ山遺跡および山科《やましな》区中臣《なかとみ》遺跡で見つかっている。また、それに続く時期、槍《やり》先に用いられて狩猟方法に画期的な変化を生み出した木葉形尖頭器《せんとうき》が、右京《うきょう》区梅ヶ畑《うめがはた》菖蒲谷《しょうぶだに》遺跡をはじめとして、北区上賀茂本山《もとやま》遺跡や東山《ひがしやま》区清《せい》閑寺霊山町《かんじりょうぜんちょう》遺跡、西京区大原野《おおはらの》神社遺跡などで発見されている。これらの遺跡はいずれも水場に近く眺望のきく、狩猟をするのにふさわしい場所に立地しており、当時の人々の生活を具体的に物語るものである。

日本が大陸から離れて独自の縄文文化を創り始めた一万二〇〇〇年前ごろ、京都でも縄文時代草創期に属する有茎《ゆうけい》尖頭器が朱雀《すざく》第七小学校などで見つかっていて、人々の生活のあとを推し量ることができる。ただし京都盆地の最古の土器は、中京《なかぎょう》区西《にし》ノ京《きょう》南上合町《みなみかみあいちょう》で見つかった大川《おおこ》式と呼ばれる早期の押型文《おしがたもん》土器である。その後、左京《さきょう》区の北白川《きたしらかわ》を中心に縄文時代の遺跡が集中し、縄文時代中期には一時途切れながら後期まで続いて生活が営まれる。

早期のものとしては、北白川上終町《かみはてちょう》遺跡で押型文土器をともなう竪穴《たてあな》住居が発見され、実物大の型取り模型が京都市考古資料館に展示されている。前期では、小倉町《おぐらちょう》遺跡で大量の石鏃《せきぞく》や石斧《せきふ》および石錘《せきすい》が見つかった。狩猟・採集に加えて賀茂川《かもがわ》などで漁撈《ぎょろう》も行っていたらしい。後期では追分町《おいわけちょう》遺跡で配石遺構と埋甕《うめがめ》が見つかり、京都大学理学部植物園内に移築保存されている。縄文時代遺跡の集中する北白川の一帯は、比叡山《ひえいざん》から流れ出る白川によって形成された広い扇状地であり、背後と前面に狩猟・漁撈のできる場所をもっており、大きな集落を維持できる条件が整っていたものと思われる。なお山科区中臣遺跡や大宅《おおやけ》遺跡は中期後半から晩期にかけての遺跡で、縄文土器が出土している。右京区嵯峨院《さがいん》跡でも縄文土器が発見されており、桂川《かつらがわ》・賀茂川・山科川それぞれの流域に縄文時代の集落があった可能性がある。

およそ紀元前数世紀、大陸からもたらされた稲作と金属器を使う文化が北部九州で弥生文化を生み出してまもなく、京都盆地にも狩猟・漁撈・採集の文化とは異なる集落が姿を見せる。このころの京都盆地は、南に宇治川《うじがわ》の水をたたえた巨椋池《おぐらいけ》が広がっており、その周辺には稲作農耕に適した低湿な環境が整っていた。おそらく京都で最初の弥生文化は瀬戸内から淀川《よどがわ》を遡り、この巨椋池周辺で定着したものであろう。前期の遺跡は雲宮《くものみや》遺跡（長岡京《ながおかきょう》市）、鶏冠井《かいで》遺跡（向日市）などの京都西南部の桂川流域の低地に集中している。巨椋池北の湿地帯につながる下鳥羽《しもとば》遺跡からは、縄文文化の伝統をひく土器と弥生土器が一緒に見つかっている。

弥生時代中期では深草《ふかくさ》遺跡で多量の木器、それを作る石器や鉄製工具、壺《つぼ》や甕などの土器が発掘された。この遺跡は標高一五～二〇メートルの土地に位置しており、本格的な水稲農耕集落の特徴を示すという。琵琶《びわ》湖沿岸地域の土器に似た特徴の土器もみられ、近江《おうみ》との強い関係も示唆されるという。巨椋池の南の市田《いちだ》斉当坊《さいとうぼう》遺跡（久御山町《くみやまちょう》）も中期の大型集落で、朝鮮半島に起源のある最古級の井戸が見つかっている。また、日本海側と紀伊《きい》・阿波《あわ》地域を原産地とする石材加工が行われており、それらの地域から京都盆地に石材が持ち込まれたことを意味している。広域ネットワークの成立を見ることができよう。なお二条城北《にじょうじょうきた》遺跡、烏丸綾小路《からすまあやのこうじ》遺跡などにも中期の遺構が見つかっている。このころには市内中心部にも弥生時代の集落が広がっていた可能性がある。

右京区梅ケ畑向ノ地町《むこうのちちょう》の山中からは銅鐸《どうたく》四個が見つかっている。この銅鐸の制作年代は弥生中期初頭にまで遡るという。また八幡《やわた》市男山《おとこやま》東麓《とうろく》の清水井《しみずい》遺跡に銅鐸一個が出土していて、弥生中期後半に属するものである。

弥生時代後期になると、大型集落の分布は左京区の植物園北遺跡や山科区の中臣遺跡にも広がる。土器にみられる近江からの系譜はより鮮明になり、岡崎《おかざき》遺跡では東海地方の特色をもつものも多く現れる。一方で淀川を通じて大阪湾沿岸地方とつながる系譜の土器もあり、まさに京都盆地はその双方の接点をなしていたのであった。

古墳の出現と分布

京都盆地のなかで、もっとも早く古墳の築造が始まったのは、西南部の桂川右岸の乙訓《おとくに》地域である。この地域の古墳群は、樫原《かたぎはら》・山田《やまだ》グループ（西京区）、向日グループ（向日市）、長岡グループ（長岡京市・大山崎町《おおやまざきちょう》）に大別される。三世紀後半には向日丘陵の南端に元稲荷《もといなり》古墳（向日市、前方後方墳）が造営され、それから四世紀前・中葉期にかけて、五塚原《いつつがはら》古墳（同、前方後円墳）、寺戸大塚《てらどおおつか》古墳（向日市および西京区、前方後円墳）、長法寺南原《ちょうほうじみなみはら》古墳（長岡京市、前方後方墳）、一本松塚《いっぽんまつづか》古墳（西京区樫原、前方後円墳）などが相次いで造られている。

注目されるのは、これらの古墳のなかに、大和《やまと》で通有であった前方後円墳ばかりでなく、初期に東海地方や近江地域で流行した前方後方墳が含まれていることである。大和にも前方後方墳がないとはいえないが、初期の京都盆地の政治勢力のなかに東からの影響のあったことを示すものかもしれない。

一方、京都盆地東部の東山丘陵の西には、八坂《やさか》グループ、深草グループが、また、東山丘陵の南端には桃山《ももやま》グループの古墳群が、それぞれ築かれた。この地域は市街化の進展によって破壊された古墳も多く、実態は不明な点が多いが、四世紀後半から五世紀前半にかけての首長墓の系譜をたどることができる。

桂川右岸の古墳群は、五世紀中葉に築かれた全長一二〇メートルの巨大古墳である恵解山《いげのやま》古墳（長岡京市、前方後円墳）を最後として、古墳の規模が次第に縮小に向かう。

それに替わるように登場するのが、盆地最北部の嵯峨野《さがの》グループの古墳群である。この地域は長く原野であったが、五世紀後半ごろから急速に開発が進んだ。渡来集団である秦《はた》氏が大陸系の土木技術を導入し、桂川の治水に成功したのである。その象徴としてこの地域にはいくつもの前方後円墳が相次いで築造された。そのなかの天塚《あまづか》古墳は六世紀前葉の築造で全長七一メートルである。蛇塚《へびづか》古墳は六世紀末葉の築造で全長八〇メートル、秦河勝《かわかつ》の墓という説もある。石組みのみ残す後者は、飛鳥《あすか》の蘇我馬子《そがのうまこ》の墓と伝承される石舞台《いしぶたい》古墳の石室と規模が似ている。

五世紀後半から七世紀前半ごろにかけて、近畿地方を中心として、数十基から数百基に及ぶ小さな古墳が点在する。これを群集墳と呼んでいる。これは支配階級のみの墳墓とはいえず、より広範な階層にまで古墳の造営が拡大したことを物語っている。首長墓らしい小さな前方後円墳を中心に小さな円墳が群集している場合が多い。農耕生活の安定化が首長配下の氏族の人々も、小さな墓を構えるにいたった事情が読み取れる。京都の群集墳はほとんどが六世紀後半以後のものであり、前代の首長墓と同一の地域を基盤としたものが多い。

まず桂川流域の乙訓地域では、四三基の古墳が密集する西芳寺《さいほうじ》古墳群（西京区）、四五基の松尾山《まつおやま》古墳群（同）、一二三基の大枝山《おおえやま》古墳群（同）、三〇基の福西《ふくにし》古墳群（同）などがある。福西古墳群は小円墳ばかりでなく、小型の前方後円墳を含むことが特徴である。東山山麓では鳥戸野《とりべの》古墳群（東山区）や稲荷山古墳群（伏見区）などがあるが、早くからの市街地化によって破壊されたものも多いようである。さらに東山の東の山科盆地でも醍醐《だいご》古墳群（山科区）や、中臣十三塚古墳群（同）が、北部の岩倉《いわくら》盆地でも幡枝《はたえだ》古墳群（左京区）などが築かれている。

嵯峨野地域では、その南部の太秦《うずまさ》地区に比較的規模の大きな前方後円墳が築かれたと同じ時期に、中部の嵯峨野台地に中規模の円墳・方墳が、また北部の丘陵部に群集墳が築造された。この群集墳は、朝原山《あさはらやま》、長刀坂《なぎなたざか》、御堂《おんど》ケ池《がいけ》、音戸山《おんどやま》、山越《やまこし》、広沢《ひろさわ》といった小グループに分けられ、その総数は一〇〇基を超えている。この嵯峨野地域や太秦地域の古墳群の構成は、首長－中間層－氏族構成員というピラミッド形の構成に対応するところが興味深い。

さらに特筆すべきは、この地域には、窯業生産が細々ながら行われていることである。山科の窯跡は六世紀末期から七世紀中葉にかけて須恵器《すえき》が生産され、そこから陶原《すえはら》の地名も生まれた。のちにここには藤原鎌足《ふじわらのかまたり》が「陶原館《やかた》」を築くことになる。しかしながら現在では陶原の地名は残っていない。岩倉では七世紀初頭に須恵器生産が開始され、さらに瓦《かわら》も焼き始める。この地域の窯は七世紀初頭に構築されて、秦氏の氏寺であった北野廃寺《きたのはいじ》の瓦が須恵器と同一の窯で焼かれていた。岩倉地域の窯業生産は平安時代まで存続し、平安京造営にかかわる瓦は、ここと、西賀茂窯址群とで焼かれ、大量に供給された。

栗隈県と葛野県の設定

古墳というのは、集落を率いる首長たちの権力を誇示する墓であるが、それは同時に大和朝廷に服属して、何らかの地位につくことを意味していたようである。前方後円墳は大和朝廷との何らかの関係で築かれた墳墓であると考える人が多い。

その後、大和朝廷による「県《あがた》」の設定があった。「県」とは、四〜五世紀の大和朝廷が服属地に設定した行政上の単位である。古墳の主《あるじ》たちの多くは「県主《あがたぬし》」であった可能性が強い。

もっとも早く姿を現すのは、栗隈《くりくま》県と葛野《かどの》県である。栗隈県（宇治市大久保《おおくぼ》）は『日本書紀』の仁徳《にんとく》天皇一二年に大溝を掘って田を潤した記事が見え、推古《すいこ》一五年（六〇七）にやはり大溝を掘った話が出てくる。栗隈県と関係するものに、宇治県がある。のちに平等院《びょうどういん》の鎮守となり、現在もある宇治の県神社はその名残である。

葛野県の地には、応神《おうじん》天皇の国ぼめの歌がある。

千葉《ちば》の葛野を見れば　百千足《ももちだ》る家庭《やにわ》も見ゆ国の秀《ほ》も見ゆ

天皇が近江国に赴く途中、宇治で詠んだ歌といわれる。つづいて天皇はこの葛野の地で、宮主矢河枝比売《みやぬしやかわえのひめ》をみそめ求婚した。その皇子が菟道稚郎子《うじのわきいらつこ》である。この葛野がいつ県になったかはわからないが、応神説話を見れば起源が古いと思われる。県の範囲は広く、現在の葛野・愛宕《おたぎ》両郡にまたがっていた。葛野県主は葛野主殿県主《かどののとのもりあがたぬし》といわれ、神武《じんむ》東征説話の八咫鴉《やたがらす》の子孫という伝承をもつが、主殿という天皇の行幸の乗物や行宮《あんぐう》の用意などをする役割から生じた伝承であるらしい。

葛野県主と深い関係にあるものに鴨《かも》（賀茂）県主がいる。鴨県主も主殿伝説をもっており、両者は一体で同じ者とする説があるが、上田正昭《うえだまさあき》氏は、五世紀のころに設定された葛野県、その首長である葛野県主に代わって、新たな支配者として鴨県主が登場し、その祖神観が葛野県主家の奉斎神を蔽《おお》い、鴨氏の主殿的職能から八咫鴉後裔《こうえい》説が形作られたと考えられている。もともと鴨の神は山代《やましろ》（山城）の南部から木津川《きづがわ》にのって北上し、賀茂川の上流に到着した新来の神であった。六世紀以降になると、秦氏や高麗《こうらい》氏や出雲《いずも》氏などの諸氏族が進出してきて、葛野県の支配者の地位の動揺と再編の事情があったことをあげておられる。

さて鴨県主とその祭神については、有名な賀茂伝説がある。『山城国風土記《ふどき》』逸文《いつぶん》に伝えるもので、玉依日売《たまよりひめ》が、瀬見《せみ》の小河（賀茂川）で川遊びしていると、丹塗矢《にぬりや》が川上から流れてきた。その矢をとって、床の辺に挿しておいたところ、懐妊して男子を誕生、氏人が集まって父親を尋ねると、鳴る雷《いかずち》となって丹塗矢をとって天上に上がった。すなわち賀茂別雷命《かもわけいかずちのみこと》であり、矢は乙訓の火雷神《ほのいかずちのかみ》である、というものである。同書には続いて、祭礼の日に猪《しし》の頭《かしら》をかぶって鈴をかけた馬に騎上して駈《か》け馳《は》せて、五穀成就と天下泰平を祈ることが見える。原始的な農耕神祭祀《さいし》が窺《うかが》われ、これが賀茂の「競馬《くらべうま》」の起源である。

さて、母親の玉依比売は下鴨の「賀茂御祖《みおや》神社」（通称下鴨社）に父親の賀茂建角身命《たけつのみのみこと》とともに祭られ、子は上賀茂に「賀茂別雷神」となって祭られている。平安時代には、長岡《ながおか》京・平安京遷都によって、伊勢《いせ》神宮に次ぐ地位として正一位を与えられ、皇城の鎮護社となったが、祭祀権は朝廷に移り、鴨県主氏から出される神迎えする巫女《みこ》の「阿礼乎止売《あれおとめ》」も、未婚の内親王《ないしんのう》を斎王《さいおう》（斎院）としてあてた。鴨県主氏は神官として朝廷から任命されるものとなった。賀茂祭には勅使が発遣され、『源氏物語』にも勅使となった光源氏《ひかるげんじ》を見ようとした六《ろく》条御息所《じょうみやすどころ》と葵上《あおいのうえ》の従者たちの車争いの場面が、華麗に描かれている。また室町時代には、能楽「賀茂」にも作られている。

秦氏と上宮王家

山背《やましろ》（山城）の国に蟠踞《ばんきょ》した秦氏の伝説には聖徳太子との結びつきが、色濃くまとわりついている。深草里に住んでいた秦大津父《おおつち》は欽明《きんめい》天皇の寵愛《ちょうあい》をえて、大蔵《おおくら》を司《つかさど》り、深草屯倉《みやけ》の開発や伏見《ふしみ》稲荷《いなり》大社の創建に力があった。太子の嫡子の山背大兄王《おおえのおう》は蘇我入鹿《そがのいるか》の軍隊の襲撃を受け、その包囲から生駒《いこま》山中に逃げた。それから深草の屯倉に逃げて再起をはかろうとしたが、果たさず大兄王は自殺して果てる。この深草屯倉である。

葛野の秦氏も、秦河勝を代表として、聖徳太子と強く結びついた伝説をもっている。「太秦」という地名そのものが、秦氏に朝廷から与えられた姓《かばね》であるという伝承をもっている。その秦氏の氏寺という広隆寺《こうりゅうじ》は、国宝第一号の飛鳥時代の「弥勒菩薩半跏思惟像《みろくぼさつはんかしいぞう》」が二体あって有名である。大きい方が「宝冠弥勒《ほうかんみろく》」、小さい方が「泣弥勒《なきみろく》」と呼ばれている。材質は赤松で日本産ではないらしく、像も新羅《しらぎ》様式で、新羅製と目されている。この像は、『日本書紀』によれば、推古天皇一一年（六〇三）、聖徳太子が「尊き仏像を有《たも》てり」と語って、誰かこの像をえて恭敬《きょうけい》するものはないかといったところ秦河勝がその仏像を受けて、蜂《はち》岡寺《おかでら》を造って安置したという。また『上宮聖徳太子伝補闕記《じょうぐうしょうとくたいしでんほけつき》』などの一説では、山代葛野の蜂岡の南に太子が宮を建てたときに、河勝が奉仕したので、新羅国が献じた仏像を賜ってその宮を寺にしたと記されている。秦氏は新羅と関係の深い渡来民で、新羅の使者の来日に「新羅導者」の任にあった。新羅系仏教の信奉者として、聖徳太子の片腕として、軍政や内政に手腕を振るったとされる秦氏の遺産を示すものである。秦氏ゆかりの古墳については、前述した。

さて秦氏は大蔵や倉人など、財政に関係する人名の人も多いが、銅工・鋳工などの技術者も多かった。「葛野大堰《おおい》」と呼ばれる灌漑《かんがい》工事は、文献史料としては奈良時代のものしかないが、秦氏がこれにかかわったという伝承や考古学発掘では桂川右岸の松室《まつむろ》遺跡から古墳時代後期の用水路跡が検出されている。これが「葛野大堰」とかかわる遺構だと推定されている。とすれば、大堰の初現は五世紀後半から六世紀前半に遡ると考えられよう。

高麗人の足跡

秦氏と並んで、高麗人の遺跡も多い。木津川《きづがわ》市上狛《かみこま》の高麗寺《こまでら》跡は昭和一三年（一九三八）に発掘調査されて、金堂跡の基壇や塔跡の心礎《しんそ》が明らかになり、心礎には舎利孔《しゃりこう》があったという。飛鳥時代から平安時代の瓦が出土して、当時のおもかげを偲《しの》ばせる。

西京区樫原《かたぎはら》内垣外町《うちかいとちょう》の樫原廃寺跡も昭和四二年（一九六七）に発掘されて、出土した「素縁単弁八弁蓮華文軒丸瓦《のきまるがわら》」から七世紀中葉ごろの創建と見なされている。八角塔の瓦積み基壇や、中門跡、回廊跡などが出た。この伽藍《がらん》配置は高句麗《こうくり》の清岩里《せいがんり》廃寺跡とよく似ており、その関係が注目されている。

宇治橋も高麗の人の造立といわれる。宇治市の橋寺《はしでら》（常光寺《じょうこうじ》）に現存する「宇治橋断碑《だんぴ》」は、現存は三分の一であるが、大化《たいか》二年（六四六）に山尻恵満《やましろのえまろ》の家より出た「道登《どうとう》法師」が、この橋を造立したと書かれていた。道登法師は当時有名な高句麗僧で、橋造立の話は、『日本霊異記《にほんりょういき》』『今昔物語集《こんじゃく》』『扶桑略記《ふそうりゃっき》』などにも出ている。一方で道昭《どうしょう》が造立したという『続日本紀《しょくにほんぎ》』の卒伝《そつでん》があるが、大化二年には彼は一八歳である。中世の橋でも耐用年数は二〇年ぐらいだから、橋は絶えず建て替えられるもの。道登も道昭も、建てて不思議ではない。壬申《じんしん》の乱（六七二）にあたって、近江大津宮《おうみのおおつのみや》の大友皇子《おおとものおうじ》側は、宇治橋に橋守をおいて吉野《よしの》にいる大海人《おおあま》皇子側の糧道を断とうとしたことが報じられているから、そのころは橋は存立していたのである。

その前に、天智《てんじ》天皇も藤原鎌足も山背の土地に関係が深かった。天智天皇は近江大津宮をおき、その宮で崩じたが、御陵《みささぎ》は山科にある上円下方墳（御廟《ごびょう》野古墳）である。鎌足は山科の陶原に家をもっており、それを精舎《しょうじゃ》としていたが、こののち山階寺《やましなでら》と呼ばれ、次に飛鳥に移され、さらに平城京の興福寺《こうふくじ》となっていくのである。既に発掘されている大宅《おおやけ》廃寺跡が、山階寺跡かという推定もあったが、今は否定されて、ＪＲ山科駅近辺の説が有力である。このあたりには七世紀ごろの須恵器の瓦窯跡があり、鎌足の陶原の地もそのゆかりの地名であろう。また、天智御陵の北側には製鉄所跡があり同時代かと考えられている。

長岡京遷都

平城京の政治に行き詰まりを見た桓武《かんむ》天皇は、即位後ただちに遷都を考えたらしい。延暦《えんりゃく》三年(七八四)五月、予定地の下見を行い、六月、早くも「造長岡宮使」を任命している。同七月には、山崎架橋の材木が進上され、水陸の便がはかられている。一一月には天皇の移幸がなされていて、造宮の完成が推定できる。そのころには東西市も平城京から移転していたらしい。翌四年の元旦には朝賀儀《ちょうがのぎ》を行っていて、大極殿《だいごくでん》や内裏《だいり》が完成されていたことを示し、半年弱の工程で、矢継ぎ早の遷都であった。

なぜ乙訓の地が選ばれたかということについては、次の平安京のみならず、この地にも渡来人との提携がいわれている。桓武天皇は外祖父に百済《くだら》系氏族の高野朝臣《たかののあそみ》乙継《おとつぐ》をもち、遷都の推進者は、百済王家出身の渡来系氏族が多かった。また、桓武天皇自身、当時は招婿婚《しょうせいこん》であるから、母高野新笠《にいがさ》の住む、大枝《おおえ》の地に育ったらしいともいわれている。また長官にあたる造京別当《べっとう》の藤原種継《たねつぐ》の妻は秦氏で、その父は遣唐使《けんとうし》にもなった秦朝元である。

長岡京も、平城京・平安京も、京の大きさ、条坊も見たところは似たように見える。ところが発掘の結果として、設計の理念に大きな違いがあるという。山中章氏によれば、藤原京・平城京では、宮城を主として設計され、それを巡る道路も重視された。しかし、両京は宅地を規格化して、都市住人を管理しようという意識はなかった。平城京でいえば、五位以上の貴族を五条以北に居住させ、下級官人の住宅は南部に限られている。

長岡京は、道路分割と宅地分割に工夫が凝らされて、同一面積になるよう工夫が凝らされていて、平安京に継承されているという。

しかし、長岡京遷都は、早くから揉《も》め事が絶えず、いわば失敗の兆しが見えていた。遷都後一年も経たない延暦四年（七八五）九月、造宮使の藤原種継暗殺事件が起こり、その無実の罪で早良《さわら》皇太子を廃太子とし、皇太子は餓死した。それでも造宮は続いていた。延暦一一年（七九二）、洪水が長岡京を襲い、天皇は皇太子・皇后・夫人の病気や死亡が廃太子早良親王の祟《たた》りといわれて悩んでいた。この年、天皇はたびたび付近を遊猟して洪水の危険のない土地を探していたようである。和気清麻呂《わけのきよまろ》の薨伝《こうでん》には、「上《かみ》を遊猟に託して葛野の地を相《そう》しむ」とあって、おのずから遷都の推進派は明らかである。

かくして、はや二年後には平安京に遷都されるのである。

第三章　平安京・鎌倉時代の京都

一、平安京の都市構造

平安京・大内裏

桓武《かんむ》天皇が新京に遷都したのは、延暦《えんりやく》一三年（七九四）一〇月二二日、辛酉《かのととり》の革命の日である。遷都の詔《みことのり》には、

此《こ》の国、山河襟帯《さんかきんたい》、自然に城を作《な》す、この形勝《けいしょう》によりて新号を制すべし、よろしく山背国《やましろ》を改めて山城国となすべし、また子来《しらい》の民、謳歌《おうか》の輩《やから》、異口同辞し、号して平安京という。

新しい宮都造営は、この詔のごとく清新の気に満ちているが、平城京から訣別《けつべつ》して、新しい宮都とした長岡《ながおか》京は一〇年弱にして失敗、天皇はぎりぎりのところに立っていた。その事情は前章に書いたところである。

初代造宮大夫《ぞうぐうのだいぶ》となった藤原小黒麻呂《ふじわらのおぐろまろ》は秦《はた》氏の女《むすめ》を妻とし、この間に生まれた子が、葛野麻呂《かどのまろ》と名付けられていたことは、秦氏との近縁関係を示すものであろう。この地への遷都に小黒麻呂が深く関係しており、造宮大夫となって推進したものとされる。しかし、小黒麻呂は一年半で没しており、二代長官には、やはり遷都推進派とみられる和気清麻呂《わけのきよまろ》が任命されている。村井康彦氏はこの二人が民部省出身の経済官僚であり、造都にもっとも必要なぼうだ

いな物資を管理する官であったことによるとされている。

かくして遷都した平安京の地は、葛野・愛宕《おたぎ》両郡にわたっており、この造都においても、この地に蟠踞《ばんきょ》していた渡来人秦氏の助成を得たことが大きかった。この地には秦氏をはじめとする諸豪族や百姓の口分田《くぶんでん》もあった。京内の百姓地は強制収用して、三年分の代価を与えたり、替地を渡したりしている。紫宸殿《ししんでん》前庭の橘《たちばな》の木は元は秦河勝《はたのかわかつ》屋敷にあったものとの伝承があり、御所にあった園韓神社《そのからかみしゃ》もそれ以前からの社であった。大内裏も百姓が居住していた耕地であった。大内裏には、皇居たる内裏と、国儀大礼の行われる朝堂院《ちょうどういん》（その正殿が大《だい》極殿《ごくでん》）、それにともなう宴会場の豊楽院《ぶらくいん》、二官八省の官衙《かんが》群が存在し、約五〇万坪弱あった。

造都工事はもちろん、大内裏・京内の整備のみならず、長岡京の失敗に照らしても大河川の整備が重要であった。京都盆地が東北に高く、西南に低いという地勢を考えると旧高野川《たかのがわ》や旧賀茂川《かもがわ》が四条、五条のあたりで合流していたらしく、また旧賀茂川は現在の堀川《ほりかわ》のあたりを流れていたらしいのを、現在のように、京城外に流路を変更したようである。実に大工事で、これには畿内近国の役夫が投入された。

諸司厨町・東西市

大内裏の周辺には、諸司厨町《しょしくりやまち》が置かれていた。官衙に所属してその御用を勤める下級官人や、諸国より上洛《じょうらく》して諸司諸衛に番上《ばんじょう》する、衛士《えじ》・仕丁《しちょう》・舎人《とねり》などの雑色人《ぞうしきにん》たちが寝泊まりするところであった。たとえば、六衛府の舎人は、一条南の帯刀町《たてわきちょう》に居住して、毎月結番して勤務する、といった具合である。その厨町は、官衙に所属しており、そこに住む者は当然のこととして、その官衙に課役を勤めねばならなかった。

これらの人々とは別に、基本的な都市民は「京戸《きょうこ》」といわれた。それは貴族官人と百姓の双方を含んでいた。京戸は口分田の田租は変わらないが、班給率が低かった。しかし、調《ちょう》や徭《よう》は畿外が高く、畿内が低く、京戸がさらに軽かった。畿内の人々には庸《よう》が免除されていた。その代わり臨時課役も多く、困窮する者もいたが、他所から京戸に流入しようとする者も多かった。

他国から流入する細民も多く、乞食《こじき》や浮浪者も多かった。朝廷は常平所《じょうへいしょ》を設けて官米を放出して安く売ったり、乞人屋や悲田院《ひでんいん》・施薬院《せやくいん》を設けたが、あまり効果は上がらなかったようである。貞観《じょうがん》元年（八五九）藤原良相《よしみ》が氏人のなかの孤独な女性を崇親院《すうしんいん》という施設を作って収容し、自給自足の道を講じたように、氏族的な保障性が衰えたとき、妻訪婚《つまどいこん》の慣習は餓死するような人の存在までもたらしつつあったのである。

平安京は、南北に九条、東西にそれぞれ四坊があった。各坊は一辺四〇丈（約一二〇メートル）四方の町一六から成り立っていた。そして四つの町が一つの保《ほ》を作っていた。整然としたものである。

その平安京の行政・司法・警察にあたったのが京職《きょうしき》である。朱雀大路《すざくおおじ》を挟んで東西、姉小路《あねこうじ》の北に置かれていた。長官は左京大夫・右京大夫であり、京内を管轄した。京外は山城国司の管轄である。その京職の官吏たちの下には、京の各坊の令と各保の長が置かれていた。令《うながし》も保長もその住民のなかから、器量の者が選出された。保長はやがては刀禰《とね》と呼ばれるようになった。

都に欠かすことのできないのは都市機能である。遷都の三ヵ月前の延暦一三年七月一日に、鄽舎《てんしゃ》を造って市人を移し、東西市を設定している。東市《ひがしのいち》は七条坊門南、七条北、大宮東、堀川西、西市《にしのいち》は七条坊門南、七条北、大宮西、西堀川東にあり、市門《いちもん》があった。両市には、市《いち》鄽《くら》があって定まった商品を販売していた。やがて右京の衰退によって西市は早くさびれた。

市聖《いちのひじり》といわれた空也《こうや》が、石の卒塔婆《そとば》を作り、

一たひも南無阿弥陀仏《なむあみだぶつ》といふ人の蓮《はちす》のうへにのほらぬはなし（『拾遺集《しゅういしゅう》』）

と書きつけて、この市門（北小路）に建てたという。平安末期の寿永《じゅえい》二年（一一八三）の顕昭《けんしょう》の『拾遺抄註』には、市祭り、すなわち著鈦祭《ちゃくだ》が、夏冬二度あるところである、と記している。そして、昔はその市で商いをしたのだ、といっているから、当時は商いの中心は七条町に移っていたのだ。著鈦祭と書いているのは、著鈦の政《まつりごと》のことで、東西の市で検非違使《けびいし》

が五月・一二月に罪人に鈦（足枷《あしかせ》）を付けたまま使役する行事で、江戸時代まで行われて、鞍馬《くらま》村の者を罪人役に扮装《ふんそう》させて行ったという。顕昭は「彼市ニテ盗人ヲモトヒ、又犯人ハヾスルモノ、アマネク市ニテ人ニミゴリサセム為トコソ申スメレ」と書いている。市で罪人処罰をするのは世界中の古代の慣習であり、多くの人々の前で見せしめとする意味があったのであろう。空也はもちろん、市に群集する諸人の救済をいっているが、市で処罰される罪人も阿弥陀は救うのだといったのだ、というのが、顕昭が著鈦祭のことを注釈にわざわざ書いた目的であろう。その市は衰退して平安末期には町と混同されるようになっていたという。しかし、鎌倉初期にも、皇女誕生の五十日《いか》の祝いの餅《もち》を東市に買いにいっているから、細々と続いていたのではある。

東市の市門は七条猪熊《いのくま》にあり、延暦一四年（七九五）に宗像《むなかた》三神を勧請《かんじょう》したのが市比売《いちひめ》神社である。子をいだいた女神像が素晴らしい。現在は河原町《かわらまち》六条に移転している。また、鋳物師もいたようで、『堤中納言物語《つつみちゅうなごんものがたり》』に、「市門に打つなる鍑《さがり》（口のすぼんだ釜《かま》）」が名産としてでている。

市は物を売買するところであるからいうまでもないが、老若男女・貴賤群集《きせんくんじゅ》する場であった。光孝《こうこう》天皇の女御班子女王《にょうごはんしじょおう》（宇多《うだ》天皇母・皇太后）は妃になってからも、日に一度は市に行って物を買わないと心地が悪かったと伝えられている（『世継物語』）。また恋愛の場でもあった。『大和物語《やまと》』では、好色で浮名を流して有名な『平中物語《へいちゅう》』の主人公平貞文《さだぶみ》が、市で相手を物色した話を書いている。

フィクションであるが『宇津保《うつぼ》物語』では、大臣三春高基《みはるのたかもと》がケチで、食べさせないでよい女というので、「絹くらにある徳町《とくまち》という市女《いちめ》の富める」を北の方にしたが、やはりケチぶりに愛想を尽かされ、逃げられた話を書いている。しかしこの大臣に「贅沢《ぜいたく》をしている人は民の苦しみとなっている。私が物を貯えて市で商うことは賢いことで、民の苦しみにはならない」といわせているのは、商業行為を卑しとする当時では、珍しい思想である。

王城鎮護の仏神

桓武天皇は宗教界の刷新をめざしており、長岡京においても南都仏教の移転を認めなかった。もちろん平安京も同様であった。その代わりとして、平安京を守護する二大官寺として東寺《とうじ》・西寺《さいじ》が造営された。延暦一五年（七九六）に造東寺が、翌一六年に造西寺が見えるから、このころに造立の日程となったのであろう。西寺は右京の衰退もあり、空海《くうかい》（弘法大師《こうぼうだいし》）の真言密教の拠点となった東寺に比しては振るわなかった。鎌倉時代にも藤原定家《さだいえ》が桂川《かつらがわ》を渡って西寺の塔前に出ているから、そのころまでは塔があったのだが、天福《てんぷく》元年（一二三三）焼失してしまった。今の唐橋西寺町《からはしさいじちょう》の唐橋小学校などに、発掘によって寺跡が確認されている。

東寺（教王護国寺《きょうおうごこくじ》）は、現在も東寺の塔がそびえているので、誰でも知っている寺である。一五世紀の能楽大成者の世阿弥《ぜあみ》は、どっと沸かす芸などはだめだ、それは田舎者が京に上ってきて、東寺の塔を見てびっくりするようなものだ、といっている。高層建築時代の私は、逆にそんなに東寺の塔は立派に見えたのかと感心したものである。

東寺は弘仁《こうにん》一四年（八二三）、嵯峨《さが》天皇によって、空海に勅賜されて真言密教の根本道場となった。これは最澄《さいちょう》の戒壇設立への認可とバランスを取ったものらしい。空海は讃岐《さぬき》の人で、大学の明経道《みょうぎょうどう》の科試に合格しエリートコースに乗るが、それを捨てて仏教に帰依して、神秘な行法を学ぶ。彼の後年の著述『三教指帰《さんごうしいき》』は儒教より道教が優れ、それよりも仏教が優れていることを説いたものである。そしてあちこちで修行を積み、真言密教の根本教典である大日経《だいにちきょう》を感得した。最澄と同じ遣唐使船で入唐《にっとう》し、天台山で修行した最澄に対し、空海は長安《ちょうあん》の都にいて、恵果《けいか》に教えを受け、真言密教の秘法を伝授されて帰国する。持ちかえった経論は、二一六部四六一巻であり、その半分以上は不空《ふくう》の新訳であった。

翌年には、空海は造東寺別当に任命されて、講堂から造営を始めた。その前に鎮守八幡宮を勧請して、法体の男神像（八幡神）と二女神像（大帯《おおたらし》神・比咩《ひめ》大神）と武内宿禰《たけのうちのすくね》像を作ったという。その後の八幡宮の焼失で神像の所在もわからなかったが、昭和三二年（一九五七）

に発見された。三神像は一メートルを超える大きな座像で檜《ひのき》の一木造、由緒ある神木かといわれ、彩色文様がわずかに残っていた。空海当時のものと明確な我が国最古の神像である。それと藤原末期ぐらいと時代が下るが、裸形《らぎょう》の武内宿禰像が付属して発見された。その上に着物を着せたものだろうと推測されている。

空海が入寺する前の東寺には、薬師《やくし》如来《にょらい》を本尊とする金堂とわずかな僧坊があったのみといわれる。完成していた金堂は顕教《けんぎょう》寺院として建設されている。講堂は、空海による建設であるが、建物は当初の計画どおりで、西寺と同じ構造であったらしい。しかし、内部の諸仏像の配置が、五仏・五菩薩《ぼさつ》・五大明王・梵天《ぼんてん》・帝釈天《たいしゃくてん》・四天王の計二一体で、「羯磨《かつま》の曼陀《まんだ》羅《ら》」すなわち彫刻による密教思想の表現として作られ、配置されている。これらの像は、空海が図像を手本として書き、南都の官寺の造仏所の仏工があたったものらしい。後代、新造されたり、たびたび補修されているが、大修理は源頼朝の後援を得た文覚《もんがく》の行ったものである。

東寺には、空海が唐から持ちかえって「請来目録《しょうらいもくろく》」に記されている宝物の大部分が入っている。空海が請来した仏教の教典・仏像などの多さは驚くべきもので、相当の資金を用意して行って、計画的に収集したと考えざるを得ない。そのなかで真言五祖像や犍陀《けんだ》縠子《こくし》袈裟《けさ》一領は今も伝えられている。密教の根本である曼陀羅を五鋪《ほ》持ちかえっているが、なぜか現在

真言院御修法　空海によって始められた、宮中における後七日御修法。『年中行事絵巻』（田中家蔵）より

伝えられていない。空海が宮中の真言院で行った「真言院曼陀羅」と伝えるものをはじめ、平安初期の曼陀羅が三点発見されている。

　別に唐からもたらされたものとして、東寺には兜《と》跋《ばつ》毘《び》沙門天《しゃもんてん》がある。これは中央アジアの兜跋国が攻められたときに、楼門に現れて敵を退散させた説話をもつもので、唐代に都城の楼門に祭られた。この兜跋毘沙門天も、羅城門《らじょうもん》に置かれていたが、門倒壊後、東寺に入ったらしい。中国産の桜材の一木造であり、西域地方の皮の鎧《よろい》を来た異国風の仏である。ちなみに毘沙門天は四天王のうち北方守護の仏神であることから、鞍馬寺や東北の蝦夷《えぞ》対策に祭られた。それならなぜ、南の羅城門に置かれていたのだろう。

　空海のその他の事業として記しておかねばならぬのは、綜芸種智《しゅげいしゅち》院《いん》の創立である。大学などで学ぶことを許されない人々のために、後援者藤原三守《ふじわらのみもり》の九条の二町余りの土地と五間の屋をもつ地の寄進によって、儒仏を合わせて、内外典を講じたのである。しかし、経営は困難で、空海の死後、これを売却して庄園を購入している。

最澄の延暦寺

一方の最澄は、比叡山《ひえいざん》の麓《ふもと》、琵琶湖《びわこ》西海岸の東坂本《ひがしさかもと》に生まれた。規定より一歳年少で得度し、近江《おうみ》国分寺の僧となった最澄は、「近江国滋賀郡古市《ふるいち》郷戸主正八位下三津首《みつのおびと》浄足戸口同姓広野《ひろの》、黒子頸《ほくろくび》左一、左肘折《ひじおれ》上一」と書かれている。彼は比叡山に草庵を作って法華経《ほけきょう》を基とする天台教学を研鑽《けんさん》して、三一歳で天皇に近侍する内供奉《ないぐぶ》十禅師《じゅうぜんじ》の一人となった。法華経のみが末法の世に対応しうる光明であるとして、入唐を願い出て許可された。延暦二三年（八〇四）、遣唐使の一行に便乗して唐へ向かったが、奇《く》しくも同じ一行で空海も入唐したことは前述した。

最澄が唐で学んだものは天台宗だけでなく、密教・禅宗・律を学び総合仏教としての独自の構想をもっていたといわれる。それが比叡山の天台教学から中世の新仏教がでてきたゆえんとされるのである。

さて最澄が唐から帰朝したとき、桓武天皇は重病の死の床にあった。最澄は病気平癒の悔《け》過読経《かどきよう》を行い、その恩賞として天台宗の開立を許される。しかし、最澄が熱望した大乗円頓《だいじようえんとん》戒壇設立の要望はなかなか叶《かな》えられず、最澄の生前には実現しなかった。最澄は失意のうちに比叡山で死ぬが、その初七日に弟子の奔走によって許可されるのである。

空海・最澄以来、密教寺院が次々と建立された。山科《やましな》の安祥寺《あんしようじ》は嘉祥《かしよう》元年（八四八）、藤原冬継《ふゆつぐ》の女で仁明《にんみよう》天皇女御・文徳《もんとく》天皇生母、皇太后藤原順子《じゆんし》の発願で、空海の弟子の入唐僧恵運《えうん》を開基として創建された寺であり、上下の寺があった。順子が山林五〇町を施入したのをはじめ、寺領多く優勢を誇ったが、中世には衰退して、応仁《おうにん》・文明《ぶんめい》の乱（一四六七～七七）に上下の寺も焼けてしまった。寺宝であった五智《ごち》如来像は創建のころのものであるが、現在京都博物館にある。順子の御陵も近くの山中にある。

同じく山科の勧修寺《かんじゆじ》村は醍醐《だいご》天皇の外戚《がいせき》、藤原高藤《たかふじ》の遺跡の散在するところである。『今昔物語集』に、その経緯を伝える。一五、六歳のころのある日、山科の地に遊猟にでた高藤は、雷雨にあって、とある家に雨宿りする。そこで一三、四歳の乙女に出会い、契りを結ぶ。五、六年後に訪れると美しい五、六歳の少女が成長していた。その少女が大きくなって、宇多天皇女御となり、醍醐天皇を産み、皇太后を追贈された胤子《いんし》である。その母は列子《れつし》、祖父はその郡の大領宮道弥益《みやじのいやます》という。この宮道弥益の屋敷を寺としたのが、勧修寺《かじゆうじ》である。京楽真帆子氏によると、この寺は長く列子の血を引く男女の子孫たちの共益施設としての性格をもって維持されたという。近辺には胤子陵をはじめ、高藤、列子、胤子の弟の定方《さだかた》の墓が散在している。勧修寺を核として、列子から生まれた勧修寺系藤原氏の遺跡である。

山科から南に下がり、笠取山《かさとりやま》の麓と山上にある醍醐寺も、空海の孫弟子聖宝《しょうぼう》の建立した密教寺院である。山科に縁の深い醍醐天皇の勅願寺となるに及んで発展を遂げた。醍醐というのは、牛乳を精製して作った、いわばチーズで、最高の味とされ薬でもあった。そこから醍醐の法味は、仏の最上の教えをいうようになった。醍醐寺開創説話では、地主神らしい老翁が山清水を酌んで「醍醐味」といったという話になっている。牛乳を常食としなかった日本らしい話である。

さて上《かみ》醍醐寺内の、延喜《えんぎ》七年（九〇七）ごろ、聖宝の建てた薬師堂は、三間四面の檜皮葺《ひわだぶき》で半丈六の薬師如来と日光・月光を安置した。その造立には、弟子の仏師・絵師でもあった会理《えり》がかかわっていた。「延喜（醍醐）御願」の五大堂があったが、一四世紀に焼失してしまった。下《しも》醍醐寺は聖宝後継の観賢《かんげん》が醍醐皇后穏子《おんし》の安産祈禱《きとう》にあたったことから、所生の朱雀《すざく》・村上《むらかみ》天皇の崇敬が厚かった。平安末期の僧慶延《けいえん》の書いた『醍醐寺雑事記《ぞうじき》』の久寿《きゅうじゅ》二年（一一五五）の条によると、当時、上下醍醐寺で、堂四二宇、塔四基、鐘楼三宇、経蔵四宇、神社一〇社、高倉二宇、御倉町三所、湯屋三宇、僧坊一八三宇の大伽藍《がらん》であったという。

二、王朝都市から中世都市へ

『池亭記』の描いた平安京の変貌

平安宮都がようやく独自の都市発展を示し始めたのは、一〇〇年ほどたった時期である。そのありさまを示すのは、やはり、慶滋保胤《よししげのやすたね》が天元《てんげん》五年（九八二）に記した『池亭記《ちていき》』であろう。保胤が自分の邸宅を作るにあたっての記述である。簡単に結論を要約すると、

・繁栄する左京に対して右京はさびれた。

・左京の四条以北の西北・東北部は貴賤を問わず、民家が集中している。

・鴨川《かもがわ》端や北野は人家が立て込んで耕作が行われている。都のなかは荒れ果てて、人々は都の郊外に居住地を移していくようになった。

・左京の上辺は地価が高くて買うことができないので、六条坊門南の荒地を十余畝《せ》買って邸宅を作った。

・その邸宅は屋舎が一〇分の四、池水が九分の三、菜園が八分の二、芹田《せりた》が七分の一で、池には緑松《りよくしよう》の島に白沙《はくさ》の汀《みぎわ》、赤い鯉《こい》が泳ぎ白鷺《しらさぎ》が飛ぶ。小橋に小舟、があった。

左京四条以北に都市の凝縮化がなされたことがわかる。後代のものであるが、『拾芥抄《しゆうがいしよう》』

付図によれば、里内裏や院宮諸家の邸宅が立ち並んでいるさまがわかる。

しかし、保胤のように、あえて四条以北に住まず、六条近辺に邸宅を構える人々も多かった。平安期の貴族の邸宅は、保胤の邸宅に見るように、いわゆる池水回遊式庭園で、その近所の大中臣輔親《おおなかとみのすけちか》の六条殿では「海《あま》の橋立」が作られていたという。少し時代が上がるが、源　融《みなもとのとおる》の六条河原院は、陸奥《むつ》の塩竈《しおがま》の景色を移し、難波《なにわ》の海から海水を運ばせて、塩を焼いたと伝えられる。ただしこれは別荘的住居でもある。融は嵯峨にも棲霞観《せいかかん》という別荘をもっていた。当時の貴族はいくつも邸宅をもっていたのである。

右京は湿地帯でさびれたといわれるが、邸宅がまったくなくなったわけでもない。『今昔物語集』には、兵衛佐《ひょうえのすけ》だった某が、西八条の小家に銀塊を見つけて安く買い取り、それを費用にして右京の水で浮くような湿地を買い取り、難波の芦《あし》を運び込んで土地造成をして、貴族の邸宅に売って儲《もう》けたという話が出ている。それが源定《さだむ》の屋敷であったといわれる。のち、源高明《たかあきら》の西宮として三町となる。

王朝時代に右京がさびれ左京が繁栄して、左京の上辺《かみへん》が朝廷、下辺《しもへん》がダウンタウンの商工業地区とわかりやすく構成されたかというと、必ずしもそうはいえないのである。また上辺（上渡）・下辺（下渡）と呼ばれた地域が、中世後期の上京・下京と対応するわけではない。黒田紘一郎氏は、その境目は二条大路であり、「上渡」とは二条大路より北、内裏より東の一角をさすと推定されている。すなわち、内裏に近く、貴族の邸宅が櫛比《しっぴ》した地域が上渡といえるであろう。

平安京は大内裏を核に構成されていた。王朝時代としての京都は、天皇・院宮・摂関家を中心として、多核的な構造をもち、その邸宅が集合する一体を上辺（上渡）と把握したのである。公卿《くぎょう》百官は、その近辺に住まいして、権力者への奉公に足を引きずって歩きまわっていた。

たとえば、三蹟《さんせき》の一人藤原行成《ゆきなり》は蔵人頭《くろうどのとう》という官房長官のような要職にあったが、馬に乗ったのか、牛車《ぎっしゃ》なのかはわからないが、目まぐるしく訪ねまわっている日々である。行成の日記である『権記《ごんき》』の長徳《ちょうとく》元年（九九五）一二月二四日条では、東三条院（一条天皇の母后詮《せん》子《し》）のところへ参って彼女の庄園所領についての中文《もうしぶみ》をもらい、内覧《ないらん》の権限（政務執行）をもっている総理大臣格の右大臣道長《みちなが》のところに御覧に入れに行き、次に参内して、それについて奏上して、勅命を受けた。他の用事もあり、その日は内裏に候している。うろうろというのは失礼だが、夜になるまで一日貴顕のところを訪ねまわっている日も多い。すなわち上辺を歩きまわっているのである。

庄園領主の家政所

庄園領主の本所となった院宮諸家、すなわち上皇・女院・宮家・摂関家は、天皇の諸機関を模したような、家政機関を調《とと》えた。平安後期になるが、藤原忠実《ただざね》家の年中行事を書いた『執政所抄《しつまんどころしょう》』では、

政所《まんどころ》・蔵人所・小舎人《ことねり》所・御随身《みずいじん》所・侍所・行事《ぎょうじ》所・御読所・御台盤《みだいばん》所・御厩《みうまや》・修理《しゅり》所・作物《つくも》所・納殿《おさめどの》・贄殿《にえどの》・御倉町《みくらまち》・膳部《ぜんぶ》

などが置かれていた。その他、『拾芥抄』では御服《ごふく》所があるが、その他の記録でここでも置かれていたことがわかる。

まず倉庫であり、生産も行うのが、贄殿・納殿・御倉町である。贄殿は贄人の貢納する菓子（果物）、魚類、鳥類など、また蘇《そ》（チーズ）、蜜《みつ》などを調進している。蘇を作っていたのかどうかはわからない。納殿は今でいう倉で絹・糸・綿・布などの衣料品類、錦《にしき》・綾《あや》などの高級品、袈裟・袿《うちき》・幕などの加工品、紙・名香・金銀・蘇芳《すおう》・仏・経などが収納されていた。ここで裁縫もされていたのは注目される。初期には染織が御服所でなされたのであろうが、のちには調進の場合が多いであろう。

御倉町には、家具什器《じゅうき》が納められており、なかでもおめでたい宴会に用いる御朱器《ごしゅき》や法事の供物器、鉄・仏・経などは「御倉」と称される場所に納められていた。この「御倉」を中心として、宿所・台所・細工所の区画が「御倉町」である。「御倉町（細工所也）」という記

録もあって、冠《かんむり》師・絵仏師が所属し、仏・経・鏡・漆器などが調進されているのから見て、仏師・経師・鋳物師・塗師が所属していたと見ることができる。

他に金工系統の作物所があるが、檜物《ひもの》も作っている。木工指物《さしもの》系統の修理所もある。これらが管掌するものと御倉町との分担は明らかではない。

要するに、諸国の庄園所領から進上してくる年貢物やそれと交換した諸国からの物産を収納して、それでは補えない手工業品や芸術作品を制作するところが、作物所や御倉町などである。時代が下るにしたがって、諸国からは原料品や半加工品が多くなって、御倉町での製品が多くなってきた。それについてはのちに述べたい。

以上が摂政関白家の家政機関である。上皇や女院も似たようなもので、女院には武者所と御随身所がないだけの違いである。これらの家政機関は、天皇家の諸役所を模したといえよう。これに照応するように、職人たちも、官衙町を離れて権門勢家の御倉町に分散していくのである。絵空事ながら、光源氏は広大な四丁町《よんちょうまち》の「六条第」を新築し、御倉町にあたる部分に、繁栄のもととなった明石《あかし》中宮の母、明石上を住まわせて、家財の管理・経営を彼女に任せている。規定では二町（一町＝丁＝四百尺〔一二〇メートル〕四方）の邸宅であるが、当時の貴顕の贅美な「家」を表現したものであろう。

御倉町と手工業者

院宮諸家といわれる貴族たちの邸宅にはそうした御倉町が付属していたが、その地域には、前章で見たように、諸司厨町もあって諸国から番上した手工業者や舎人たちが寄宿していた。これらは官衙町とも呼ばれて、それぞれの役所の付属機関でもあった。すなわち、工場などの生産地帯と貴族の邸宅地域などが分離していない。商工業者がいまだ独立せず、天皇や院宮諸家にそれぞれ付属していた時代の特色を示すのである。

しかし、諸司厨町や官衙町も時代とともに変貌《へんぼう》してゆく。諸国から番上した手工業者たちの給料も滞るようになってくるのに、彼らは郷里には帰らず京都に滞留している。それは代価を払ってくれる顧客が付いたからである。しかしまだその人数は暮らしていけるほどではないし、身分上の保証もない。彼らは、律令《りつりよう》的な物資の配分方法が途絶えた今、やはり技術的な生産品を欲している上皇や女院・宮家、権門勢家、寺社などに所属して、身分的な特権——警察・裁判権がその所属の領主にある治外法権や、一定額の生産品を貢納することで国家的な課税を逃れられる特権を得た。たとえば、上皇に付属した織手《おりて》は院織手といわれ、犯罪を犯しても院が織手を解任しないかぎり、警察権を握る検非違使は捕縛できないのである。

彼らは、貴顕の邸宅に付属した御倉町という工場・事務所・宿舎を兼ねたところに住んで、商品生産や工事に従事していた。そして一方で、注文を受けて商品生産にも従事していたのである。たとえば、長暦《ちょうりゃく》三年（一〇三九）、織部司《おりべのつかさ》の綾織《あやおり》たちが、関白藤原頼通《よりみち》の御殿に押し入り、機物《はたもの》を切って貢納物を責めとろうとしたので、怒った関白が看督長《かどのおさ》に申しつけて綾織たちを捕縛し、天皇の呉服を織っていた機を織れないように差し押さえてしまった。ところが今度は天皇が関白に文句を言ったというのである（『春記《しゅんき》』）。これは織部司所属の職人が関白に所属して、織部司の貢納物を納めなかったことからくる争論である。

以上のように、上辺、すなわち二条より北に貴顕の邸宅が並び、その邸宅のなかに、家臣はもちろん、ちょっとした工場があり、御用に応じる手工業者まで起居していたとすると、永原慶二氏の提唱された「家産経済論」が思い浮かべられる。

貴顕の「家」経営が、このようなものだと考えると、市を中心とする平安京の都市経済（交換経済）は、手工業者が注文を受けて、あるいは市に売りに出す、商品生産の部分、すなわち、彼らの生産労働の半分を基礎にしてしか成り立ち得ない。単純にいえば、平安京の都市機能は、当初はお役所―官衙中心の経済のわずかな有無を交換するところであったのが、変貌過程では全経済の半分くらいの機能をもつようになった。

ところがだんだんに、手工業者が自立して、商品生産のみに従事するようになってくる。経営も自立して、職住一致の店を構えるようになる。貴族寺社たちへの従属も寄人《よりうど》・供御《くご》人《にん》・神人《じにん》・散所雑色《さんじょのぞうしき》などと呼ばれた身分確保のためのわずかの貢納物と、逆に御用達《ごようたし》という形での需要確保の意味合いが強くなる。平安末期になると、後白河《ごしらかわ》法皇が蒔絵師《まきえし》の家に遊びに行って、その製造工程をつぶさに見学し、注文をして帰り、やがては気が変わって、うまくだましてキャンセルしてしまった話などから、その自立した工房で仕事をしているありさまがわかるのである。

下辺の「町」——新しい商業区域の発展

平安京の都市機能・経済生活は、七条の市を中心にまわっていたが、だんだん繁華な商店街は七条町に移っていく。七条町というのは、横の七条通と縦の町通りとの交差点である。町通りは今の新町《しんまち》通のことである。もともと、町というのは条坊制の四角の区画を示した言葉であったが、いつのころか、商店の並ぶ繁華な場所をさすようになった。しかも道路を挟んでの両側の町並みをさすようになってくる。その最初が、この町である。最初の町がのちに新町というようになったのはおかしいが、この通りは、北の突き当たりが修理職町《しゅりしきまち》であるので、それが略されて町通りといわれたとも考えられる。修理職は木工寮などを従えた、現在でいえば、国土交通省である。平安の昔といえど、やはりゼネコンから町は始まったのである。材木などの建築資材は、淀津《よどつ》から陸揚げされたり鴨川で運ばれたり、丹波《たんば》から桂川をへて堀川に引いてきた。そしてこの町通りを通って、修理職町に運ばれる。のちには五条で荷揚げされて、五条堀川に材木の市が立った。

すでに一〇世紀後半の『かげろふ日記』には著者の夫の兼家《かねいえ》の新しい愛人として「町の小路《こうじ》の女」が出てくるのは既に述べた。「町」の名の初見である。この通りの繁栄から京都の都市としての発展が始まったのだ。それのみならず、全国の都市の繁華街が町といわれるようになったのである。

市鄽《いちくら》の手工業者が移ってきたのであろうか。七条町は金属業者の集住地となっていた。考古学発掘でも、このあたりに金属業者の屋敷跡が検出されているが、架空のものながら、平安中期の『新猿楽記《しんさるごうき》』では、七条以南の保長《ほうのおさ》として金集百成《かなずめのももなり》という者を登場させ、鍛冶《かじ》、鋳物師、銀金細工の上手としている。実在の記録類でも、藤原道長が「ミメヨシ」として、随身に召しつかった七条の細工（『中外抄《ちゅうがいしょう》』）や「針鍛冶」（『中右記《ちゅうゆうき》』）などがあげられる。

平安末期には町通りはさらに発展して、三条町・四条町が繁栄する。保安《ほうあん》二年（一一二一）、四条町の辻《つじ》の神がにわかに祭られて、美麗極まりないものであったが、淫祀《いんし》として停《ちょう》止《じ》されている。七条市に市姫神社があったように、自発的にできた四条町にも神が求められたものであろう。平家が六波羅《ろくはら》に居亭を構えた時期には、三条町・四条町は少し衰えて、七条町が盛んになる。それを検非違使が追ったので、またもとの三・四条町に帰ったという話もある。『古今著聞集《ここんちょもんじゅう》』には、鎌倉初期の花山院《かざんいん》家の侍が、博打《ばくち》に勝った銭を斎料《ときりょう》として出家をして、四条町に半月、七条町に半月、商家の屋根の上で念仏をして行いすました話をのせている。出家をするにも先立つものが必要で、それを博打で稼いだのである。まさに市井の隠者といえよう。

南北朝期、祇園《ぎおん》社に所属した綿座《わたざ》が、三・四条町にいて、七条町の内裏駕輿丁《かよちょう》に所属する町人と連携してこの町通りの綿商売を独占していた。ところが、振売《ふりうり》行商の里商人と販売権をめぐって、裁判闘争を繰り広げる。彼らは自らを「町人」と呼んで、里商人とは区別していた。ちなみに里商人は「あぐり女《め》」「柿宮女《かきみやめ》」などの女商人が多かった。大小の商人の争いを織りまぜて、平安後期・鎌倉、さらに南北朝期を通じて、京都の目抜きの場所はやはりこの町通りであった。

綿座商人たちが、このとき既に「町人」と称していたように、「町」という共同体を作って、その構成員を「町人」といったのである。それについては、のちの章で述べたいが、その前提となる町に住む人をメンバーとする共同体は平安時代からあったのだ。『今昔物語集』には、我が家の瓜《うり》を盗んで食べた幼い息子を父親が勘当する話があり、「町ニ住ケル長《オトナ》シキ人々」を呼び集めて証判をもらっておき、子供が長じて盗人となったとき連座《れんざ》を免れる話を書いている。どの町をモデルにしているかわからないが、下辺の町が想定される。平安末期の町は、四角い区画で、両側通りの「町」ではないが、「町長者」という共同体の年寄役に率いられる集団をなしていたのである。

建久《けんきゅう》（一一九〇〜九九）ごろ、四条町の一筋北の六角町《ろっかくちょう》には、魚屋が四軒あった。これも皆女商人だった。琵琶湖の粟津《あわづ》・橋本あたりから魚を運んできて、ここで売っていた。のちにも六角町が魚売りの代表になる。

この商人たちがどうして史料に出てくるか。源平騒乱で供御（天皇の食事）が到来しないので困った御厨子所《みずしどころ》は、三条以南で魚鳥精進菓子（野菜と果物）を売買する商人たちがいかなる貴顕に所属していようとも、一律に営業税を掛けて、それを納付する者を供御人と認定した。

これは都市としての性格転換を示すものにほかならない。すなわち、三条以南が商業区域と見なされて、二条以北の「上辺」のお役所区域とは違うという把握をされていたこと。しかも、貴族寺社所属の商工業者たちの課税免除の特権を破棄して、天皇の役所が一律に営業税を掛ける権限を示したことである。これを先駆けとして、各役所は我も我もと、営業税を掛け始めた。

たとえば、大炊寮《おおいりょう》は米屋課役、造酒司《みきのつかさ》は酒屋課役を、装束司《しょうぞくし》は市の苧《お》売買の輩に課税というように乗り出した。これは貴顕に分割されていた手工業者たちを集中する動きの端緒となった。世は公武いずれにせよ、専制化の動きを進めていくこととなった。足利《あしかが》幕府の洛中酒屋土倉《どくら》役の賦課や、織田政権の楽市《らくいち》、豊臣政権の楽市楽座《らくざ》の政策の走りが、この営業税の賦課であった。

洛中の種々相

「そもそも日《ひ》の本《もと》の内に名所ということは我が大内《おおうち》にあり」（能楽「雲林院《うんりんいん》」）と謳《うた》われた大内裏も、平安後期には、「虎狼《ころう》の住処《すみか》」といわれ、『今昔物語集』では女官が盗賊に襲われたりしている。そして中世には、ついに蕪《かぶら》の名所となってしまった。

それはさておいて、一一世紀はじめの『源氏物語』では、光源氏が五条あたりの乳母の家を見舞った帰りに夕顔をみそめることとなり、地方に出る行商人の隣の家の話も聞こえる下町のありさまが書かれている。まさにダウンタウンである。そして廃墟《はいきょ》となっていた六条河原院らしきところに夕顔を連れ込んで、死なせてしまうことになっている。一方は廃墟、一方は繁華街、庶民の住宅地と、下辺は区分されていたのである。

もちろん下辺には歓楽街もあった。鎌倉時代も中ごろ、弘安《こうあん》七年（一二八四）、一遍《いっぺん》は三度目の入京で、空也の市門の遺跡で踊念仏を興行する。これが市屋道場金光寺《いちやどうじょうこんこうじ》（現在地は本《もと》塩竈町《しおがまちょう》）の起源となる。『一遍聖絵《ひじりえ》』には、踊る一遍たちの下方に市姫社を描き、その間に太鼓樽《たいこだる》を据え、女が客を誘っている遊女屋のようなものを描いている。この遊女屋が踊念仏

一遍による踊念仏の興行　『日本の絵巻20　一遍聖絵』より

に付随して臨時に設営されたものか、もともとあったものかどうかはわからない。この絵は堀川が左に描かれているから踊屋は市姫の北にあり、その間に歓楽街があったことになる。のちには時宗《じしゅう》の寺が遊廓や茶屋を経営するから、その前身かもしれない。

下辺の繁栄も、このあたりが極南であったかもしれない。平安末期、鳥羽院と美福門院《びふくもんいん》の間に生まれた鍾愛《しょうあい》の皇女、いったんは女帝にも推された八条院暲子《しょうし》内親王は、二条天皇の准母《じゅんぼ》にもなって相当の権力をもった。両親から譲られた庄園は二一ヵ所であったが、その後、源平騒乱の政情不安期を経て、どんどん増加し、最終的には二二〇ヵ所を数えたという。その邸宅は院号のとおり、八条にあった。女院は小事に拘《こう》泥《でい》しない大らかな人柄で、邸宅は埃《ほこり》だらけという逸話も残っている。その御殿は、室町《むろまち》と烏丸《からすま》の間と八条と八条坊門との間の三町を占めて、女院庁・女院御倉・女院御所が一町ずつ構成されていた。

女院没後、家司《けいし》であった藤原定家がその大邸宅を訪れ、荒廃ぶりに、いささか今昔の感に打たれた感慨を日記に吐露している。さらに時がたって、鎌倉後期には、後宇多《ごうだ》天皇から東寺に寄進されたが、元応《げんおう》元年（一三一九）には、その女院御倉町跡には「此町ハ散所者共也」と記されていて、畑地化したり、零細な手工業者の居住が見られ、浮浪者も止住する地域となっていた。現在の京都駅近辺の款冬町《やまぶきちょう》・梅小路町《うめこうじちょう》あたりである。

これらの土地を寄進された東寺は、それを契機にしてか、または別個の関係からか、散所法師といわれる人々の使役権も後宇多院から寄進されて、近辺の散所法師たちの組織化に乗り出し、のち「東寺掃除散所」といわれる人々を支配することになる。

平安京・花の都と謳われた京都は、最近では環境問題からの研究が進み、洛中はパリと同じく汚れに汚れていたことが解明されてきた。貴族の邸宅では既に、平城京で水洗式のトイレがあったことが発掘によってわかっている。平安京でも、汚穢《おえ》の水を戸外の道路に流すことを禁じているのからみて、同様のものが想定できる。さらに上流貴族は、「清筥《しのばこ》」（大便用）「虎子《おおつぼ》」（小便用）を用いて、「樋洗《ひすまし》」が始末をしていた。これも洗い出され、道路で糞尿《ふんにょう》をたれる人間もいたから、道路や側溝は汚穢とその匂いに満ち満ちていた。その上、男女ともに、路傍で排便するのが普通であったという。しかもいったん飢饉《ききん》ともなれば、死体とその死臭が散漫していた。『方丈記《ほうじょうき》』には、養和《ようわ》の大飢饉（一一八一～八二）では頭蓋骨が四万二三〇〇余体分あったということである。ちなみにのちの寛正《かんしょう》の大飢饉（一四六〇～六一）では京中の死体八万人といわれている。

さてこそ、天皇を頂点に上流貴族は、汚穢・不浄から遠ざかり、清浄を維持するためにあらゆる努力をした。大陸から伝来した「触穢《しょくえ》思想」によって、死穢・血穢に触れないようにした。「触穢思想」とは穢に触れた人に接触しない規定を作り、穢に触れた人は何日か人と接触しないように慎むことである。これは科学の発達しない段階の未熟な衛生思想といえよう。汚穢からもたらされる伝染病の流行を回避できるところもある。

しかし、その処理を弱者に押しつけて、それらの人々を穢《けが》れ多きものとして、穢多《えた》や非人と名付け、差別するところとなった。また、生理や出産で出血する女性に対する差別も、血が媒介する病気の危険を血穢として女性の罪科にすり替えてしまったことによる。後代に禍根を残す大きな社会問題の根源となったのである。

したがって、汚穢から尊貴な人や神を守るために、天皇の行幸には、隼人《はやと》が犬吠《いぬぼ》えをしながら先導して汚穢を攘《はら》い、祇園祭などの神幸には、犬神人《いぬじにん》が先導して穢れたものを処理したのである。人間の生老病死にかかわる必然的な汚穢、その処理が、都という都市空間では、もっとも大きく矛盾を孕《はら》むものとして顕現化していたといえよう。

院政政権から武家政権へ――下辺・河東の地の開発

大内裏が廃滅し、虎狼の住処とまでいわれたことは既に述べたが、平安時代も後期になってくると、政権の所在地、それにつれての繁華な場所は、旧平安京の下辺、七条・八条や鴨《おう》東《とう》の地に移っていく。

まず、摂関家の女を母としない後三条《ごさんじょう》天皇の出現は、庄園整理令や度量衡の制定など数々の改革を生んだ。その後を継いだ白河《しらかわ》天皇は、まず鴨川の東、白河（岡崎《おかざき》）の地に法勝寺《ほっしょうじ》を建立、天皇として一四年、上皇・法皇として四三年、計五七年間、政治を行った。譲位とともに、もともと上皇の家政機関である院庁《いんのちょう》の権限を拡大して、院政政治を行ったのである。白河院は譲位の直前から鴨川尻と西国流通の拠点である港湾の地に鳥羽殿《とばどの》を造築、それは国守たる受領《ずりょう》層の財力と、各国から駆り集められた人夫の労働力によった。その壮麗な鳥羽殿と本来の御所、六条殿との間を往復して政治を行い、白河院政の場とした。院政の基盤は大《おお》江匡房《えのまさふさ》をはじめとする受領層であり、一応、後三条天皇の新政を受け継ぎ、庄園整理をめざしていたが、基盤の受領層は庄園設置に動くなどの矛盾をもっていて、院政と摂関家との抗争はどちらが庄園体制の実を取るかに傾いていくのであった。

白河院といえば、意のままにならぬものとして、山法師と呼ばれる比叡山延暦寺の僧兵、鴨川の防災、双六《すごろく》の賽《さい》の天下三不如意の話が有名であるが、院政政権は山法師、日吉神人《ひえじにん》だけでなく、南都の春日神人《かすがじにん》と興福寺《こうふくじ》の僧兵などにも悩まされ、それを抑える武士の台頭をもたらした。皇位継承問題のもつれに加え、摂関家の争いも加わって顕現した主導権争いの保元《ほうげん》の乱、そのなかで政権を掌握した藤原信西《しんぜい》と結んだ平清盛と、源氏のなかでただ一人生き残った源義朝《よしとも》との主導権争いのこじれから出た平治《へいじ》の乱は、ともに武士の力によって勝敗が決定された。のち、『愚管抄《ぐかんしょう》』を書いた慈円《じえん》が保元以後、「ムサノ世ニナリニケルナリ」と書いたとおりであった。この乱で信西が殺されたこともあって、その後、白河上皇の落胤《らくいん》ともいわれる平清盛の独裁となっていく。身分階層性の強い公家社会にあって、地方武士の棟梁《とうりょう》であった清盛の異例の出世は、このことが与《あずか》っているともいわれている。

平家一門の邸宅は、祖父正盛《まさもり》以来、六波羅《ろくはら》の地にあり、もとは方一町であったが、五条から六条の地に一門の邸宅が建てられていたという。この鴨川より河東の地は、南に鳥辺野《とりべの》があり、葬地・風葬の地である。したがって疫病神であり、疫病から守る神ともなる祇園社や、墓所的な性格ももつ珍皇寺《ちんこうじ》や六波羅蜜寺《ろくはらみつじ》、そして別荘などが立ち並ぶ場所でもあった。ここを平家が政権の所在地ともいうべき地区に育て上げたといえよう。

この六波羅に平家が邸宅を構えたのは、清盛祖父の正盛以来のことで、忠盛《ただもり》はここで生まれたと『平家物語』は伝える。『源氏物語』では絵空事であった四丁町を現実に構えた清盛の邸宅を中心に、平家の全盛時代には、一族の殿原《とのばら》や郎党の屋敷三二〇〇余宇があったと伝える。現在の三盛町《みつもりちょう》、旧泉殿町《いずみどのちょう》が清盛の邸宅の泉殿の跡と伝え、ここの正盛堂常光院《じょうこういん》は、高倉《たかくら》天皇中宮・安徳《あんとく》天皇母后の安産祈禱の八女田楽《やおとめでんがく》の行われたところといわれている。弟頼《より》盛《もり》の池殿《いけどの》は清盛邸の南側で、現在の池殿町、規模は同じくらい、それは清盛の継母池禅尼《いけのぜんに》の邸宅だからである。高倉天皇はここで亡くなっている。寿永二年（一一八三）、平家都落ちに際して、火を放ってほとんど焼いてしまった。

清盛はもう一つ、西八条に邸宅をもっており、『拾芥抄』付図によれば、伯母で義母といえる祇園女御《ぎおんのにょうご》の邸宅と向かい合わせになっていた。とにかく平家が政権を壟断《ろうだん》することによって、さびれていた下辺の七条あたりが繁華になっていったといわれる。

源氏は為義《ためよし》・義朝以来の六条堀川の邸宅をもっており、『保元物語』では為義妾の美濃青《あお》墓宿《はかのしゅく》の遊女《ゆうじょのちょうじゃ》長者の女も六条堀川に住んでいて、その幼息の乙若《おとわか》以下四人が殺されたあわれな物語が書かれている。その妹延寿《えんじゅ》は義朝の妾で夜叉御前《やしゃごぜん》という一〇歳の息女がいた。これは女だったので共に美濃に帰り、のち母親の延寿は大炊《おおい》を襲名して青墓の長者となった。やがて頼朝が上京の途中に美濃で見舞っている。

話が前後するが、六条堀川の邸は平家全盛・源氏没落のときにはどうなっていたのか、義経入京のときには、この六条に邸宅を再建して入っている。のち建長《けんちょう》（一二四九〜五六）ごろ、美濃青墓の遊女の延寿も六条堀川に住んでいる。これは義朝の妾だった延寿の子孫であろうか。

源氏の六波羅探題

平家を滅ぼして政権を獲得した源氏は、もともと六条堀川に邸宅があり、源義経はそこに起居していた。しかし、頼朝は平家の六波羅跡地を獲得して邸宅を建て、六波羅新御亭といわれた。頼朝は池禅尼に幼時に命を救われた関係から池殿頼盛の生命所領を保障したが、その縁故からか、池殿跡に御亭を建てたらしい。妹の夫一条能保《いちじょうよしやす》を留守職とし、京都守護職に任じたが、焼亡後、復興しなかった。

承久《じょうきゅう》の乱の終わった直後の承久三年（一二二一）、鎌倉幕府は京都守護をやめて、六波羅北方、南方とする。のちの時代に探題《たんだい》と呼ばれるもので、乱鎮圧に上京した北条泰時《やすとき》と叔父の時房《ときふさ》がこれにあたった。北方は源頼朝が朝廷から給せられた六波羅新御亭といわれた地で、五条・六条坊門（現五条通）。南方は六条坊門・六条末（現正面《しょうめん》通）である。いずれも大和大路の東である。

六波羅探題の職務は、①執権の爪牙《そうが》耳目のごときもので、朝廷を監視して、武家の安全を守る。②洛中警護、である。暦仁《りゃくにん》元年（一二三八）、洛中に四八ヵ所といわれるや篝屋《かがりや》を置いた。これは治安のための篝だけでなく、役所の機能も果たしていたらしい。

町コトニ立篝屋ハ　荒涼《こうりょう》五間板三枚　幕引マワス役所鞆《とも》　其数シラス満々《みちみて》リ

と「二条河原落書」にあり、今の派出所を想像させる。京都の検断（警察裁判権）は従来、検非違使庁の管轄であり、使庁も存続したが、有名無実に近くなった。六波羅滅亡後、後醍醐《ごだい ご》政権のもとでまた強くなるのである。

さて六波羅探題の職務はそれのみならず、幕府の西日本（九州以外）における出先機関として、裁決にあたった。この探題の権限は鎌倉中期ごろから、段々強くなる。

辛うじて撃退が功を奏したとはいえ、蒙古《もうこ》襲来による危機感や、その戦費などによって、時代は末期現象を呈してゆく。また襲来以来、『八幡愚童訓《はちまんぐどうきん》』などの排外神国思想が強くなってきた。幕府の得宗《とくそう》専制化、朝廷の両統迭立《てつりつ》の紛争など、末期現象を現していた。ここに後醍醐天皇の倒幕の基盤があった。

正中《しょうちゅう》の変（一三二四）を経て、元弘《げんこう》元年（一三三一）の変では、天皇は都を捨てて笠置《かさぎ》に逃げ、六波羅は、山門（比叡山延暦寺）を攻める。ここには天台座主《ざす》の尊雲法親王《そんうんほっしんのう》（護良《もりよし》）と尊澄法親王《そんちょうほっしんのう》（宗良《むねよし》）が守っていた。初手は山門側が優勢であったが、結局は攻め落とされて、二皇子は大和に逃げる。やがて関東の大軍が発向されて、天皇も捕らえられ退位、隠岐《おき》に配流となる。

しかし、天皇方は楠木正成《くすのきまさしげ》をはじめとして畿内土豪勢力や寺戸《てらど》・西岡《にしのおか》の野伏《のぶし》などの支持を得て勢力を盛り返し、赤松円心《あかまつえんしん》や伯耆《ほうき》の名和長年《なわながとし》の挙兵が起こる。後醍醐先帝も隠岐を脱出、六波羅は楠木の河内を攻めていた。幕府は三度、大軍を派遣したが、その最後の大軍の総大将の一人、足利高氏《たかうじ》（尊氏）が謀叛《むほん》して後醍醐方に付き、六波羅を攻めるに及んで幕府は倒壊した。

鎌倉新仏教の教線

日本に本格的な禅をもたらしたのは、臨済《りんざい》禅を伝えた栄西《ようさい》と曹洞《そうとう》禅の道元《どうげん》である。

栄西は備中《びっちゅう》吉備津宮《きびつぐう》の神主の子で、延暦寺に入って台密を学んだが飽きたらず、二度入宋《にっそう》して臨済禅を伝えた。彼の著書『興禅護国論《こうぜんごこくろん》』は南都北嶺《なんとほくれい》からの批判に答えて、宗教界の刷新と戒律の重要性について説いたものである。当然それは鎌倉幕府の注目するところとなり、北条政子《まさこ》に招かれて鎌倉に下り、これ以後、鎌倉五山《ござん》の隆盛をもたらした。また、将軍頼家《よりいえ》は京都の土地を寄進したので、栄西は建仁寺《けんにんじ》を密禅一致の山門末寺として建立、京都・鎌倉双方に拠点を築いたのである。栄西は重源《ちょうげん》の死後、東大寺大勧進職を継ぎ、また、法勝寺九重塔の再建も完成させるなど勧進僧としても敏腕を発揮した。

その後、栄西の流れを汲《く》み、入宋して無準《ぶじゅん》に師事した円爾弁円《えんにべんねん》が九条道家《みちいえ》の帰依・後援をえて、道家が別荘を寄せ円爾を開山として東福寺《とうふくじ》を建てた。東福寺とは東大寺と興福寺を合わせた意味で、師の無準の径山《きんざん》を模倣したという。円爾も密禅一致の立場であった。今も通《つう》天橋《てんきょう》の紅葉が美しい。

のち五山の一つとなる万寿寺《まんじゅじ》は、二一歳で亡くなった美しい皇女、郁芳門院媞子《いくほうもんいんていし》の死を悼んで、父の白河上皇がその居所であった六条内裏を寺にし、六条御堂といわれた。浄土宗であったが、のち円爾に帰依した覚空《かくくう》が禅寺とした。

南禅寺は、亀山《かめやま》法皇が離宮を寺にした禅林禅寺《ぜんりんぜんじ》の後身である。法皇は、東福寺三世の無関《むかん》普門《ふもん》が離宮の妖怪《ようかい》を鎮めた功績に感じて弟子となり、開山としたものである。のち宋の台州の人で元《げん》朝の国書を携えて来日した一山一寧《いっさんいちねい》が三世に迎えられ、二世とともに、宋朝風の純粋禅を持ち込んで、その後の禅宗の方向を決定した。

それより早く、純粋禅を日本に導入していたのは曹洞禅の道元である。道元は父が反幕府の権力を掌握した権臣源通親《みちちか》、母は摂政関白の藤原基房《もとふさ》（松殿《まつどの》）の女だが、父は三歳、母は八歳のときに亡くなり、兄に養われたという。比叡山で出家して得度したが、その後、貞《じょう》応《おう》二年（一二二三）、入宋した。帰国後、建仁寺に入った道元は、華美さに飽きたらず寺を出て、深草極楽寺《ふかくさごくらくじ》の別院安養寺《あんようじ》に住した。道元を尊敬した正覚禅尼などの後援で、極楽寺跡を改築して興聖宝林寺《こうしょうほうりんじ》を開いた。その所在地は現在の深草山宝塔寺《ほうとうじ》のあるところという。道元はここで宋朝風な禅林生活を営もうとしたが、比叡山の弾劾にあって興聖寺は破壊されて、道元は越前の永平寺《えいへいじ》に赴くこととなる。厳しい修行から病を得た道元は、京都に帰り、五四歳で没した。遺骸は東山で荼毘《だび》に付された。今、荼毘塔が建てられている場所だという。

純粋禅は日本ではまだまだ受け入れられず、兀菴普寧《ごったんふねい》は兼修禅的な傾向に失望して宋に帰ったが、蘭渓道隆《らんけいどうりゅう》・大休正念《だいきゅうしょうねん》・無学祖元《むがくそげん》、一山一寧などの渡来僧の影響によって、京都の五山派の隆盛をみるのである。

鎌倉末期、民衆の帰依を熱狂的に受けたものとして、「自然居士《じねんこじ》」をはじめとする「放下僧《ほうかそう》」の一団がある。『天狗草紙《てんぐぞうし》』には、後述の一遍房の次に、自然居士を載せて、また放下の禅師と号して髪をそらすして烏帽子《えぼし》をき、座禅の床を忘て南北のちまたに佐々良《ささら》すり、工夫の窓をいて〻東西の路に狂言すと詞書《ことばがき》に書いている。自然居士は「自然こしきぞ」とからかわれている。放下僧や簓説経師《ささら》の元祖といわれ、ササラ太郎と呼ばれていたらしい。永仁《えいにん》二年(一二九四)、山門の沙汰《さた》によって、ササラ太郎とその党類である夢次郎・電光・朝露などが「京都ニ異類異形の輩多し、是《これ》仏法ノ滅相ナリ」と追放されている。

しかし、自然居士は破戒僧ではない。雲居寺《うんごじ》と法城寺《ほうじょうじ》に居住した居士（在家の帰依者）で、南禅寺開山の無関普門の弟子であった。自然居士は大悟した禅者でありながら、庶民にわかりやすく法を説き、人気の的であった。延年風流《ふりゅう》の題材にもなり、祇園祭の山にも室町時代には「しねんこし山」があった。観阿弥《かんあみ》作、世阿弥改作の能楽「自然居士」は、亡き両親の追善のために、人商人に身を売って衣類に替え、お布施として差し出す少女を救い出すために、人商人になぶられて、簓をすり、羯鼓《かっこ》を打ち、曲舞《くせまい》を舞って少女を救出するという曲である。また「東岸居士《とうがんこじ》」は自然居士が勧進で建てた五条大橋を弟子の東岸居士が同様の芸尽くしをしながら、橋勧進をする姿を描いている。彼らは在家の居士であるが、数多くの信者をもち、能楽に伝えられるような土木事業や社会事業を行っていたのである。

平安中期から浄土教は盛んであったが、そこに新しい専修《せんじゅ》念仏の道を開いたのが、浄土宗の宗祖、法然房源空《ほうねんぼうげんくう》である。法然は美作《みまさか》の土豪の子として生まれたが、比叡山に上り、天台教学を修め、一八歳で遁世《とんせい》して西塔《さいとう》の黒谷《くろだに》別所に入った。嵯峨清凉寺釈迦堂《せいりょうじしゃかどう》に参籠したり、顕密の教学をおさめて「知恵第一の法然房」といわれた。天台宗の念仏とは観想念仏《かんそうねんぶつ》であり、恵心僧都源信《えしんそうずげんしん》の『往生要集』に示されたもので、天台止観《てんだいしかん》を念仏の形で示すことにある。それに疑問を感じた法然は、唐の善導《ぜんどう》の影響を受けて、諸行を捨てて念仏を捨てないことを

座主からの抗議文を受け取った法然とつめかけた弟子たち『法然上人絵伝』（知恩院蔵）より

「正定《しょうじょう》の業《ごう》」と名付けて、称名念仏《しょうみょうねんぶつ》こそ往生浄土の正道とした。山を下りた法然は、最初に西山の粟生《あお》の現在の光明寺《こうみょうじ》に庵室を構え、しばらくして東山の現在の知恩院の御影堂の建っている場所に移した。

顕密の学僧にも法然の教説に関心をもつ者が現れ、のちに天台座主となる顕真《けんしん》が大原《おおはら》でひらいた討論会が「大原談義」である。ここには現在も「法然腰掛石」というものがある。しかし山門は法然を異端の教説とし、攻撃が激化した。法然は元久《げんきゅう》元年（一二〇四）、「七箇条制誡《せいかい》」を出して弟子たちを戒めた。それには一九〇名が署名しており、若き日の親鸞《しんらん》も署名している。しかし、南都北嶺の旧仏教からの攻撃も凄《すさ》まじく、また弟子のなかにも「専修に名をかり本願に事よせて、放逸のわさを成すものおほかりけ

り」といわれるものがあった。元関白九条兼実《くじょうかねざね》は法然に帰依して後援者であったが、その弟の天台座主慈円はその著『愚管抄』で、

「コノ行者ニ成ヌレバ、女犯《にょぼん》ヲコノムモ魚鳥ヲ食《くらう》モ、阿弥陀仏ハスコシモトガメ玉ハズ、一向専修ニイリテ念仏バカリヲ信ジツレバ、一定《いちじょう》最後ニムカヘ玉フゾ」ト云テ、京田舎サナガラコノヤウニナリケル

と記している。たまたま後鳥羽《ごとば》上皇が熊野詣に出たすきに、院の寵姫伊賀局《ちょうきいがのつぼね》（白拍子亀菊《しらびょうしかめぎく》）をはじめとする女官たちが外泊して、遵西《じゅんさい》、住蓮《じゅうれん》に結縁《けちえん》した。怒った後鳥羽院は遵西、住蓮を死罪、七五歳の法然を土佐に流罪したほか、主だつ弟子たちを流罪にした。公然と妻帯していた親鸞も越後に流された。「承元《じょうげん》の法難」と呼ばれている。

四年後の建暦《けんりゃく》元年（一二一一）、許されて法然は帰京し、慈円のもとに身をよせ、大谷の禅房に寄住したが、翌年八〇歳で死ぬ。現在の勢至堂《せいしどう》の地という。死後一五年に「嘉禄《かろく》の法難」が起こり弾圧が再燃する。延暦寺は法然の墓堂を破棄して、遺骨を鴨川に捨てようとしたが、弟子・信徒たちは遺骸を守り、西山光明寺で荼毘に付したのである。

弟子の一人、親鸞は日野家の出身といわれ、九歳で慈円を師として出家した。二〇年間「比叡の山に堂僧つとめて」修行をしていた。建仁《けんにん》元年（一二〇一）に山を下りて、六角堂に籠《こ》もった親鸞は聖徳太子の夢告《むごう》をこうむり、法然上人のもとに弟子入りして、専修念仏者

となった。たとい法然にだまされて地獄に堕ちてもかまわない、という決意であったという。「承元の法難」に連座して越後に流罪となり、その時すでに結婚していたといわれる。三善《みよし》為教《ためのり》の女で恵信尼《えしんに》である。親鸞は許されても京都には帰らず、さらに常陸《ひたち》に移り、宗教生活を送った。彼が京都に帰ったのは五八歳とも六三歳ともいわれる。弘長《こうちょう》二年(一二六二)九〇歳で亡くなるまで著述に専念した。

その時、恵信尼は越後にいて、女の覚心尼《かくしんに》が父の最後を母に書き送った手紙に対する返事が残っている。文永《ぶんえい》九年(一二七二)、覚心尼は遺骨を吉水《よしみず》の北辺の自身の相伝の地に改葬して仏閣や御影堂を建てた。これを門徒に寄進して門徒の共有とし、廟所の留守職を覚心尼の子孫が相伝することとした。これが本願寺の始まりである。

さて念仏門のもう一派、時宗の一遍房智真《いっぺんぼうちしん》は伊予《いよ》国の道後《どうご》の地に、豪族河野《こうの》氏を父として生まれた。一〇歳で出家、九州で一二年修行したのち、文永一一年(一二七四)、畿内に上り、四天王寺から高野山を経て熊野神宮に参り、本宮証誠殿《しょうじょうでん》で夢うつつに権現が御殿の戸を明けて白髪の山伏姿で現れ、「信不信をえらばず、浄不浄をきらはず、その札《ふだ》をくばるべし」と示したという。それで悟った一遍は迷いなく「南無阿弥陀仏‐決定《けつじょう》往生《おうじょう》六十万人」の札をあらゆる人々に配る賦算《ふさん》を行った。そののち弟子たちと別れて京都に行くが『一遍聖絵』には一行しか書かれていない。そののち伊予に帰る。弘安二年(一二七九)、ふたたび京都を訪れた一遍は、因幡《いなば》堂《どう》にゆくが宿を借してくれないので縁先に寝ていると、この寺の執《し》行《ぎょう》の夢枕に御堂の本尊の薬師如来が現れて「我れ大事の客人を得たり、もてなすべき」と告げたので、夜半に廊に招じ入れたという奇跡譚を示している。三度目の弘安七年（一二八四）には近江国関寺《せきでら》から京都に入り、四条京極の釈迦堂で踊念仏を行った。貴賤群集して大混乱するありさまを伝えている。この釈迦堂一帯は、のちに佐々木高氏《ささきたかうじ》（道誉《どうよ》）が土地を寄進して四条道場金蓮寺《こんれんじ》ができる場所である。

さらに因幡堂に移り、また、三条悲田院《ひでんいん》、蓮光院《れんこういん》、雲居寺、六波羅蜜寺などを巡歴して、空也の東市の遺跡で踊屋を設けて踊念仏を行う。『一遍聖絵』では釈迦堂とおなじく、貴顕の人々の牛車が立ち並び、庶民も群集する賑《にぎ》わいが描かれている。前述したように、七条大路北、堀川西の元の市の跡なので市屋道場と称した。空也のあと、薬師を祭った寺であったが、住持《じゅうじ》の唐橋法印《からはしほういん》が一遍に帰依し、作阿《さくあ》上人と号した。空也以来、市姫との結びつきがいわれるが、『一遍聖絵』では踊屋の北側に鳥居が描かれている。中世には金光寺《こんこうじ》が管理したといわれ、七条堀川小路の北西の角が「市姫金光寺」となっている。しかし、豊臣秀吉によって下京区本塩竈町に移され、現在にいたっている。

その他、時宗の寺院は、この近くの七条道場金光寺が七条仏所の人たちの後援によって存在し、よく市屋道場と混同される。また、『一遍聖絵』を作った聖戒《しょうかい》は、一遍の子とか弟とかいわれるが、彼が作った六条道場歓喜光寺《かんきこうじ》がある。もとは六条河原院跡にあり、六条東洞院で罪人処刑の際に最後の十念《じゅうねん》を渡したが、天文《てんぶん》二一年（一五五二）ごろには、寺は荒野になったので中之町《なかのちょう》の金蓮寺の北、錦天満宮《にしきてんまんぐう》の南（高辻烏丸《たかつじからすま》）に移転した。さらに現在は山科大宅《おおやけ》に移っている。

一遍の没したころ、もっとも隆盛を誇った念仏宗は時宗であった。没後数年にできた『野《の》守鏡《もりのかがみ》』や『天狗草紙』は、踊念仏を異様なものとして捉《とら》え、「天狗の長老一遍房」として、一遍のしと（尿）を薬に所望する信者を書いている。おそらく教養ある貴族か、その出身の僧侶の筆になるものと思われるが、時宗は底辺の民衆に支えられて絶大なる教線を張っていくのである。

旧仏教の再生

源平の争乱は多くの社寺の荒廃を生んだ。その復興が大きな課題となったが、なかでも大きかったのは、俊乗坊《しゅんじょうぼう》重源《ちょうげん》の東大寺復興である。その費用は勧進によって募援することとなり、大勧進職に入宋三度といわれる重源が任命された。彼は一輪の手押し車で洛中を勧進して回り、貴顕はもちろん、庶民にいたるまで一紙半銭を集めたといわれる。西行法師も陸《む》奥《つ》平泉《ひらいずみ》の藤原氏まで募金の旅に出たという。寺社造営のみならず、道路・港湾、灌漑《かんがい》用水等の整備を行っている点、のちの叡尊《えいぞん》などの律宗《りっしゅう》僧侶が行った社会事業の先駆けである。

荒法師として知られる文覚《もんがく》も神護寺《じんごじ》・東寺を修造した。彼が、神護寺復興の勧進のために後白河院の法住寺殿《ほうじゅうじどの》に参入して、その無礼を咎《とが》められて伊豆に流され、源頼朝に平家討伐をすすめた話は『平家物語』等に有名である。戦後、頼朝の後援も大きく神護寺は立派に再建された。ただしその後火災にあって、現在のものは古いもので桃山時代である。ついで東寺を修復、播磨《はりま》国を造営料としてもらい、大伽藍を修復した。応仁・文明の乱等で大部分が焼けてしまったが、蓮華門や東大門が残っている。

このように重源・文覚は勧進作善《かんじんさぜん》の宗教運動によっているが、修行と教学的理論において頭角を現したのが、明恵房高弁《みょうえぼうこうべん》である。父は武者所の武士で母は紀州《きしゅう》の湯浅《ゆあさ》氏の女である。叔父が文覚の高弟にあった関係で神護寺に入り修行したが、建永《けんえい》元年（一二〇六）、後鳥羽院から栂尾《とがのお》の地をもらって華厳《けごん》宗興隆の道場として高山寺《こうざんじ》を建てた。釈迦の遺跡に憧《あこが》れてインドに渡ろうとしたほどで、境内には遺跡に模して設けた縄床樹《じょうしょうじゅ》、定心石《じょうしんせき》などもあり、後鳥羽院の別院を寄進されたという石水院《せきすいいん》は単層入母屋《いりもや》柿葺《こけらぶき》で、鎌倉初期の寝殿造を伝えている。「明恵上人樹上座禅像」は明恵の日常生活を写実的に描いたものらしく、明恵の自筆賛文がある。明恵は建礼門院の戒師となったといわれ、九条道家や西園寺《さいおんじ》公経《きんつね》や藤原定家など貴顕の信仰を集めたが、承久乱後、朝廷方に付いた人々の妻妾《さいしょう》には明恵によって尼となった人が多いといわれる。

戒律を重視し、なおかつ重源・文覚のような勧進をも行ったのは、俊芿《しゅんじょう》である。彼は捨子であったので、不可棄《ふかき》法師と称したが、入宋して律を究め、多くの経書律典を携えて帰朝した。泉涌寺《せんにゅうじ》の再建のために勧進の文章を書いたが、その文章・筆跡が後鳥羽院を驚かし、准《じゅん》絹《けん》一万疋が寄付されたという。のち四条《しじょう》天皇以後、歴代天皇の山陵がここに築かれることが多くなった。

大和を中心に活躍した叡尊は京都の西の京、松尾《まつのお》の葉室《はむろ》に浄住寺《じょうじゅうじ》を草創した。律宗復興と土木事業、非人救済を見事にリンクさせて、非人に土木事業、人々の葬送、死体処理に従事させた叡尊は、文殊は非人乞食となって人の世に現れるとして、非人供養を行った。大和・紀伊などで行っていた非人の授戒を、建治《けんじ》元年（一二七五）清水坂《きよみずざか》非人惣中が要請した。船で山崎に着いた叡尊は浄住寺に着き、その二日後、清水坂に着している。清水坂の非人供養のことについては後述したい。

また叡尊は殺生禁断を願い、殺生を業とする漁師や河原者に厳しかったが、宇治橋修造を行うのに際し、太政官符《だいじょうかんぷ》を申し下して、宇治川の網代《あじろ》を破却し漁猟などを禁じたのは、宇治の浮島《うきしま》に今もある十三重の石塔によって明らかである。

三、京都郊外（洛外）名所の数々

さて洛外に目を転じよう。時代の移り変わりを示す遺跡と地域が交差しているので、まずもっとも古い太秦《うずまさ》から、時計まわりに名跡を見てゆくことにしよう。

秦氏の拠点――太秦・広隆寺

嵯峨野・太秦の地が平安京以前の秦《はた》氏の拠点であり、「太秦」という地名そのものが、秦氏に朝廷から与えられた姓《かばね》であるという伝承をもっていたことは既に述べた。その秦氏の氏寺という広隆寺や国宝第一号の飛鳥時代の弥勒仏についても既に述べた。

蜂岡寺《はちおかでら》は「葛野の秦寺」であり、広隆寺の前身である。その故地は、「九条河原里」で今も「川勝寺《せんしょうじ》」の地名を残す。承和《じょうわ》三年（八三六）の『広隆寺縁起』によると、狭小のために「五条荒蒔里《あらまきのさと》」に移転したという。これが現在の広隆寺の地である。その後たびたび火災にあうが、久安《きゅうあん》六年（一一五〇）の焼亡にも、仏像は火災を免れている。

ところが『広隆寺来由記』には、本尊について、「金銅弥勒菩薩像」「金銅救世観音像」「檀像《だんぞう》薬師如来」の三尊をあげている。この前二者が、聖徳太子が河勝《かわかつ》に与えたという弥勒菩薩にあたるが、『来由記』には、百済国から伝来し太子が与えたものと、新羅から伝来したものとの二体という。『続古事談』にも「此寺の本仏は百済国の弥勒なり」とあって、宝冠弥勒が本尊であったが、いつのまにか、百済国より渡来の金銅仏と思われてしまっていた。また「泣《なき》弥勒」と呼ばれた「宝髻《ほうけい》弥勒半跏《はんか》思《し》惟像」は「金銅救世観音像」と考えられている。

平安時代、長和《ちょうわ》三年（一〇一四）になって安置された「檀像薬師如来」は、現重要文化財の「木造薬師如来像」であるが、三条院の参籠などもあり、霊験譚によって貴族たちの参詣《さんけい》も盛んであった。清少納言も参詣して、近辺の田の稲刈りを見ている。

もと広隆寺境内にあった池の弁天島の頂上からは、十数基の経塚が発見されている。平安後期のものであるが、平安前・中期の瓦片もあった。宋銭などが五〇枚発見されている。相当の信仰を集めていたらしい。

広隆寺の奥院と称される桂宮院《けいくういん》は八角の円堂で、法隆寺の夢殿にあたるものであるが、その院内にあって鎮守といわれる大酒《おおさけ》神社は、現在は広隆寺の東にあり、寺の伽藍神である。延喜式内社で、葛野郡二〇座のうちで、「大酒神社元名大避神」と記されている。「大辟」「大裂」とも記す。播磨国矢野《やの》庄も秦氏の開拓地と伝えられるところであるが、ここにも「大避《おおさけ》神社」があって、秦氏が祭った神社であることが認められる。

本殿は秦始皇帝、弓月君《ゆづきのきみ》、秦酒公を祭り、別殿に呉織《くれはとり》、漢織《あやはとり》を祭るという。なぜ、秦始皇

太秦牛祭　『都名所図会』（国際日本文化研究センター蔵）、「太秦広隆寺」より

帝を祭るのか。それは平安初期、秦氏は朝鮮半島出自を変えて、秦始皇帝を祖先として、秦の滅亡後渡来したという、いわゆる「秦の亡人説」を取ったためである。祭礼は「太秦牛祭」といって一〇月一二日（旧暦九月一二日）に、広隆寺の僧侶五人が異形の面をかぶって、その一人が摩多羅神《まだらじん》で牛に乗り、他の四人が四天王として松明《たいまつ》をもってまわりを守護する。境内一巡ののち、祖師堂で祭文を読むという中世的な祭りである。

　別殿に祭る呉織、漢織というのは朝鮮半島から織物を伝えたという伝承の女性であり、女神となった人だが、これは中世・近世の京都の絹織物産業の発展と無関係ではあるまい。世阿弥作と伝える能楽「呉服《くれは》」もあることだから。そういえば、絹織物の原料の生糸の蚕《かいこ》にちなむ、通称「蚕の社《やしろ》」の木島《このしま》神社が、太秦の東方（太秦森ケ東町）にある。秦氏が養蚕を我が国にもたらしたという伝承にのっとったものであろう。しかし、延喜式内社で、「木《この》嶋坐天照御魂神社《しまにますあまてるみたま》」と記されている。大宝《たいほう》元年（七〇一）、葛野郡の月読神《つくよみのかみ》と、樺井《かばい》神・波《は》都賀志《つかし》神とともに、木嶋神の神稲を中臣《なかとみ》氏に給している。本殿の右側に「養蚕《こかい》神社」があり、これにちなんで「蚕の社」の方が通りがよい。

『梁塵秘抄《りょうじんひしょう》』には、

金《かね》の御岳《みたけ》は一天下、金剛蔵王釈迦弥勒、稲荷も八幡も木島も、人の参らぬ時ぞなき

太秦の薬師がもとへ行く麿《まろ》を、しきりとどむる木の島の神

とうたわれている。経塚も弥勒も薬師も広隆寺に関係があり、平安後期に信仰を集めた仏である。そのなかで、同じように木嶋神も信仰を集め、霊威をもっていた神と思われていたらしい。

一条戻り橋と陰陽師・渡辺綱の話―茨木童子

太秦から東北、一条大路を東へ堀川にかかる橋が、一条戻り橋である。なぜ戻り橋というのか、これは京都の説話ではいろいろの奇跡を行って有名な浄蔵貴所《じょうぞうきしょ》が修行して帰ってきて、父親の文章博士《もんじょうはかせ》三善清行《よしきよつら》の葬列と行き合い、祈って魂を呼び戻したところというので、その

名がある。葬地への通路であったので、このような伝説ができたのであろう。

後年、豊臣秀吉のご機嫌を損ねた千利休《せんのりきゅう》の木像の首がさらされたのも、この一条戻り橋であり、江戸時代には罪人市中引回しのときに、この橋上で花と餅を供えさせたそうである。

その他、源頼光《らいこう》の家来の四天王の一人、渡辺綱《わたなべのつな》がこの戻り橋で美女と出会い、それが鬼女となったので腕を切り落とした話もある。鬼女の本性は茨木童子《いばらきどうじ》という鬼で、のち伯母に化けてその腕を取り返しにくるという説話の場所でもある。これは歌舞伎にもなっているが、歌舞伎の「鬼一法眼三略巻」にも出てくる『義経記《ぎけいき》』の陰陽師《おんみようじ》法師、鬼一法眼《きいちほうげん》の住まいも一条堀川となっている。戻り橋の橋占《はしうら》も有名で、久安六年（一一五〇）の『台記《たいき》』にも出てくる。鎌倉時代の『源平盛衰記《げんぺいじようすいき》』には安倍晴明《あべのせいめい》が十二神将の化身である一二人の職神を駆使し、それを橋の下に隠していたとしている。このあたりに、晴明の屋敷があったと『今昔物語集』は伝え、その跡として彼を祭る晴明神社もある。ちなみに晴明塚は鴨川の五条橋の中州にもあり、前述の自然居士も居住していた法城寺であったという。晴明が治水に功績があったという伝説もある。また、東山区本町にも晴明塚というものがあったが、現在はない。これらの場所は、散所陰陽師が集住していて、能楽や説経節などの民間芸術の温床だったことが窺《うかが》われる。

北野・千本閻魔堂・今宮神社

少し西へ行くと、平安京大内裏の北にあたる北野に出る。承和三年（八三六）、遣唐使発遣にあたって、北野で天神地祇《てんじんちぎ》を祭っている。また藤原基経《もとつね》が元慶《がんぎよう》年中（八七七〜八八五）に豊年を祈って雷公を祭ったように、菅原道真を祭る以前から天神や雷公を祭る場所であった。そこに怨霊《おんりよう》となって政敵の藤原時平などに祟《たた》ったと信じられた菅公を祭ったのは、所を得たものといえよう。道真の怨霊としての記述が現れるのは、道真死後二〇年の延喜二三年（九二三）で、延喜九年（九〇九）に時平は死んでいるが、時平の女《むすめ》の夫、皇太子保明《やすあきら》親王が二一歳の若さで死んだことが、道真の「霊魂宿忿《しゆくふん》」のゆえと『日本紀略』には記されている。翌月には道真の本官右大臣を復する詔を出し、左遷の詔書の破棄をなした。閏《うるう》四月には長雨と疫病のために年号を延長《えんちよう》と改める。延長三年（九二五）には、天然痘が流行して、皇太孫で時平の孫の慶頼王《よしよりおう》が五歳で死んでいる。延長八年（九三〇）に、有名な内裏落雷事件があり、公卿たちが死んだ。その衝撃のため醍醐天皇は咳病《せきのやまい》となり、三ヵ月後に死去した。

しかし、朝廷の手で道真を祭ったのは、永延《えいえん》元年（九八七）が初めてであり、『菅家御伝《かんけごでん》記《き》』所引の「外記《げき》日記」には、北野聖廟を祭ると記している。民間では、天慶《てんぎよう》五年（九四二）右京七条二坊一三町に住む多治比文子《たじひのあやこ》という者に天神（道真）の託宣が下り、北野の右《う》近馬場《こんのばば》に祭るようにといった。文子は自分の家に祭っていたが、五年の後、北野に移した。

さらに数年の後、近江比良宮禰宜神良種《ひらぐうねぎみわのよしたね》の男子七歳の太郎丸《たろうまる》に託宣がある。父の良種は、朝日寺《あさひでら》の最鎮《さいちん》とはかって、北野寺を設けたという。これはその最鎮の『最鎮記文』の記事である。のち時平の甥にあたる藤原師輔《もろすけ》が増築して神宝を献じたという。

多治比文子の住居の跡だといわれている下京区天神町には現在も、文子《あやこ》天満宮があり、北野社の旧社家の上月家は文子の子孫だといい、代々女系相続で明治のはじめまで天満宮の巫女を勤め、文子の名を称したという。

のちのち、道真は日本大政威徳天《だいじょういとくてん》と呼ばれ、醍醐天皇も地獄に堕ちたといわれる。道真自身が天台座主尊意《そんい》を訪ねて加持祈禱《かじきとう》を行わないように依頼し、尊意が承知しないと、石榴《ざくろ》を口に含んで妻戸《つまど》に吐きかけ、火炎となった等の説話を生んでゆく。この石榴天神の話は、能楽「雷電《らいでん》」にもなるのである。

『菅家文草《ぶんそう》』や『菅家後集《こうしゅう》』の詩文は、今も人の胸を打つ。とりわけ、大宰府《だざいふ》に左遷せられてからの『菅家後集』は、涙なくして読みえない。政争の犠牲となった人に同情する、一見、無力と見える人々の声なき声が、菅公説話を作っていったのである。

北野から、さらに北に上がると、千本閻魔堂《せんぼんえんまどう》と呼ばれる引接寺《いんじょうじ》がある。当時の葬所であった蓮台野《れんだいの》のなかに開かれた寺である。開基は恵心僧都源信の弟子の定覚《じょうがく》上人といわれ、平安中期の草創である。恵心僧都の二十五三昧《ざんまい》に倣って行い、蓮華が化生したから蓮台野と名付

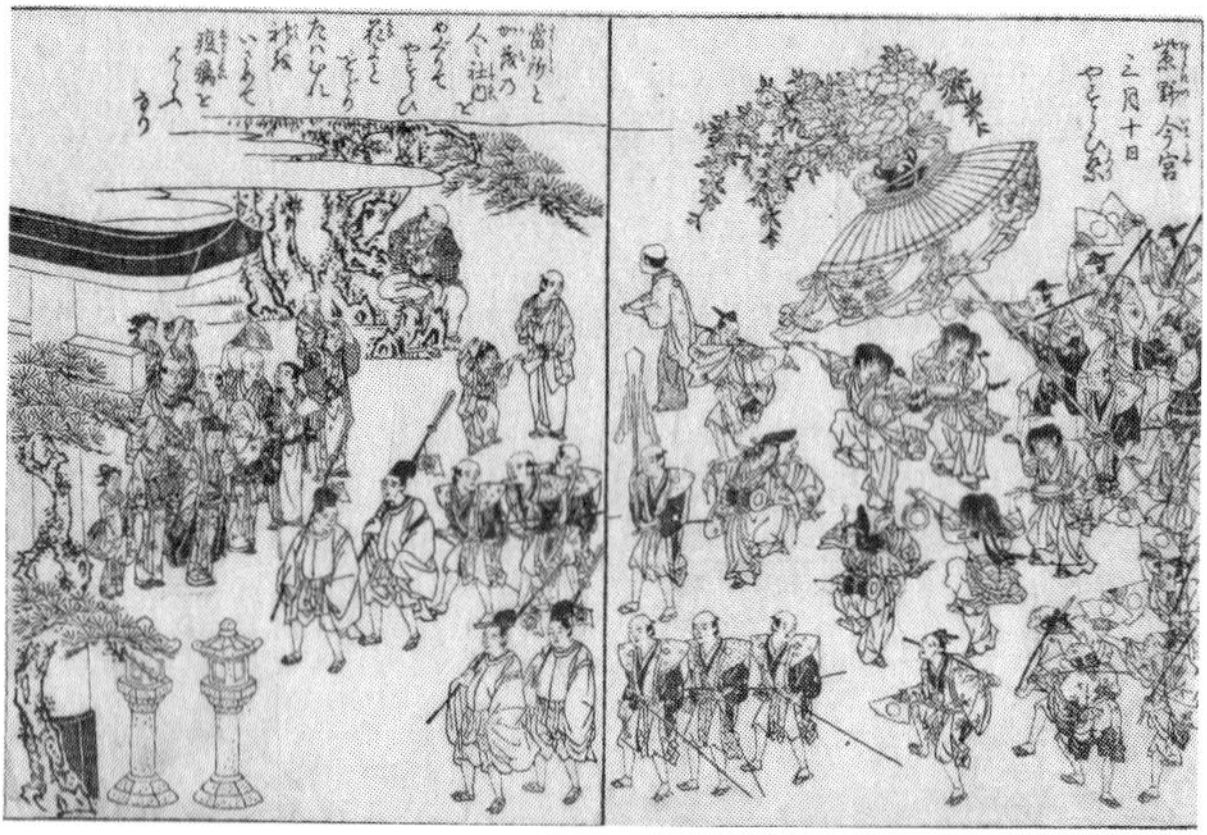

やすらひ祭　『都名所図会』（国際日本文化研究センター蔵）、「今宮神社」より

けて、ここに墓所を構える人々を必ず引接せん、と誓ったと、鎌倉末期の『野守鏡』には書かれている。のち衰えたが、鎌倉中期文永に再興され、室町時代には春の大念仏狂言で賑わったといわれる。狂言は壬生寺《みぶでら》と釈迦堂と当寺が三大狂言だが、当寺のものは台詞《せりふ》があったらしい。当寺の有名な鎮花《ちんか》の念仏法会との合間に行われたということである。

鎮花祭といえば、紫野《むらさきの》の今宮《いまみや》神社の「やすらい花」がもっとも有名である。やはり桜花の散る時に行われるのである。今宮は船岡山《ふなおかやま》の北にあり、もともと疫病流行の際に御霊会《ごりょうえ》を行う場所であった。『日本紀略』長保《ちょうほう》三年（一〇〇一）に、紫野で御霊会をして疫神を祭り、神殿三宇を修理職が、神輿《みこし》を内匠寮《たくみりょう》が作った。この社を今宮と号したという。以後今宮御霊会、紫野御霊会と呼ばれ、官祭として定着したという。

ところが平安末期の久寿元年（一一五四）、

近日、京中児女風流を備えて鼓笛を調し、紫野社に参る、世これを夜須礼と号す、勅ありて禁止す（『百錬抄《ひゃくれんしょう》』）

とあって、「やすらい」といった風流が行われて禁止されている。『梁塵秘抄口伝集』（巻一四）にも

その歌は、今様でも、乱舞の音でも、早歌の拍子どりでもなく歌い囃《はや》した。その音声はよろしくない。傘の上に風流の花をさし上げて、童子に半尻《はんじり》を着せて、胸に羯鼓を付け、数十人が拍子に合わせて乱舞の真似をする。また悪気と号して、鬼のかたちで首に赤いあかたれをつけて、魚口の貴徳の面を掛けた、十二月の鬼あらいのような出立《いでだち》をしたものが叫び狂い神社に敬して神前を数ヵ度グルグル回る。

と、見てきたように詳しく書かれている。

現在の今宮神社も毎年四月第二日曜に「やすらい花」の祭礼を行っている。赤熊《しゃぐま》という赤い毛の鬘《かつら》をかぶった一五、六歳の男子が躍る祭礼は美しい。鎮花祭であるが、平安時代から続いているのは珍しい。河音能平氏によれば、仁平《にんぴょう》二年（一一五二）、保元の乱を起こして有名な藤原頼長《よりなが》が京中に戒厳令を布《し》いたことに抗議する人々によって組織されて起こったとい

う。大傘の下に子供を差し入れると無病息災とか。母親や父親が子供を差し入れているのが微笑ましい。「やすらい花」は、疫神に捧げる御霊会の一つで、現在も境内に末社として疫神社がある。

その他、京都には御霊会を行った寺社がたくさんある。それについては、代表格の祇園社（八坂神社）のところで述べよう。

上下賀茂神社・河合神社・川崎寺、貴船神社・鞍馬寺

上下賀茂社については既に述べた。下賀茂神社の摂社河合《かわい》神社について述べておきたい。河合神社は延喜式内社で、「鴨川合坐小《かものただすにいますお》社宅《こそべ》神社」と記され、高野川と賀茂川の合流点にあたっているので、中世には男女の性愛を守る神として霊験があると信じられた。世阿弥作の能楽「班女《はんじょ》」は愛し合う男女が別離の末、この社でめでたく出会う話である。川合社は只洲《ただす》社ともいい、川合社と書いてもタダスノヤシロと読むのを常としたという。

糺河原《ただすがわら》は『延喜式』に、「凡《およ》そ鴨御祖《かもみおや》社南辺は、四至の外に在りといえども、濫僧屠者《らんそうとしゃ》等、居住するを得ざれ」と記されていて、賀茂祭を機会として、触穢を理由に、濫僧・屠者を放りだした事情がわかる。したがって、中世には声聞師《しょうもじ》池などもあり、寛正五年（一四六四）の『糺河原勧進猿楽記』に見られるように、芸能興行の場となっている。

貴船社　『都名所図会』（国際日本文化研究センター蔵）より

平安期においても、賀茂川西岸河原を川崎といい、川崎観音堂（感応寺《かんおうじ》）があった。『今昔物語集』には、そこで普賢講《ふげんこう》が行われ、その供養に笛を終夜吹いた男が、その功徳で死相が出ていた命を助かったという話が出ている。室町時代には「川崎御庭者」の集住地であり、室町幕府にその集団で自分たちの借金の徳政《とくせい》（債務破棄）を申請している。

さらに北へ上がると貴船《きぶね》神社や鞍馬寺にいたる。貴船神社は延喜式内社で、貴船山麓に本社、川を五〇〇メートル遡《さかのぼ》ったところに奥宮がある。祭神は闇龗神《くらおかみ》・高龗神《たかおかみ》・罔象女神《みつはのめのかみ》などといわれる。平安京遷都以後は、賀茂川の上流であることから祈雨止雨の神として尊崇され、朝廷は奉幣使を発遣し、祈雨には黒毛の馬、止雨には白毛の馬が奉納された。しかし、もともとこの地の地主神であったともいわれ、『今昔物語集』では、鞍馬寺の創建者、藤原伊勢人《いせひと》が寺地を求めて山中を探索していたところ、老翁が現れてこの山の鎮守、貴布禰の明神と名乗り、寺地とすることを許したという説話を載せている。女神であったのが、いつのまにか老翁に変わってしまっている。

しかし、和泉式部が、

物思へば沢の蛍も我身よりあくがれ出づる魂《たま》かとぞみる

の名歌を詠み、貴船の神が、

奥山にたぎりて落つる滝津瀬の玉散るばかり物な思ひそ

と返歌したという。

ところが鎌倉中期の『沙石集《しゃせきしゅう》』には、この歌からできてきたと思える傑作な話を載せる。和泉式部が夫藤原保昌《やすまさ》の愛を取り戻そうとして、貴船神社に参詣して「敬愛の法《きょうあい》」を行おうとした。それを聞いた保昌が後をつけていった。貴船神社の巫女たちは、式部に衣の前をかきあげて、鼓を打ちつつ社前を何度か回れといったが、和泉式部はさすがにそれはできず、一首の歌を詠んだ。保昌はそれを見ていて、和泉式部を連れて帰ったというのである。

前述の世阿弥作の能楽「班女」では、河合社に詣でて男への愛を祈る班女が、神前に額《ぬか》ずいて、それ足柄《あしがら》箱根玉津島《たまつしま》、貴船や三輪の明神は、夫婦男女の語らひを守らんと誓ひおはします。この神々に祈誓せば、などかしるしのなかるべき、謹上再拝

と祈る場面がある。地主神だった貴布禰の明神は、平安遷都後、晴雨を司《つかさど》る神となり、さらに「夫婦男女の語らいを守る神」に変化していった。おそらくは神社付属の巫女たちの興行によるものであろう。その延長線上に、性愛のもつれなどで、貴船神社は「丑《うし》の刻《とき》（午前二時ごろ）詣り」をする場所になっている。能楽「鉄輪《かなわ》」は、男が別の愛人の許《もと》へはしったことを怨《うら》んだ女が、神託によって頭に三本足の鉄輪に蠟燭《ろうそく》を付けたものを載せ、生きながら鬼の格好をして男を取り殺しに行く話になっている。この話は、平安末期の『今昔物語集』では、宇治の橋姫《はしひめ》神社であるが、能楽では貴船神社に変わっている。性愛の神として貴船神社がより喧伝《けんでん》されてきたからであろう。性愛という人間存在の根本にかかわる悩みの救済を、巫女たちは手掛けていたともいえよう。

貴船の明神から鞍馬寺を建てることを許された話は、当時よくあるケースであった。『太平記』や能楽「白髭《しらひげ》」に見られる比叡山延暦寺と白髭明神、高野山と丹生《にう》明神など、産土《うぶすな》神《がみ》・地主神の許諾によって仏法の結界とする話は、在地共同体の神との折り合いを守り、神との融和という形で、在地の人々との習合的な信仰を進める手段であった。

鞍馬寺は、正しくは松尾山金剛寿命院というが、前記、藤原伊勢人が毘沙門天を祭った私

寺とか、鑑真《がんじん》和尚の弟子鑑禎《がんてい》が毘沙門天を祭ったところなどと伝えられ、京都の北方を守護する毘沙門天として信仰を集めた。真言宗ののち天台宗の末寺となり、鞍馬寺検校職が門跡《もんぜき》相承の職となった。白河院が経供養を行っているが、平安末期ごろより経塚が本境内に多く作られて、一部が発掘されている。次第に毘沙門信仰は民間に普及して、百足《むかで》を使者とする信仰や、毘沙門天が福神となる信仰を生んでゆく。鞍馬御師《おし》とか願人《がんにん》といわれるものが、毘沙門天の摺仏《すりぼとけ》や牛若丸にちなんだ鬼一法眼の「兵法虎之巻」と称するものを配った。それは平治の乱後、鞍馬寺に預けられた牛若丸が、前述の陰陽師鬼一法眼のもっていた『六韜《りくとう》』一六巻を写し取ったという『義経記』の話によっている。『義経記』には天狗に兵法を習った話はなく、後代の絵巻や能楽「鞍馬天狗」、お伽草子《とぎぞうし》などによって流布したものである。

洛北八瀬・大原の地

貴船・鞍馬の地からさらに北に上がると、八瀬《やせ》・大原の地にいたる。ここは昔から、京都の町の発展に相応じての薪炭の供給地であった。「大原女《おはらめ》」とも「小原女」とも書く行商の女性が炭や薪を洛中に運んで商売をしたが、それはもうこのころから行っているのである。江戸時代の『膝栗毛《ひざくりげ》』などでは梯子《はしご》等の木製品を売っており、今も紺絣《こんがすり》の着物の大原女風俗で、しば漬けや饅頭《まんじゅう》などを売っている。現在では薪炭は要らなくなった。時代によって商品は変わっていくのである。

『本朝無題詩』に「炭を売る婦人に今聞き取るに、家郷遥に大原山に在り、衣は単《ひとえ》、路は険しく、嵐を伴って出ず、日暮れて天寒く月に向って還る」と厳しいなりわいのありさまが詠まれている。おそらく炭を焼いたのは男、虚構ながら平安中期の『新猿楽記』にも、既に大原の里の炭焼きの翁が夜這《よば》いする話が出てくる。

大原郷のなかの小野山《おのやま》の人々は、朝廷の主殿寮《とのもんりょう》の供御人となり、炭や松明などを貢進した。その見返りとして免税や市中売買の特権を得ていたのであろう。

そのように、薪炭を貢納していた人々は、朝廷の官衙や、院などの権力者におのが身を寄進して、市中売買の特権を得るようになる。大原郷の人々は、そのころ刀禰《とね》（村などの集団の代表者）という束ねをなすものに率いられた集団として、嘉保《かほう》二年（一〇九五）に姿を現す。集団そのものが白河院などの下部《しもべ》となっていて、その権威を借りて伊勢神宮遷宮のための炭を納めないと検非違使庁から訴えられている。

お隣の八瀬の里もおなじく薪炭を作り商売をしているが、その内部の組織がわかり、八瀬童子と呼ばれた人々の由緒を示す古い文書が残っている。寛治《かんじ》六年（一〇九二）に、八瀬刀禰乙犬丸は比叡山延暦寺の青蓮房《しょうれんぼう》僧都御房に訴え出て、延暦寺の下部が山を上下する時の食事などの世話をすると杣《そまぎ》伐りの夫役《ぶやく》を免除される恒例であるのに賦課されたこと、また、子《こ》童《わらわ》太郎丸が里のメンバーとして座役を勤め「酒肴《しゅこう》」の主も六度も勤めたのに他の者が座頭になろうとしている、と訴えている。このことから、八瀬の里人は座を組んで山門（延暦寺）支配下に入り、杣伐り夫役などを勤めていたことがわかる。もちろん村には座につけない者もいた。座のメンバーは順番に「酒肴」の主をする勤めを行い、その度数で座頭になる恒例をもつ平等な集団であったことがわかる。実にこの話は、中世の村落や商工業者や芸能者が結成する共同体組織である座の初見の文書なのである。

しかも乙犬丸の子息太郎丸は「酒肴」の主たる勤めを六度も行って、座頭になることを望む成人であるのに、子童太郎丸と称している。これはのちに「八瀬童子」と呼ばれるようになる前身を示しているのである。父親の刀禰も乙犬丸と童名の呼称であり、刀禰も童子集団から出身したことがわかる。「童子」とは権門寺社貴族に仕えて、雑用や夫役を奉仕し、その代わりに商売などの特権を与えてもらう人たちであった。たとえば歌舞伎の「菅原伝授手習鑑《すがわらでんじゅてならいかがみ》」の牛飼童《うしかいわらわ》の松王丸や桜丸のような者である。のち八瀬童子は比叡山の門跡たちの駕籠舁《かごかき》をしており、江戸時代には皇室の駕籠舁にも従事するようになった。

大原にかえって、ここは宗教的な雰囲気の濃い土地である。大原三千院《さんぜんいん》は、比叡山の門跡寺院の一つで梶井《かじい》門跡、または梨本《なしもと》坊と呼ばれた。貞観《じょうがん》二年（八六〇）、始祖承雲《しょううん》によって堂塔が整備されたことに始まる。現在の三千院本坊は往生極楽院で、定朝《じょうちょう》様式の阿弥陀三尊は久安四年（一一四八）に作られたと推定されていて、台座など一部に当初のものを残している。船を逆さにしたような天井は丈六の阿弥陀三尊を納めるために工夫されたものらしい。高松《たかまつ》中納言実衡《さねひら》妻の真如房尼《しんにょぼうに》（一一一四〜八〇）の建立と伝えられる。

このあたりはまた、魚山《ぎょさん》と呼ばれる大原　声明《しょうみょう》の地である。これは中国天台山の支山に大《たい》原《げん》魚山という山があって、梵唄声明《ぼんばいしょうみょう》の盛んな地であった。慈覚大師円仁《えんにん》がそれを山門に伝え、平安末期の融通《ゆうずう》念仏宗を開いた良忍《りょうにん》上人が再興大成したもので、良忍が開いた来迎院《らいごういん》・浄蓮《じょうれん》華《げ》院《いん》、それに三千院を含めて、このあたりを魚山という。この大原声明は謡曲の節にも影響を与えたといわれる。

草深い京の田舎、大原寂光院《じゃっこういん》は、建礼門院が平家滅亡ののち、囚《とら》われて尼となって住んだところとして有名になった。そこを後白河院が訪れて要望し、門院が生きながら六道を辿《たど》ったという話をする『平家物語』灌頂巻《かんじょうのまき》は、高貴な人の苦難の道を示して涙を誘う。はたして事実や否やは知りがたいことであるけれども。建礼門院の御陵は寺の裏手と『華頂要略《かちょうようりゃく》』に書かれているが、五輪石塔が明治九年（一八七六）政府によって認定されている。

曼殊院門跡から粟田口へ

八瀬から南へ下り、都の東北の鬼門を守るといわれた比叡山の都側の下り口の西坂本の地には曼殊院《まんしゅいん》門跡がある。寺伝では最澄に始まり、比叡山に本拠、北山《きたやま》に院地があった。現在の地に移ったのは、近世の明暦《めいれき》二年（一六五六）である。同門跡は北野天満宮別当職を兼ねていたが、明治の神仏分離令以後は廃止された。「黄不動《きふどう》」の通称をもつ平安時代の絹本《けんぽん》著色不動明王は有名である。その近くの八大《はちだい》神社は、一乗寺《いちじょうじ》村の産土神で、祭神は素戔嗚命《すさのおのみこと》、稲田姫命《いなだひめのみこと》と八王子となっているが、祇園社と同じく、牛頭天王《ごずてんのう》、婆梨采女《はりさいじょ》、八王子の祭神が神仏習合の結果として素戔嗚命以下に表現されたものである。この近くには天王や御霊を祭る神社が村々の産土神としてあって、鷺森《さぎのもり》神社（修学院村天王社）・崇道《すどう》神社（高野《たかの》村御霊社）・藪里比良木《やぶさとひらき》天王社（牛頭天王）・舞楽寺《ぶがくじ》天王社（八王子）・山端《やまばな》牛頭天王社・北白川《きたしらかわ》天満宮（白川村天王社）と合わせて、比叡山麓七里《ななさと》の産土神といわれた。例祭は三月五日、七里の神輿が鷺森神社に集まり、七里祭（さんやれ祭）を行った。七里の村々の団結は強く、天文一五年（一五四六）、徳政令にあたって幕府への債務破棄の申請も多くは村の惣中《そうちゅう》で行っているが、ここは「七里地下人」として行っている。祭祀《さいし》を中心とした村の連合が経済問題にまで及んでいて、いかにその団結が強いかがわかる例である。

もう少し南に下がると、鴨川東岸の北白河の地にいたる。現在の京都大学の東隣、神楽岡《かぐらおか》の西麓に吉田神社がある。奈良の春日大社、長岡京の大原野《おおはらの》神社のように、平安京における藤原氏の氏神である。文明一六年（一四八四）、吉田兼倶《かねとも》は、大元宮《たいげんぐう》という八角の宮を神楽岡中腹に建て、全国の八百万《やおよろず》の神々を合祀して、唯一神道を唱えて神道を編成しようとした。神楽岡はもともと神座《かみくら》であったといわれ、天皇の陵墓が多い。しかし、京都の東北としての地の利、防衛上から、南北朝動乱には城郭が築かれたと『太平記』は伝えている。

さらに南に下がると、真如堂《しんにょどう》の名で親しまれる真正極楽寺《しんしょうごくらくじ》がある。大永《たいえい》四年（一五二四）、掃部助久国《かもんのすけひさくに》が描いた「真如堂縁起」によれば、最初の女院、一条天皇の母、東三条院藤原詮《せん》子《し》の御願で女院離宮を寺としたという。その後、焼失したり変転しているが、「真如堂縁起」には、応仁の乱のありさま、足軽の登場、中国貿易の船などが活写されている。

その南の岡崎の地は、東から西へ、法勝寺《ほっしょうじ》・尊勝寺《そんしょうじ》・南北白河殿の跡地が続く。六勝寺《ろくしょうじ》といわれたところである。華麗なる専制君主の白河院政の場や信仰の名残であるが、甍《いらか》の映える御殿の立ち並ぶよすがは残念ながら今はない。わずかに、「白河院」という、明治の名庭師、植治こと小川治兵衛の庭をもつ宿が、法勝寺の敷地のうちといわれている。

その山側が、俊寛《しゅんかん》僧都などの平家打倒の陰謀で名高い鹿ケ谷《ししがたに》である。この地には浄土宗法然上人のゆかりの安楽寺がある。後鳥羽院の女官を帰依させて上皇の怒りを買い、法然の弟子が斬《き》られた「承元の法難」については既に述べたが、その住蓮・安楽房遵西の念仏道場であった。また、近くには河上肇などの文人の墓がある法然院もある。

少し南、南禅寺の北に、永観堂《えいかんどう》と呼ばれる禅林寺がある。もとは真言密教の大日如来を祭

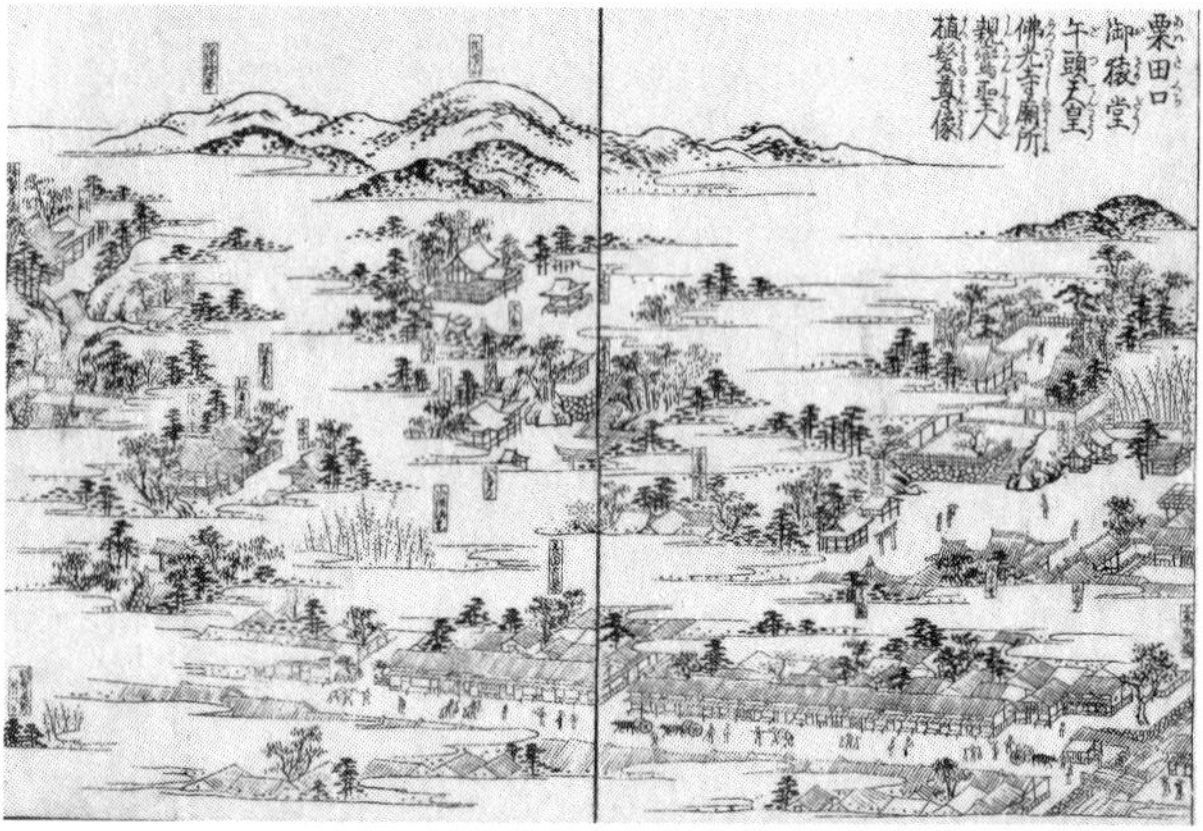

粟田口　『都名所図会』（国際日本文化研究センター蔵）より

っていたが、一一世紀後半、永観の入寺によって浄土教となった。本尊の「見返り阿弥陀如来」は永観が行道をしていたとき壇上よりおりて行道し、永観遅しと見返られたという伝説による。のち法然に帰依した静遍《じょうへん》によって、浄土宗となり、西山派の総本山となった。国宝の「山越《やまごえ》阿弥陀図」は有名。さらに南の粟田口《あわたぐち》の東南には、浄土宗総本山、法然入寂の地の知恩《ちおん》院《いん》があり、このあたりには浄土宗の寺も多い。

三条からの道を東に行くと粟田口に達する。「花の都を立ちいでて、うきねに鳴くか賀茂川や、末白河をうち渡り、粟田口にも着しかば」（能楽「蟬丸《せみまる》」）と謡われて、東国下りの人々の哀歓いたる道筋であった。そこには現在は日向《ひむかい》神社がある。室町時代の享徳《きょうとく》元年（一四五二）のころには粟田口神明社と称しており、声聞師《しょうもじ》たちが勝手に神明社と称するのは違法だと伊勢内宮から訴えられている。この地は現在の左京区・東山区・山科区の堺にあり、瀬田勝哉氏は、道祖神を祭っていたものが、怨霊鎮魂と悪疫退散に効験があるとする伊勢信仰の権威を借りたものとされている。このような神明社は当時多く、京都内でも、応永《おうえい》二三年（一四一六）ごろにできた宇治神明、『看聞《かんもん》日記』の嘉吉《かきつ》元年（一四四一）に湯立を行っていると記されている高橋神明などが、多く室町初期に建立されている。

祇園御霊会

さらに南に下ると、四条大路の延長の突き当たりに、下京の地の守り神、共同体の結節点である祇園社が鎮座する八坂神社の大鳥居に直面する。

今も、梅雨があけて真夏の太陽が照りつけようとする季節、京都では祇園祭が行われる。小時の断続はあるとはいえ、伝承を除けて確実な史料からみても一一〇〇年続いたお祭りというのは世界的に珍しい。それについては旧著『中世京都と祇園祭』（中公新書）を見てほしいが、ここではあらましを述べよう。

祇園御霊会は疫病神の神魂を慰撫《いぶ》して、疫病の蔓延《まんえん》を防ぐ祭礼である。これらの御霊会は、疫病神はこの世に怨みを抱いて死んだ人であり、怨みの残っているこの世に災厄をまき散らすと考えて、その怨霊を慰めるために行われたものであった。したがって今宮神社の項で述べたように、祇園だけではない。所々で行われたのである。まずは御霊会の始まりから見よう。

御霊会の最初の記録は『三代実録』にある。貞観五年（八六三）、朝廷が初めて御霊会を神泉苑《しんせんえん》で行い、六所《ろくしょ》の御霊を祭ったものである。六所とは崇道《すどう》天皇（早良《さわら》親王）、伊予《いよ》親王と母の藤原吉子《きっし》、藤原仲成《なかなり》、橘 逸勢《たちばなのはやなり》、文室宮田麻呂《ふんやのみやたまろ》である。疫病が蔓延して死亡する者が多いのは、無実の怨霊が祟りをなしていると考えて、京畿から諸国にかけて夏天秋節《かてんしゅうせつ》によく行われている御霊会を、朝廷でも修することにしたという。それは宮廷の神泉苑で行い、仏を礼し経を説き、歌舞をし、童子を着飾らせて弓を射させ、膂力《りょりょく》の士に相撲を取らせ、騎射の芸、競馬《くらべうま》、倡優《わざおぎ》の技芸などをさせた、と記している。後代の祭りに見られる技芸がだいたい揃《そろ》っている。何よりもその御霊会を民間ですでに行っていたというのは注目されてよい。御霊会は民間信仰的な性格をずっともちつづけるのである。

それ以後も御霊会は、疫病の流行のたびごとに行われた。最初は社殿などはなく、出雲路《いずもじ》、船岡、紫野、衣笠《きぬがさ》、花園、東寺、西寺、それに八坂などの地で行われた。それらの地は京都の境の地で、葬送に関係の深い地であった。いわば境界の地であり、神送りにふさわしい場所であった。とりわけ祇園社の八坂の地は、河東《かわひがし》の大きな葬地であった鳥辺野《とりべの》に近接、いや、そのなかにある土地ともいえた。

正暦《しょうりゃく》五年（九九四）に行われた御霊会では、木工寮《もくりょう》・修理職が神輿《みこし》を二基作り、北野船岡山に安置して、僧が仁王経を講説し、伶人《れいじん》を呼んで音楽を奏し、都の男女幾千人と知れない人が幣帛《へいはく》をもって祭った。そののち神輿に宿らせた疫神を難波の海に送り出したという。異界から水辺を通って来た疫神を、また水辺を通って異界に送り返すことが必要とされたのである。やがて御霊は菅原道真と吉備真備《きびのまきび》を加えて八所となり、やがては、恒常的な堂舎の形をとったものが現れてくる。前述の紫野の今宮社や出雲路の御霊堂、上下の御霊神社、そして祇園社などがそれであり、今も存在するのである。

しかし、疫病すなわち伝染病は外国から来て流行するものも多いから、日本の怨霊だけでは説明がつかない。貞観一四年（八七二）にはやった咳病は、渤海《ぼっかい》国使の入国による「異土ノ毒気《どっき》」によるものとされた。御霊の一つとして信仰を集めた牛頭天王も天竺《てんじく》（インド）渡来の伝説をもつ神であった。

京都へは最初に播磨《はりま》の広峰《ひろみね》に垂迹《すいじゃく》した牛頭天王が、さらに岡崎の東光寺《とうこうじ》牛頭天王社（岡崎神社）に移り、貞観一八年（八七六）八坂に移したといわれるが、広峰より祇園の方が古いのでこの話はあとでできたといわれている。神泉苑で朝廷主催の御霊会を執行した藤原基経が、居宅を寄進して観慶寺《かんぎょうじ》（祇園寺）を建てた。それを、天竺で須達《しゅだつ》長者が祇園精舎を建てた行為になぞらえて、人々が祇園と呼んだのである。

とにかく外国から入ってくる病気は、疫病神として入ってきたのである。その代表が牛頭天王である。しかし、疫病神は同時に疫病にかかる人を選ぶから、逆に善行の人や疫病神を信仰する人々を疫病から守る神となった。神観念が発展して、もっとも効果をもったものは、「牛頭天王説話」である。

その説話は、もともと天竺の王であった牛頭天王は、南海の龍王の王女婆梨采女のもとに妻訪《つまど》いに行って八王子を儲《もう》けて帰ってくるが、行きに宿を借してくれなかった金持の巨旦将来《こたんしょうらい》というものに仕返しをして全滅させる。親切にしてくれた蘇民将来《そみんしょうらい》という者の娘を救うために、「蘇民将来子孫」という護符を付けさせて救った——というものである。報復に全滅させるというのは疫病によってであって、良い行いをしている者で、牛頭天王を信仰して護符を付けている者は救うということになった。疫病にかかった人が悪い人ということになるのは困るが、これによって牛頭天王信仰は、疫病神から疫病除災神に一八〇度転換したのである。この説話は、後世の記録では一〇世紀前期から成立しているが、確かなものでは、延《えん》久《きゅう》二年（一〇七〇）の祇園社の火災に、神体として牛頭天王・婆梨采女・八王子が焼けているので、既にこの説話にのっとっていたことがわかる。それゆえに、京中から河東の地に鎮送された祭神牛頭天王たちを、今度は逆に京都の町に迎え入れる祭礼と変化したのである。

祇園社に神託が下り、社司が社殿の後園から蜘蛛《くも》の糸を辿っていくと、洛中の高辻東洞院の助正という町の長者の自宅にきた。町の長者というのは、当時は単に金持の意味ではなく、町の共同体組織の年長の世話役の意味である。神託によって、助正は自宅を祇園社に寄進してお旅所とした。ここに一年に一度、神輿が京都の町に渡御して、人々の拝礼を受けることとなった。天延《てんえん》二年（九七四）のこととされている。

疫病神でもあり、疫病から人々を守ってくれる神でもある神に対して、前者は河東の地に鎮送したいし、後者は迎えて歓迎したい、その矛盾をうまく解決して一年に一度お旅所に迎えて歓迎することとしたのである。居宅を祇園社に寄付した助正はお旅所神主となり、その賽銭《さいせん》はもちろん、鎌倉時代には「馬上役」という祇園御霊会の費用として富裕な町人に寄付させる三〇〇貫文の半分を取得した。

稲荷神社も松尾社《まつのおしゃ》も、洛中にお旅所を設けて神輿を巡行させる。それにかかわったのはいずれも長者といわれた人々であった。お旅所に神が神輿に乗ってやってくるのを、長者をはじめとする町の人々が迎える。そのような祭礼は日吉社から始まるが、祭礼の新しい動きであり、長者といわれた町の指導者層が推進したのである。そして長者が町の共同体の代表者であることを考えるとき、前に述べたように、洛中の共同体組織が展開しつつあることがわかる。

祇園御霊会　お旅所から列見所に向かう光景。『年中行事絵巻』（田中家蔵）より

祇園信仰の人気は、京都という都市集住の過密化にともなう悪疫流行によって、貴族階級にも広まった。貴族にも罹病《りびょう》して死ぬ人が多かった。また治政の上からも疫病の流行は大きな問題であったから、疫病から守ってくれる祇園の祭礼は重視された。その加熱ぶりに危険性を感じた藤原道長は祭礼を中止させる。すると神の怒りに触れていろいろな怪異が起こったという。道長も奉納を行っているから神を恐れていたといえる。

以後の朝廷は尊崇厚く対した。とりわけ一〇九六年の「永長《えいちょう》（元年）の大田楽《でんがく》」のころには絶高頂に達した。貴族が天皇・上皇等の命令で調進する、「馬長《うまおさ》」という小舎人童などを美々しく着飾らせて馬に乗せ、馬の口取りが二人付くのである。これが何十騎と続く。次に種女《たねめ》という田楽の早乙女のような者が、綺麗な装束をして行進した。次に田楽、そして神輿と付き添う巫女。巫女がいなければ神託が聞けない。この行進のありさまは後白河院が作成させた『年中行事絵巻』に詳しい。

しかし、源平騒乱ごろにはこの盛大な祭りも衰退していった。何十騎と続いた馬長も、七～八騎も出かねるありさまであった。貴賤の人々の自主的な祭りへの協賛が減ってくると、打開策として、洛中の富裕な商人に「馬上役」という祭礼費用を賦課し、それを納入した人を頭人《とうにん》として、馬上で神輿行列に加わる栄誉を認めることとした。既に述べたように、「馬上役」は三〇〇貫文、その半分ずつを祇園社とお旅所神主（助正子孫）が分配して祭礼費用としたのである。

現在の祇園祭は神輿の渡御《とぎょ》よりも、のちに述べるように、町の共同体が出す山鉾《やまぼこ》巡行が主体となっている。京都の町人の集住による疫病の流行の恐怖が、祇園御霊会に結集した。そして諸国の町々の発展が、祇園祭系統の祭礼を各地に生んでいくこととなった。

清水寺の地主の桜

祇園を少し南に下って坂を登ると清水寺に出る。能楽「放下僧《ほうかそう》」に、

祇園清水落ちくる滝の、音羽《おとわ》の嵐に地主《じしゅ》の桜はちりぢり

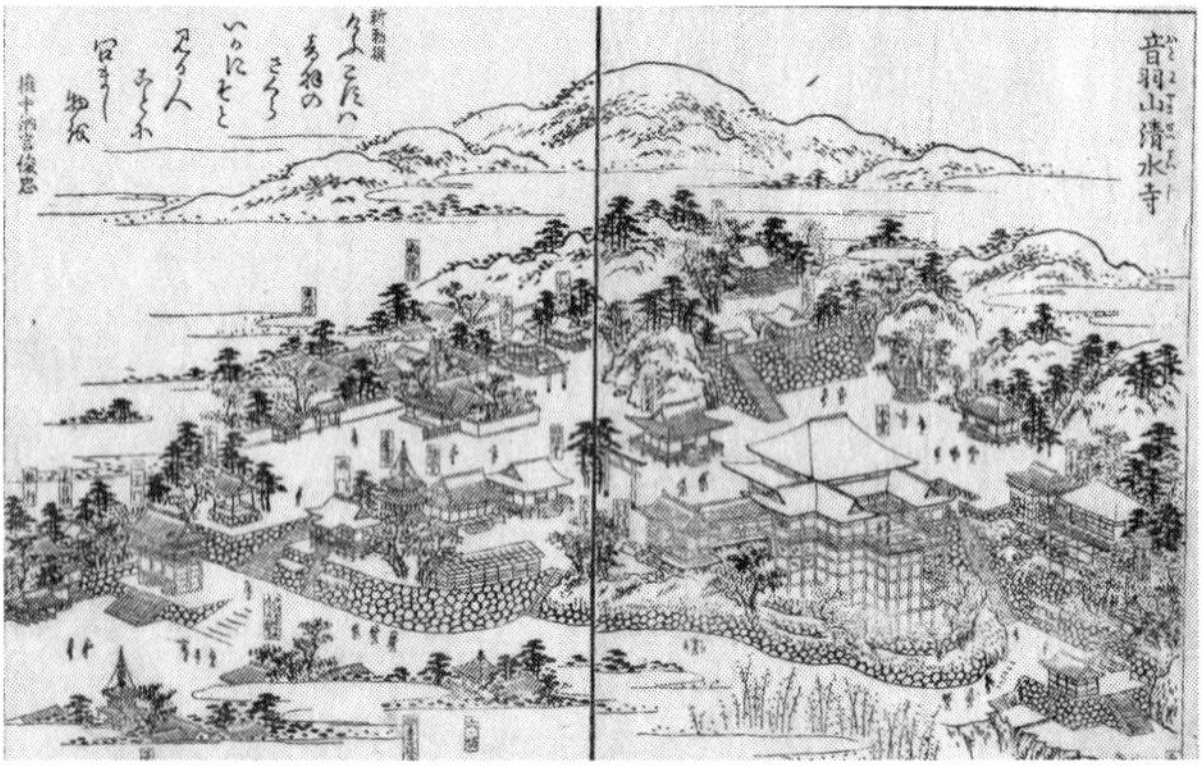

音羽山清水寺　『都名所図会』（国際日本文化研究センター蔵）より

と謡われたように、音羽の滝と地主の桜は清水寺の名物である。

清水寺は、平安遷都まもない延暦年間（七八二〜八〇六）に、賢心《けんしん》（後に延鎮《えんちん》）という僧侶と、坂上田村麻呂《さかのうえのたむらまろ》とが協力して作った寺である。『群書類従』所収の藤原明衡《あきひら》作と伝える「清水寺縁起」によると、延鎮は山林抖擻《さんりんとそう》（修行すること）をして八坂郷東山の地にいたると草庵に白衣の居士がいて、二〇〇年隠遁しているといって忽然《こつぜん》と消えた。延鎮はその庵で修行をしていた。そこで蝦夷《えぞ》征討に功にあった坂上田村麻呂と出会い、二人が協力して寺を作った。十一面四十手観世音菩薩を作り、延暦二四年に寺地を奏請して長く施入し、桓武天皇の御願寺とした。田村麻呂の妻の三善命婦《みよしのみょうぶ》は寝殿の材を運んで仏堂を建立した。康平《こうへい》七年（一〇六四）に焼けて同年末再建したと記している。これが『今昔物語集』になると、縁起説話として、延鎮は夢告によってきたり、金色の水に導かれて音羽山中に分け入り観音の化身に出会うことになる。さらに能楽「田村」になると、前場に、田村麻呂の化身が清水寺の清目《きよめ》の童子となって現れ、この奇瑞《きずい》の話を語るが、老木の桜や枯木も花を付けたと話は拡大する。後場では坂上田村麻呂が武将の姿を現し、戦いに勝利したありさまを再現する。勝修羅《かちしゅら》能として武士の世界で重視されるのである。しかも、清水の桜は、能楽「田村」に、

あらあら面白の地主の花の景色やな。桜の木《こ》の間《ま》に洩る月の、雪も降る夜嵐《よあらし》の、誘ふ花と連れて、散るや心なるらん

と謡われているように、花の名所として、親しまれたのである。

能楽「田村」の前シテ、田村麻呂が仮の姿となって現れる清目の童子というのは、箒《ほうき》を持って現れることからわかるように、清水坂の下に住んで清掃を役とする者で、童子姿をしているからといって、必ずしも子供ではない。一生、元服をしない身分の者であった。清水寺の坂下には、平安末期から乞食・非人が住みついていた。そのなかの主立った者を、寺は「清目」役に任命して、寺内の清掃をさせていたのである。平安末期ごろには乞食の頭もいて、人付き合いをせず、裕福に暮らしていた話が、『今昔物語集』に出ている。非人は「惣中」という自治組織を結成していて、執行部は七〜八人、筑前《ちくぜん》法師というように国名を名乗

っていた。畿内一円の末宿を支配していて、一大軍事力を形成していた。奈良坂《ならざか》非人と勢力を二分していて、承久の乱前ごろから、熾烈《しれつ》な抗争を起こしていた。

建保《けんぽう》元年（一二一三）、『明月記《めいげつき》』の伝えるところでは、清水寺が寄文《よせぶみ》を書いて山門（比叡山延暦寺）の末寺になりたいといった。衆徒たちは了承したが、朝廷が聞いて天台座主に命令し、それを止めたという。これは乞食法師たちが謀書したという話だ、と記している。おそらくは奈良坂と同じ興福寺末では分が悪いため、山門の傘の下に入ろうとしたのであろう。それにしても、乞食法師たちが動いて山門末寺にするまでの力があるというのは現在からは考えられない。また、「先長吏法師《さきのちょうり》」（非人惣中の代表者）の息子は清水寺の寺僧であった。それが抗争のなかで「長吏法師」に就任している。被差別視が進んでいく中世末期・近世では考えられないことである。

奈良坂との抗争が何年続いて、どんな結末で落ちついたのかは、残念ながらわからない。清水坂が姿を現すのはその五、六〇年後の建治元年（一二七五）である。清水坂の非人集団の執行部である惣中は、律宗の叡尊においでを願い、四ヵ条の起請文《きしょうもん》を捧げて戒を授けられることを望んでいる。叡尊は非人宿の塔供養を頼まれているから、ここには非人たちが建てた仏塔がそびえていたことになる。叡尊の『感身学生記《かんじんがくしょうき》』の記述によると、塔の大床で三五九人の非人に菩薩戒を授け、塔の庭で八七三人の非人が、弟子の観心房から斎戒を受けている。また、「宿住人」が非人施行《せぎょう》一〇〇貫文を出している。一口に非人と呼ばれるなかにも、菩薩戒、斎戒の格差、施行をする人、受ける人の階層が分化してきたことがわかる。叡尊は立派な屋形が連なる様子に驚いているから、乞食・非人たちを支配する者たち、すなわち、七人の「惣中」を頂点とし、それを選出する共同体メンバーたちは、非常に裕福だったのである。

彼らのうちの有力者は、祇園感神院に所属して犬神人と呼ばれ、役務に従事した。坂非人と犬神人はメンバーとしてダブっているが、別組織と考えた方がよい。坂非人は洛中の葬送を独占し、犬神人は祇園社の尖兵《せんぺい》として、祇園祭礼の時、甲冑《かっちゅう》を帯して神輿の先導をし、巡行さきの道路を清めた。今も祇園祭の宵宮には、彼らの甲冑が神社に飾られる。さらに祇園感神院の本所である比叡山延暦寺の軍事力として、法然の墓所の破却に従事した。彼らは清水坂下あたりに居住していたが、江戸時代には弓矢町《ゆみやちょう》といわれるあたりに住んでいた。なぜ弓矢町というのか。それは彼らが、弓の弦を製造していて、売り歩いたときに、「弦召せ」「弦めそ」といったので、「弦めそ」と呼ばれたからである。

この弓矢町には、大正一四年（一九二五）ごろまで、愛宕念仏寺《おたぎねんぶつでら》があった（現右京区嵯峨《さが》鳥居本《とりいもと》）。空也の弟子の千観内供《せんかんないぐ》の住坊の念仏堂から始まったと伝えられていて、千観内供の像がある。この寺の行事として「天狗の酒盛」がある。正月二日夜に、犬神人や「弦召《つるめそ》」が、方丈に集まって酒盛をする。その後、本堂に行って牛王杖《ごおうづえ》をもって門扉や床壁を敲《たた》き、法螺《ほら》を吹いて、太鼓を叩く。その間に寺僧が牛王札を貼る（『雍州府志《ようしゅうふし》』『坊目誌《ぼうもくし》』）。これは悪鬼を払うという儀式であり、修正会《しゅしょうえ》を真似《まね》た民俗である。坂非人や犬神人は、下級宗教者的役割をもっていたから、愛宕の火伏の牛王札を授けることと関連した行事を行ったのであろう。

ところが一般に愛宕の寺というのは、弓矢町より少し東の六道珍皇寺のことで、門前を六道の辻といった。この寺に縁の深い小野篁《おののたかむら》が、ここから冥土に往復したという説話からである。それにこの寺は葬所、鳥辺野の入り口でもあり、火葬の煙のたなびくところに近かった。それゆえであろう。天永《てんえい》三年（一一一二）には、寺内には、築垣の内外に四八寺にわたる小寺（私堂）が営まれていた。受領クラスや左衛門大夫堂などの官人、命婦堂などの女房（女官）、大工（上級の職人棟梁）、僧などの中級貴族クラスの所有であり、墓地も近いことだから念仏を修する三昧堂であろう。

能楽「熊野《ゆや》」の一節に、

河原面《かわらおもて》を過ぎゆけば、急ぐ心の程もなく、車大路《くるまおおじ》や六波羅の、地蔵堂よと伏し拝む、（中略）げにや守りの末直《すぐ》に、頼む命は白玉の、愛宕の寺も打過ぎぬ、六道の辻とかや、げに恐ろしや此道は、冥途に通ふなるものを、心細鳥辺山《こころぼそとりべやま》、……

と謡われている。牛車は橋の上を通らず、現松原橋あたりの川を渡って車大路を通る。これは大和大路ともいわれるが、鳥居大路の白川筋以北を行ったともいう。「冥途に通ふ」というのは葬儀の車が行く道だからという説もあるが、「六道の辻」の前だからかくいったのである。葬儀の車だけでなしに、この「熊野」のように、貴族は寺社参詣や花見にも牛車を連ねていったわけである。

その少し南の六波羅蜜寺は市聖《いちのひじり》と呼ばれた空也の草創で、当初西光寺《さいこうじ》といわれた。空也は、応和《おうわ》三年（九六三）、その十一面観音を造立し、紺紙《こんし》金泥《こんでい》大般若経六〇〇巻の書写を発願、その功を遂げて、鴨川のあたりでその供養を行い、貴賤の道俗男女が結縁したという。有名な空也像は康勝《こうしょう》（運慶四男）の作である。空也がここで死してのち、僧中信《ちゅうしん》によって再興されて、天台宗となり六波羅蜜寺となった。平清盛と称される像も有名だが、平安末期の五輪の泥塔《でいとう》が八〇〇〇点発見された。泥塔というのは、願のある人が、小さな土の塔を作って、または買って奉納するのである。『今昔物語集』には、病気になった人に、それをすすめる話がよくでてくる。たとえば淫乱《いんらん》の女が腰の病にかかり、泥塔をおさめて治癒した話などである。いかに庶民信仰を集めていたかがわかる。

ここより少し東北に上がって、八坂の南、八坂寺（法観寺《ほうかんじ》）の隣、今の高台寺《こうだいじ》の地あたりには雲居寺《うんごじ》があった。この寺は菅野真道《すがのまみち》が承和四年（八三七）以前に桓武天皇の冥福を祈って建てた八坂東院に始まるという。前述の一条戻り橋の地名の由来にもなって、京都の説話で名高い修験道者の浄蔵《じょうぞう》がここで死んでいる。天治《てんじ》元年（一一二四）、瞻西《せんさい》上人（浄土宗カ）が、金色の八丈の阿弥陀仏を作って安置し、貴賤が結縁したと伝える。この仏は銅製で、奈良大仏の半分の大きさ、東福寺の仏の倍であった。

ここには、貴賤群集したゆえであろうか、芸能者なども集まった。前に述べた禅宗の在家の僧、自然居士に代表される勧進僧も集まった。ちなみに、自然居士は雲居寺造営の勧進の札を人々にすすめ、その弟子の東岸居士は、四条大橋を架けて、その橋の口で芸をしつつ仏法を説き、橋の通行料を取っていた。能楽「花月《かげつ》」は花月と名乗る喝食《かっしき》姿の美少年が、羯鼓や曲舞の芸を見せるものだが、このところ雲居寺にいたが、清水の花で遊ぶために来た、といわせている。彼らは放下とか放下僧といわれる遊芸の徒であり、河東のこのあたりに集まっていたのである

また、五条橋東六丁目の大谷本廟（西大谷）は、既に述べたように親鸞の娘覚信尼が廟堂を門弟たちに寄進して、自らと子孫を留守職としたもので、本願寺の起源をなす。また、東山区円山町《まるやまちょう》の大谷本廟（東大谷）は慶長《けいちょう》七年（一六〇二）、本願寺教如が家康から東六条に寺地の寄進を受け、東本願寺を創立、寛文《かんぶん》一〇年（一六七〇）、土地を買得して現地に廟所を建立したものである。

山科・藤原氏の別荘地宇治

さて東山を越えると山科の地である。権門貴族の建立した勧修寺の成り立ちや醍醐寺については本章の一で述べた。今は郊外の住宅地である山科の土地は、平安時代には貴族の遊猟の地であった。平安の中期になると公家貴族は文官と武士とに分化して高位の公卿は遊猟をしなくなる。単なる別荘地となり、墓所ともなり、のち、寺となった。

山科小野《おの》の随心院《ずいしんいん》は、真言宗小野派の門跡寺院。祈雨に効験があって雨僧正の呼び名のあった仁海《にんがい》を始祖とする寺である。伝説に小野小町の邸宅跡といわれて、深草少将が百夜《ももよ》通《がよ》いしたという。しかし、能楽「通小町《かよいこまち》」は、八瀬の里で夏安居《げあんご》の修行をしている僧のもとに、市原野《いちはらの》に住む小町の亡霊が訪ねて来て成仏を頼むが、深草少将が妨げて百夜通いのありさまを再現する。そして飲酒も慎んだ一念が悟りに通じて、二人とも成仏する、という筋である。小町伝説の高慢な小町がその罪で成仏できないという話を踏まえた虚構の話であり、どちらの場所が本当かということもないが、それを超えて、木の実尽くしの歌や少将の百夜通いなど面白い能である。

その「通小町」にも出てくる歌が、『万葉集』に原歌がみえ、『俊頼髄脳《としよりずいのう》』に近いものである。

山城の木幡《こわた》の里に馬はあれど、君を思へばかち（徒歩）よりぞくる（『俊頼髄脳』）

ただしこの歌の木幡は現在の地と異なって、京都と宇治との間の難所であったという。宇治川から逢坂山《おうさかやま》へいたり、北陸道へ続く交通の要衝で、万葉の昔から駅馬の施設があったことが推定される。

さて藤原道長の墓所も木幡《こはた》の浄妙寺《じょうみょうじ》であるが、宇治市木幡の御蔵山《おくらやま》の西麓、木幡小学校の地で発掘されている。ここはもともと、藤原基経以来、一門の墓所であった。その墓所を背景にして三昧堂を建立している。本来、国家によって建立された寺は、鎮護国家の法会を営むもので、人の死や葬送にかかわらない場所であった。寛弘《かんこう》二年（一〇〇五）、浄妙寺の落慶法要に、道長は、家門の繁栄と一族の亡霊供養のために、灯明をつける燧石《ひうちいし》が一度に発火するように祈念したと書いている。

これは一族の菩提寺という寺の新しい姿を示している。霊魂は不滅で肉体はこの世だけのものという観念だから、墓所で法要を営むという慣習はなかったらしい。しかも夫婦は同じ墓所に葬られるとは限らない。生きていても一緒に暮らしていないから、死んでもいわば偕《かい》老同穴《ろうどうけつ》ではないのである。夫婦よりも血縁が優先された。妻は実家の墓に入ったはずである。正式の妻をたくさんもっていた『かげろふ日記』の著者の夫藤原兼家のように一夫多妻もあるから、どの妻と同じ墓に葬られるか難しく、夫婦ごとのカップルという観念はなかったのであろう。平安後期の関白藤原忠実《ただざね》は富家殿《ふけどの》といわれた財産家であるが、その年中行事の執行を記した『執政所抄』によれば、先祖の法事も財産を譲ってもらった人の忌日だけ行っている。

宇治の地は藤原氏をはじめとする貴族が別荘として構えた場所であった。『かげろふ日記』の著者も、初瀬詣《はせ》の行き帰りに、夫の兼家の領していた宇治川右側の宇治院に滞在し、宇治川から木津川を遡行《そこう》している。一方、宇治川左岸に位置し、源融《みなもとのとおる》の宇治院を伝領した道長の宇治別業《うじのべつぎょう》は子の頼通《よりみち》に譲られる。頼通は、永承《えいしょう》七年（一〇五二）に寺とし、翌年には現存する国宝の阿弥陀堂（鳳凰堂）が建ち、同じく国宝の定朝作の丈六阿弥陀如来が安置された。頼通もそこに隠棲して、宇治殿と呼ばれた。その後、頼通の子孫の師実《もろざね》・忠実たちによって建立された多くの堂舎は源平合戦と南北朝内乱などによって延焼した。

源平合戦のさきがけをなした以仁王《もちひとおう》を奉じた源頼政の挙兵では、敗北した頼政が平等院で、扇を敷いて自刃した。『平家物語』が語る宇治橋の攻防合戦における三井寺《みいでら》（園城寺《おんじょうじ》）の僧兵の激闘は、のちの世の語り草となり、そのヒーロー、浄妙坊《じょうみょうぼう》と一来法師《いちらい》は「祇園祭」の山の題材にもなるのである。その後、都に攻め上った源氏の将、佐々木高綱《たかつな》と梶原景季《かじわらかげすえ》の先陣の功名争いも著名である。

南北朝の動乱では、建武《けんむ》三年（一三三六）、九州から攻め上がってきた足利軍に対して、楠木正成が宇治橋を守り、橋板四、五間を取り外して死守した。そして平等院界隈を放火して回ったと『太平記』はいう。しかし現在も、創建当時からの阿弥陀堂と梵鐘、それに本堂跡に文治《ぶんじ》元年（一一八五）再建された観音堂が残っているのは希有《けう》のこととしなければならない。

宇治は藤原氏の別荘地といえようが、『源氏物語』の宇治十帖のモデルの舞台としても著名である。知られているように、光源氏の子となるが、正妻女三宮の不義の子である薫の大姫に対する悲恋、大姫の異腹の妹の浮舟との関係、浮舟の入水・出家の舞台となるのが、この宇治である。賢さゆえに人に頼れず、権力も富も、後楯《うしろだて》もなく、気高い誇りだけの自己を見据えて死んでゆく大姫、それは王朝の女の置かれた自立しえない閉塞《へいそく》感を見事に示している。紫式部は一夫多妻の王朝絵巻を描きつつ、それを肯定していたわけではないのだと思い知らされるところである。

それに対して頼りなく思慮のない愚かな女と描かれている浮舟は、宇治川に入水したあと、横川《よかわ》の僧都と呼ばれる源信をモデルにした人の母に救われる。それはどっちみち、愚かで無知で、阿弥陀仏に頼る以外に救われる道のない人間の姿を、信仰を得ることによって自立してゆく姿を描いたものと思われる。源信の母は、『本朝往生伝』にも出てくる人であった。

宇治は、この宇治十帖のヒロイン三姉妹の父の隠棲の場所であるように、不遇の人、隠居の人の棲む土地であった。華麗な光源氏の一生に対して、その黄昏《たそがれ》ともいうべき後裔《こうえい》の人々、末世の世の中を描くに適した風土であった。

宇治から北東の日野《ひの》の地は、藤原北家の一流の日野家の領地があり、名字の地ともなっている。永承年中（一〇四六〜五三）に日野資業《すけなり》が薬師堂を建立したのが、のちに法界寺《ほうかいじ》となる。木像の本尊薬師如来は重要文化財で、日野薬師、乳《ちち》薬師とも呼ばれる。伝教大師最澄自作という三寸とか七寸という薬師像を大像のなかに納めたという。『中右記』の筆者、藤原宗忠《むねただ》の母は資業の孫であったので、日野家や法界寺のありさまは同書に詳しい。観音堂・阿弥陀堂などの諸堂宇が順次建立された様子を伝えている。その後、承久の兵乱、戦国時代と兵火を浴びて、現在残っているのは、国宝の阿弥陀堂と本尊阿弥陀如来、重要文化財の阿弥陀堂内陣壁画、本堂薬師堂、木像十二神将像がある。浄土真宗の開祖、親鸞が日野家の生まれということで、西本願寺と関係が深く、親鸞父といわれる有範《ありのり》像は、各地で出開帳を行い、別院を建てている。

法界寺の北五町ほどの地に平　重衡《たいらのしげひら》塚がある。重衡は東大寺を焼いた責任者とされるが、一谷の戦いで生け捕られ、鎌倉に護送されたのち、木津河原で首をはねられた。奥方が日野に住んでいて、今生の対面ののちであったと伝える。また、鴨長明が隠棲して『方丈記』を書き、やがて終焉したのもこの地であった。

鳥羽離宮―淀―山崎―石清水

平安京の南の入り口、すなわち洛南の鳥羽の地は、京都への荷揚げの港の地であった。

ここに離宮を構えた鳥羽天皇は、治天の君として院政を行ったから、月卿雲客《げっけいうんかく》はこの地に競って参上した。それのみならず、この地に別荘を構える人々も多かったから、時ならぬ都市が現出した。鳥羽に貴顕の人々が構えた別荘には、瀬戸内海から尼崎や渡辺を経て、淀川を上ってくる川船の船着場もあったらしい。時代は少し下るが、建久六年（一一九五）、政権を取って上洛した源頼朝が四天王寺に詣でるに際しては、後白河院の寵姫丹後局《たんごのつぼね》の船を借用して鳥羽から出発、淀川を船で下っている。

鳥羽のみならず、淀と山崎も、淀川から京都にいたるための大きな港であった。

まず山崎は、すでに天平《てんぴょう》（七二九～七四九）ごろには地名として見られ、『行基年譜』にはその架橋が記されている。長岡京、ついで平安京の造営によって、一段と重要性を増した。山崎津は長岡京の造営材木の荷揚げ地として発展した。延暦六年（七八七）、桓武天皇は「高椅津」に行幸しているが、これは山崎津のことである。大同《だいどう》元年（八〇六）、炎旱《えんかん》のための米価騰貴を抑えるために、左右京と、山崎津と難波津の酒家の甕《かめ》を封じている。京都以外では、山崎津と難波津が、都市といえるものだったことがわかる。のちの斉衡《さいこう》二年（八五五）、山崎津頭に火事があった時、三〇〇余家が類焼したという。嵯峨天皇の河陽《かや》離宮も置かれ、天皇はここでの遊猟を好んだ。

『土佐日記』の著者、紀貫之は、承平《じょうへい》五年（九三五）、土佐からの帰途、山崎で船を降り、車で京都に帰っており、山崎の店舗の看板などの変わらぬ様を書いている。

すでに、貞観六年（八六四）、山崎は「累代商売の廛《てん》、魚塩の利を逐《お》う処なり」といわれて店が立ち並ぶ繁華さを示していた。都市としての繁華さはたちまち治安の悪さとなる。同一六年には、「津頭は善悪の集まるところ」といわれ、「姦猾《かんかつ》の輩」が逃亡するとして、朝廷は山崎・淀・大井（現在の嵐山のあたり）を検非違使庁の直轄地とした。というのは、このような津頭は、朝廷の諸官衙や権門寺社の荷揚げ用の倉庫、それを管理する事務所などが設置されていた。それゆえに山崎は、私が数えただけで、一三ヵ所の寺社権門の所領に分割されていた。犯人が山崎に逃げ込むと、所領ごとに警察裁判権の所在が違うので、追捕《ついぶ》されても隣の所領に逃げ込んだらおしまいである。だから、検非違使庁の直轄としたのである。

検非違使庁の管轄支配の実情は、天延二年（九七四）、当時の別当（長官）の平親信《ちかのぶ》の日記によると、時々の「津廻」というものであった。長官である別当以下、行列を組んで、山崎にやって来る。政所に着いて、現地責任者である刀禰の仕事ぶりを点検して、罪人の咎《とが》を記したものを出させる。その日は政所に泊まって、明くる日に刀禰から申文をださせて、罪人に教喩《きょうゆ》したり、放免したりしている。現地の刀禰には原則的には裁断権がなく、検非違使が教喩・放免を行っている様がわかるが、一年に一度の形式的なものであって、実質的には在地の刀禰に委《ゆだ》ねられていた。しかし、これは軽犯罪に限ってであって、海賊・強盗などの重犯罪者は京都の使庁に拘引することになっていた。

この組織は、既に述べたように、同じく検非違使庁の支配下にあった京都の市中の保の組織と同じであった。山崎も播磨街道（山陽道）を囲んで横切りに上六保と下五保の町が並んでいた。その保ごとに保刀禰が任命されていたらしい。京都の保刀禰は、刑事だけでなく民事にも権限をもっており、土地の権利書などの保証もしていたから、山崎も同様であったろう。

しかし、この検非違使庁の支配も有名無実化していった。鎌倉時代の山崎は、八人の長者に率いられた宮座が支配していた。そして鎌倉末期には史料的にはっきりしてくるが、その宮座が検断権（警察裁判権）をもっているので、もはや検非違使の支配権は有名無実化して、実質は在地の共同体に移行していたことがわかる。

宮座は五位川《ごいがわ》座と溝口《みぞぐち》座に分かれていた。後年、大政所《おおまんどころ》両座といわれて同一化している。五位川座は山崎神すなわち酒解《さかとけ》神が五位の位をもっており、そこから流れている川を五位川といって、そこにお旅所があった。藤原定家の『明月記』には二社が同日に祭りを行い、盛んである由が記されている。そして一方では田楽などがでて盛んな様子が窺われる。この酒解神がのちには祇園の牛頭天王を勧請して天神八王子社となり、もう一つは関大明神社《せきだいみようじんしや》になると考えられる。関大明神社は山城と摂津の堺にあり、平家が都落ちの際、安徳天皇の御輿を据えて遥拝し武運を祈るという涙を誘う場面がある。

どちらも境にある道祖神のようなものであるが、国堺を度外視して宮座が連合し、同じ日に祭りを行うようになっていたのである。しかも土地所領としては種々の権門所領であり、人間の所属もいろいろであったのが、だんだん住人が主体性をもつようになって、自ら石清水八幡宮の神人となっていく。そしてさらには、石清水の羈絆《きはん》をも脱却するために、離宮《りきゆう》八幡宮と呼ばれる神宮を作り、石清水八幡宮から独立する方向さえあらわにするのであった。

そこに南北朝の動乱が起こる。京都の咽喉《いんこう》を扼《やく》した土地といわれる、戦略上、交通上、重要な場所を占める山崎の宮座を主体とする住人たちは、動乱に際して、まず山崎の地の利権を獲得する。ただし、戦乱の初期には一方で宮方、すなわち南朝にも通じていたらしい。しかしのちには、しっかり形勢を見て足利方につく。そして足利方が勝つところ勝つところに利権を得ていく。たとえば足利方が堺を征服すると、ただちに堺における油製造販売権が山崎の油座に認定されるといった具合である。そして南北朝動乱も終結した明徳《めいとく》三年（一三九二）、足利義満御判の御教書《みぎようしよ》をもらい、守護不入権を獲得する。それも石清水「重役神人在所」としてであって、決して石清水八幡宮所領としてではない。以後力をもった山崎は、支配を強化しようとする石清水八幡宮に対して熾烈な闘争を行い、自治権を獲得して、名実ともに自治都市となる。その後の山崎については次章に譲ろう。

港湾都市として、淀も山崎と同様の展開を示したと思われる。さて淀や山崎に上る船は、淀川からの上りには、人々が岸から綱で引っ張って曳航《えいこう》して上がるのである。『今昔物語集』には、難波の葦を船で運ぶのに、酒食を用意して京へ上る人々に船を曳かせ、その葦で京都の湿地の土地を造成して宅地とした抜け目のない男の話が書かれている。その宅地が源定《さだむ》の邸宅になったという。鎌倉時代には、石清水八幡宮の「御綱引神人」として、淀川河畔に住む人々が現れてくる。石清水八幡宮の御用を勤めると同時に、商船などの綱引きもする営業もしたのである。

さて話が前後してしまったが、淀川を遡ると桂川・宇治川・木津川に分岐する地点が山崎である。その対岸に石清水八幡宮が鎮座する。八幡宮は、貞観元年（八五九）、奈良大安寺《だいあんじ》の僧、行教《ぎょうきょう》和尚が豊前《ぶぜん》国の宇佐《うさ》八幡宮に参ったところ、八幡大菩薩が京都の近くに移座して、国家を鎮護しようと託宣したという。行教は紀氏出身で宇佐八幡宮と密接であった和気《わけ》氏と近く、中央に進出しようとする宇佐八幡宮大神《おおみわ》氏の働きかけが強かったらしい。行教は、はじめ山崎に遷座させたが、八幡神がふたたび示現して、対岸の男山《おとこやま》の地に移座したという。

ところでこの男山の地は、女郎花《おみなえし》の花が男山と対で詠まれる歌枕として有名であった。

『古今集』仮名序で紀貫之は、「男山のむかしをおもひいでて、をみなへしのひとときをくねるにもうたをいひてぞ、なぐさめける」と書いている。男が捨てたと思って身投げした女の墓より女郎花が生えて、男が寄ると向こうにくねるというのが女郎花説話であるが、すでにこの話が知られていたことがわかる。また、同じく『古今集』には、

女郎花憂しと見つつぞ行きすぐる男山にし立てりと思へば　布留今道《ふるのいまみち》

の歌も載っている。『古今集』成立は九〇五年、八幡宮鎮座より五〇年後であるから、そのころこの話が知られていたといえる。『万葉集』には男山と女郎花の歌はない。この説話にちなんで室町期には能楽「女郎花《おみなめし》」が作られる。男は八幡宮の神官らしい小野頼風ということになり、男も同じく身を投げて死ぬが地獄に堕ちるという話で、「邪淫《じゃいん》の悪鬼は身を責めて」と、地獄の苦患《くげん》を見せる能となっている。

男山というのは、対の山があれば、高く険しい山を男山、優しい山を女山というが、この場合、男山に対する女山がどれかはわからない。ところが古く四世紀末期から五世紀初頭築造といわれる二基の古墳があり、現在は東車塚《ひがしくるまづか》、西車塚と呼ばれている。それが男山と女山といわれていて、五〇〇年近くたって古墳の形から、女郎花説話ができたのではないだろうか。有名な神戸の処女塚《おとめづか》説話も、古墳の形から四〇〇年後に紡がれた話にもとづいて『万葉集』に載っている和歌ができるのだから。

山崎を北に上がると、鴨社の母神の夫、若宮の父といわれた向日《むこう》神社にいたる。向日明神は延喜式内社で、火雷神《からいしん》といわれ、江戸時代には、その父神の地位を松尾《まつのお》社と争って訴訟を繰り広げている。神社は今は道路に面して東向きに建っているが、中世には南を向いていて、最古の前方後円墳を背に負って社殿が建っていたようである。のちに長岡京の京域となる平野に君臨した族長の墳墓とみることができよう。

この長岡京の故地を通り越して桂里《かつらのさと》にいたる。ここも交通の要衝で、平安中期には、桂津《つ》守玉手《もりたまて》則光《のりみつ》と則安という在地小領主が、領有している土地を東三条院女房の大納言殿御局に御威勢にあやかるために寄進し、自分たちは中司職《ちゅうししき》として管理人の地位にとどまったという、庄園体制の成立を示す文書がある。この土地はのちに東寺領上桂庄《かみかつらのしょう》となったのである。津守というのは、住吉神社の神主が津守氏といったように、水上交通に関係する職掌を示していた。おそらく、桂川の水運に関係する職掌をもっていた者たちであろう。桂には、摂政関白家の散所雑色や、桂贄人《にえびと》と呼ばれる者が所属していた。頼通が高野山に参詣するときに船を用意したり、鵜飼で得た鮎《あゆ》を贄として差し出したりしている。淀や真木島《まきのしま》にも、もちろん宇治にもいた。これらは摂政関白家所属として設定された身分で、その奉仕の代わりに身分上の特権を得ていたのである。

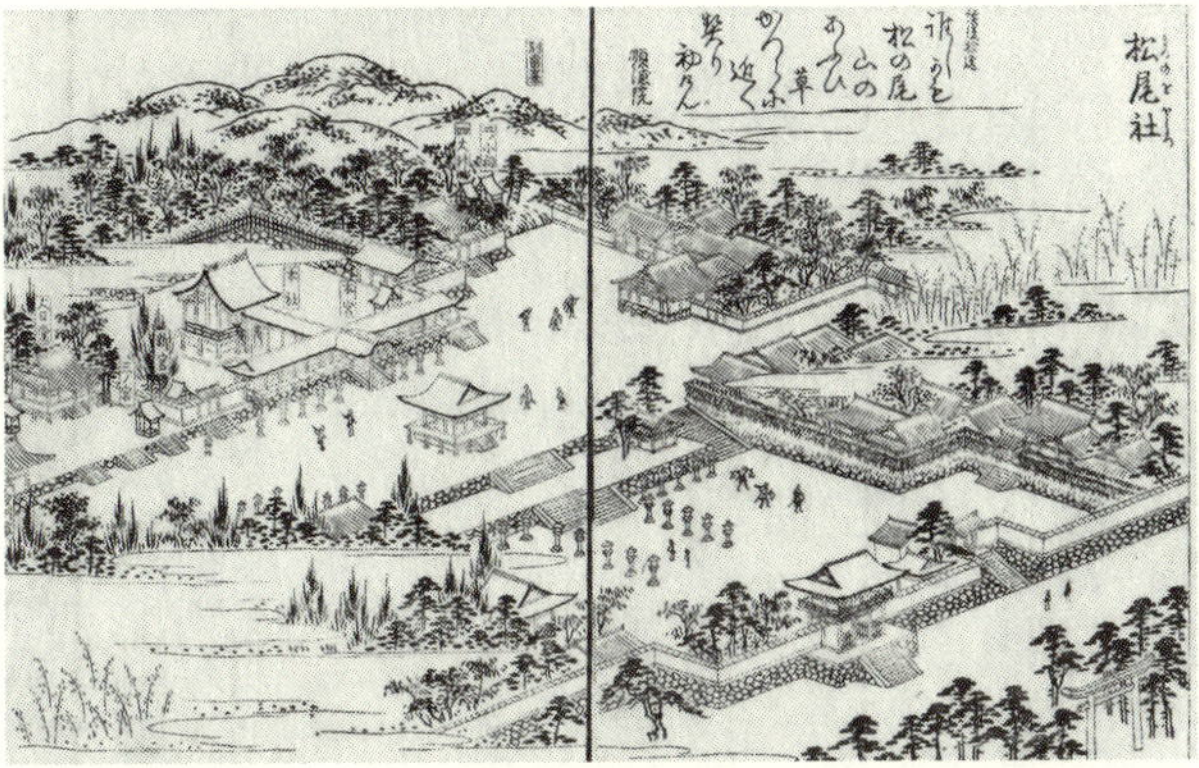

松尾社　『都名所図会』（国際日本文化研究センター蔵）より

嵯峨野と大念仏

桂から北に上がると、松尾大社にいたる。古代では、秦氏の氏神であったらしい。延喜式内社であり、大山咋神《おおやまくいのかみ》と市杵島姫命《いちきしまひめのみこと》といわれる。『古事記』に「葛野の松尾に坐して、鳴鏑《なりかぶら》を用《も》つ神ぞ」とあって、賀茂別雷神の父だといわれ、江戸時代を通じて同じく父だと伝承をもつ向日明神と争ったことは既に述べた。平安期の作とされる等身大彩色の男神像二軀、女神像一軀は最古といわれる。松尾神は中世には酒の神として信仰され、社殿裏の大杉谷には霊亀の滝があり、その崖下《がけした》の湧泉亀の井の水を酒に入れると酒が腐敗しないといわれた。松尾神は近世の石見《いわみ》神楽などにもでてくるが、酒神は三枚目のオチョケ役といわれる。西洋のバッカスとイメージは似ていて、酒のかもし出す雰囲気からであろう。

さらに北行すると、嵐山・野宮《ののみや》など嵯峨の地である。嵯峨野も、平安時代、貴族の隠棲の地であった。

まず、入り口ともいうべき嵐山の渡月橋《とげつきょう》の手前には法輪寺《ほうりんじ》がある。『枕草子』がすでに「寺は壺坂《つぼさか》、笠置《かさぎ》、法輪」といっており、『梁塵秘抄』にも「いづれか法輪へ参る道、内野通《うちの》りの西の京」とうたわれている。「西は法輪、嵯峨のおんてら廻らば廻れ、水車の輪の、臨《りん》川堰《せんせき》の川浪《かわなみ》」というのは、「面白の花の都や」で始まる能楽「放下僧《ほうかぞう》」の小謡である。この寺は虚空蔵菩薩への信仰と一三歳参りで知られる。

渡月橋の両岸、嵐山はいうまでもなく天下の景勝地であるが、とりわけ秋の紅葉、春の桜が歌によく詠まれる。平安中期の『拾遺集』に、

朝まだき嵐の山のさむければ紅葉のにしききぬ人ぞなき　藤原公任《きんとう》

とある。

嵐山が桜の名所になるのは鎌倉後期に、後嵯峨上皇が亀山殿（現天龍寺）に吉野の桜を植えたのが史料的に早い。能楽「嵐山」は、吉野の蔵王権現や木守《こもり》・勝手《かって》の神が来臨するという神能であるが、その替間《かえあい》（特殊演出の間狂言）の「猿聟《さるむこ》」という猿の聟入りがキャッキャッという鳴き声だけで表現して面白い。

亀山殿であった現天龍寺を少し上がると、野宮神社に出る。伊勢の斎宮《さいぐう》に立った内親王た

ちの潔斎の場である。「黒木の鳥居、小柴垣」といわれて、ここにいたる嵯峨野の風景が『源氏物語』の「賢木《さかき》」に綴《つづ》られているが、斎宮に付き添った母の六条御息所を光源氏が訪ねていくさまは、能楽「野宮」にも描かれている。

『平家物語』では、まず平清盛の寵愛を仏御前《ほとけごぜん》に奪われた白拍子《しらびょうし》女の祇王《ぎおう》・祇女《ぎじょ》が庵で念仏三昧におくり、仏御前が明日は我が身と思い祇王姉妹を訪ねてくるところとして描かれている。のちに述べるように、ここが化野《あだしの》の葬所に近いからであろう。滝口入道と横笛の悲恋話、高倉天皇と小督局《こごうのつぼね》の話など、由ある人が俗世を避けて隠遁する場所として描かれるのは、それにふさわしい雰囲気をもっていたからであろう。

鎌倉時代の遺跡としては、定家の山荘跡といわれる「厭離庵《おんりあん》」がある。境内に「時雨亭《しぐれのちん》」や定家塚などがある。能楽にも「定家」があるが、定家が式子《しょくし》内親王を恋慕した執念が、彼女の墓に蔦葛《つたかずら》となっては這いまわるという恐ろしいばかりの妄執の能である。嵯峨野の秋の苔むした寂しさを示す曲でもある。庵は江戸中期に復興、また荒廃、再興されて尼寺となっている。

その近くに、法然が九世紀からの寺院を九条兼実の援助を得て復興した二尊院《にそんいん》がある。ここには足利尊氏が天龍寺を建立したとき、亀山殿の仏院、浄金剛院《じょうこんごういん》が移された。また以後荒廃したが、戦国時代第一の碩学《せきがく》、三条西実隆《さんじょうにしさねたか》の援助で復興した。『実隆公記』には二尊院のことがよく出てくる。その経緯から寺には「足曳《あしびき》の御影《みえい》」といわれる法然上人の絵像があり、実隆とその子公条《きんえだ》の絵像や墓もある。その他、時代は下るが、角倉了以《すみのくらりょうい》・素庵《そあん》父子、伊藤仁斎《じんさい》・東涯《とうがい》父子らの墓もある。

二尊院から清滝《きよたき》にゆく愛宕街道沿いに、化野念仏寺《あだしのねんぶつでら》がある。以前からあった寺を、法然が念仏道場を開いたことから念仏寺と改称したという。このあたり一帯は化野の土地で、「あだし野の露消ゆる時なく、鳥辺山の煙立ち」と『徒然草』にも記されているように、ここは東の鳥辺野、北の蓮台野《れんだいの》とならぶ中世の葬所であり、昔は風葬の土地であった。念仏寺にある多数の小石塔は室町期前後のものが多いが、これは近隣のものを近世末期か近代になって集めたらしい。

嵯峨野は住民の墓だけでなく天皇の御陵も多い。しかも大覚寺統《だいかくじとう》=南朝系の御陵が多く、南朝最後の後亀山《ごかめやま》天皇の陵墓もある。大覚寺は嵯峨天皇の離宮であり、皇女であり淳和《じゅんな》天皇皇后であった正子《せいし》が大覚寺とした。その後、後嵯峨法皇、亀山法皇、後宇多院などが止住したゆえに、大覚寺統の名で呼ばれることとなった。後宇多院はここで院政を行ったので嵯峨御所と呼ばれた。南朝最後の後亀山天皇が北朝の後小松《ごこまつ》天皇に神器を譲り、隠棲したのもこの大覚寺である。この寺の前の門前六道町には、権勢をもった後宇多天皇皇后遊義門院《ゆうぎもんいん》姈子《れいし》内親王の今林陵《いまばやしりょう》がある。後宇多院は皇后の死後二日に落飾し、法華堂（蓮華清浄寺《れんげせいじょうじ》）を建て、月ごとに御幸したという。蓮華清浄寺は尼寺とされて、後醍醐天皇女の妣子《ひし》内親王・惟子《いし》内親王、さらに三皇女に、『本朝皇胤紹運録《こういんじょううんろく》』は「今林尼衆」と書いており、南朝系の姫君の出家するところとなっていた。

さて、大覚寺の西、二尊院の東には、釈迦堂の名で親しまれている清凉寺《せいりょうじ》がある。ここはもと、源融の山荘棲霞観《せいかかん》のあったところで、のちに寺となった。寛和《かんな》三年（九八七）、東大寺の奝然《ちょうねん》が唐から持ちかえった栴檀《せんだん》の等身釈迦如来像を、弟子が棲霞寺内の釈迦堂に安置し、愛宕山を五台山に見立てて清凉寺と号したのが始まりである。まさに庇《ひさし》を貸して母屋を取られ、もとの棲霞寺の創建当時の阿弥陀三尊は寺内の阿弥陀堂に納まっている。ちなみにこの釈迦如来の胎内には五臓六腑《ごぞうろっぷ》をかたちどった縫いぐるみが奉籠されていた。

以上の経過から、この寺は釈迦如来像を本尊として釈迦堂と呼ばれ、融通念仏の道場となった。同寺蔵の「融通念仏縁起」には、「清凉寺の融通大念仏は、道《どう》（導）御《ご》上人上宮太子の御告により、良忍《りようにん》上人の遺風を伝て弘安二年（一二七九）に始めた」と記す。良忍は比叡山の常行堂で不断念仏を合唱する堂僧で、大原声明《しょうみょう》の大成者であり、融通念仏を創始した。導御は唐招提寺《とうしょうだいじ》系の律僧で、良忍の法系ではない。師資相承《ししそうしょう》の途絶えた時、導御の活動が始まる。導御は叡尊らの西大寺《さいだいじ》系の律宗とおなじく、勧進による堂舎の復興や修造を、奈良の法隆寺、同東院北室、京都の法起寺《ほっきじ》・壬生寺・花園法金剛院、この清凉寺と子院の地蔵院

（成法身院）等に行い、それとともに非人施行も行っている。

しかし、何といっても彼の布教の特徴は融通念仏であろう。彼は正嘉《しょうか》元年（一二五七）、壬生寺で融通大念仏狂言を始め、建治二年（一二七六）に法金剛院で、そして弘安二年に釈迦堂で融通大念仏会を始めている。これは念仏による阿弥陀の利益を自他融通するというもので、名号の大合唱である。ちなみに時宗開祖の一遍も「融通念仏すすむる聖」といわれた。

さてこの「嵯峨の大念仏」のありさまを伝えるものに、能楽「百万《ひゃくまん》」がある。これは観阿《かんあ》弥《み》が評判を取った「嵯峨の女物狂《おんなものぐるい》の能」をのちに子の世阿弥が改修したものである。あらすじは、奈良の女曲舞節《くせまいぶし》の名手、百万が、迷子になってしまった子供を尋ねて貴賤の老若が群集する嵯峨の大念仏に来る。「百万」という名前は、百万遍念仏の百万で、曲舞女であるから、念仏踊の音頭取り（先頭者）らしい。百万は「車の段」「笹の段」という小歌がかりの舞を舞い、さらに釈迦堂の釈迦如来の功徳を説く世阿弥自作の曲舞を舞う。この釈迦像は宋時代の中国製であるが、インド・中国・日本の三国伝来の仏であるとして、「赤栴檀《しゃくせんだん》の尊容《そんよう》、やがて神力《じんりき》を現じて」と謡われる。そして釈迦に舞を奉納した功徳によって、迷子の子供と再会して曲は終わる。

柳田国男《やなぎたくにお》は、別離した親子の再会祈願なども曲舞を雇って奉納したら、叶えられますよ、というのが前提にある曲だといわれる。この親子再会の舞台が釈迦堂になったのは、融通念仏会の繁栄もあるが、それを始めた導御が母親と離別して、のち再会し、その報恩のために地蔵堂を建てたという話の持ち主であったからだと、細川涼一氏はいう。

第四章　南北朝・室町・戦国の京都

一、公武の政権所在地としての京都

建武新政の京都

倒幕の勢力によって六波羅探題が滅亡したことを、隠岐から脱出していた後醍醐天皇が聞いたのは、伯耆国《ほうき》船上山《せんじょうさん》においてであった。ただちに光厳《こうごん》天皇の廃位と関白以下の停廃を行い、年号を元弘《げんこう》に戻して元弘三年（一三三三）とし、すべては元弘の後醍醐の政策に返すこととした。やがて途次に赤松円心や楠木正成の出迎えを受けて、六月五日、二条富小路《とみのこうじ》の御所に入っている。

新政の中央における施策としては、記録所・恩賞方・雑訴決断所・武者所の設置である。記録所は後三条天皇以来の親政の庄園政策のシンボル的機関であるが、天皇親裁をまず基本とする新政と、民事訴訟を決裁する雑訴決断所の設置にともなってそちらに重点が移っていったようである。これらの役所は、二条の内裏を中心に二条大路を挟んで万里小路《までのこうじ》から京極にかけての場所に置かれた。

しかし、この新政が一年と経たないうちに矛盾を露呈し始めたのは、「二条河原落書」の風刺するとおりであった。楠木正成など倒幕の功臣たちを配置した雑訴決断所は、

器用堪否《きようのかんぷ》（能力の有無）沙汰《さた》モナク　モル、人ナキ決断所

と皮肉られた。後醍醐の土地政策の失敗、その改変などで、混乱を重ね、洛中は、

本領ハナル、訴訟人　文書《もんじょ》入タル細葛《ほそつづら》

と証文を入れた葛筥《つづらばこ》を担いで諸国から上ってくる訴訟人に満ち満ちたのである。能楽の「砧《きぬた》」は、訴訟のために長々と在京する武士、その留守を守る妻が恨みの末に死んでしまう悲劇を謡っている。また、「鳥追舟《とりおいぶね》」は、その留守に家来が家を乗っ取って、主人の妻子を追い使う話である。狂言「鬼瓦《おにがわら》」は訴訟に勝った武士が、お礼に因幡堂《いなばどう》に参り、軒の鬼瓦を見て、それとそっくりだと故郷の妻を思い出すという喜劇である。このように、能楽・狂言に書かれるほど、ことは社会問題化していたのであった。

京都の都市政策については、市棚等の支配権をもつ東市正《ひがしのいちのかみ》の職を、半ば世襲化していた検非違使の中原氏を廃して、功臣名和長年《なわながとし》をあてた。後醍醐は乱以前にも、飢饉にあたって二条町で米の安価放出を行ったり、都市政策に力を注いでいたから、何らかの構想をもっていたかもしれない。しかし、そこまで実現することなく瓦解してしまったのである。後醍醐の大内裏新造計画や新銭鋳造、そして政策の絶えざる改変は、後醍醐に対する不信感をたかめ、足利軍の京都攻めにあたっての守備の軍陣の督促、恩賞の触れに対して、

カクバカリタラサセ給フ綸言《りんげん》ノ汗ノゴトクニナドナガルラン

と、綸言汗の如しを皮肉って、垂らすと誑《たら》すを掛けた落首が読まれる結果となった。

もっとも大きな不満は、世襲化しつつあった官職や土地領有権を否定して、後醍醐の決定に任せようとした点である。それに対して、世襲の所領を幕府に安堵《あんど》されて、忠節に励んでいた諸国の武士が不満をいだいたといわれるが、公家たちもまた、世襲化し、家職化しつつあった役職を改廃されて、動揺したわけである。

「朕《ちん》の新儀は未来の先例」と胸を張った意気込みはよかったのだが、実質がともなわなかった。佐藤進一氏は、延喜聖代に帰るという単なる復古主義ではなく、宋代の官僚制の上に立つ皇帝専制政治をめざしたのだが、基盤としての士大夫《したいふ》（官僚）を輩出する地主層が未成熟だったから理想倒れに終わったという卓見を出されている。

新政の瓦解

知られているように、新政の瓦解は、諸国武士層の代表として幕府を作ろうとする足利尊氏と大塔宮護良《もりよし》親王との確執、それに絡んだ天皇寵愛の阿野廉子《あのれんし》、そして、いずれは天皇方と足利方の闘争となっていく。建武三年（一三三六）二月、楠木正成と新田義貞に敗れていったん九州に退いた足利尊氏が、はや四月には、上洛の途についた。六月には北朝の光厳院を奉じて京都に入り、東寺に陣を定めた。弟の直義《ただよし》は三条坊門の御所に陣を置いている。六月一三日からの洛中合戦は、内野と法成寺《ほうじょうじ》河原と八条坊門大宮のあたりが激しかった。この合戦で「三木一草《さんぼくいっそう》（結城、楠木、伯耆の名和、千種）」など宮方の目ぼしい人々はみな討ち死にしたのである。これで政権は一応尊氏に帰したかに思われた。しかし、後醍醐天皇は吉野にはしり、以後細々ながら、六〇年近く両統並立の内乱時代が続くのである。

しかし尊氏は、本領地の安堵、恩賞・感状の発布などで諸国の武士の心を引きつけ、新田義貞、北畠顕家《きたばたけあきいえ》の戦死による南朝勢力の倒滅により征夷大将軍として幕府を立てて、体制を固めていったのである。その基本方針は鎌倉幕府の土地政策の復活であった。さて、暦応《りゃくおう》二年（一三三九）、後醍醐天皇が吉野で亡くなった。尊氏は天皇の冥福を祈るためとして、大覚寺統の亀山殿を寺とすることを北朝に奏上し、反対を抑えて天龍寺とした。それは南朝の終焉を読み取ったものであり、同時に大覚寺統の拠点である亀山殿を消滅させる意味ももっていたであろう。その費用弁出のために、開山の夢窓国師《むそうこくし》の提案によって、貿易の天龍寺船が発遣されたのは有名である。

一致して幕府を築いてきた尊氏・直義兄弟の不和、直義の毒殺に帰する観応《かんのう》の擾乱《じょうらん》、その虚をついた南朝方の京都侵攻などを織り込んで、段々と収束していった。その動乱の叙事詩『太平記』は、二代将軍義詮《よしあきら》の急死によって、嗣子《しし》の一〇歳の義満《よしみつ》を補佐するために、細川頼之《よりゆき》を執事職に任命したところで終わっている。足利幕府はこの生まれながらの将軍義満の時に最盛期を迎えるのである。

花御所と内裏

足利幕府は、将軍義詮によって、三条坊門万里小路と富小路の間に営まれていたが、義満は、永和《えいわ》三年（一三七七）、「花御所」の造営に着手する。北は柳原《やなぎはら》通、南は北小路（現今出川通）、東は烏丸通、西は室町通で南北二町、東西一町である。もと崇光院《すこういん》の仙洞《せんとう》御所で「花御所」と呼ばれていたものをもらい受けて、隣も合わせて御所としたという。五年の歳月を費やして造営している。これは当時、里内裏を内裏としていた天皇の御所たる土御門《つちみかど》内裏の二倍の広さであった。しかも北方に位置している。天子は南面するということからいえば、その北方に南面して義満の御所があったことになる。

したがって古《いにしえ》の上辺《かみへん》、二条以北の地は、やはり公武の政治権力の地となり、公武の家臣たちの居住地となった。足利氏がいち早く出した『建武式目』には、京中の過半は空地となった事情を伝えている。敵方の土地は没収して、軍忠のあった者に給した。武家の家臣に屋敷地をあておこない、その地の地主は泣き寝入りといったこともあった。たとえば、宝荘厳院《ほうしょうごんいん》の敷地は御牛飼孫一丸に衣服料として安堵された。ところが、南朝が力を盛り返すと宝荘厳院が安堵されるというありさまであった。「二条河原落書」は、

諸人ノ敷地不定《さだまらず》　半作ノ家是《これ》多シ　去年火災ノ空地共《ども》　クソ福（便所）ニコソナリニケレ
適《たまたま》ノコル家々ハ　点定《てんじょう》（没収）セラレテ置去ヌ

とそのありさまを諷している。その後、土地所有権の訴訟を七、八〇年繰り返しているのはザラであった。花御所の造営時にも、近隣の必要な土地を点定して、家臣に居住させている。土御門四丁町という大徳寺領の土地は、千秋刑部少輔《せんしゅうぎょうぶしょうゆう》晴季《はるすえ》が一円拝領と称している。大徳寺はしばらく居住させただけで、地子銭を払わせたこともあると主張して、八〇年あまり争論を繰り返している。判決があっても政権が代わるごとに蒸し返すのである。以上は領主的土地所有の話である。領主でもこれだけ揉《も》めるのだから、まして庶民が獲得した権利を守るのは大変だった。

明徳三年（一三九二）、ついに南北朝は合一した。吉野に細々と生き残っていた形の南朝であるが、敵味方に分かれたときの大義名分の火種となったから、足利家にとって、合一の意義は大きい。その翌年には酒屋土倉役《どくらやく》を掛けて、洛中の大資本である酒屋土倉を支配していた山門（比叡山延暦寺）に圧力を加え、それらを膝下《しっか》に掌握した。さらにその翌年の応永元年（一三九四）の末には、義満は太政大臣《だいじょう》となり、公卿の最高位として朝廷を掌握し、子の義持《よしもち》を将軍とした。しかも翌年四月には、後小松《ごこまつ》天皇の朝覲《ちょうきん》行幸という、子の帝が父親のところに行く形式の行幸を仰いだ。そしてその二ヵ月後、出家をして道義と称する。

北山第（通称金閣）の造営

そしてその翌々年の応永四年（一三九七）、鎌倉時代最高の公卿であった西園寺家の邸宅を譲り受けて北山第《きたやまのてい》（のちに金閣と呼ばれる）を上棟した。翌々年、九州から外国に向かう路線をもつ西国の雄大内氏《おおうち》の乱を平定した。そして応永八年、明国に、肥富《こいつみ》という博多商人と僧祖阿《そあ》を派遣して、はや翌年には、明使を北山第に引見している。こう見ると矢継ぎ早の行動であるが、北山第を造成したのは、明帝国との対外交渉の日程をふまえてであったかもしれない。

南北朝廷を合一すれば、義満にとっては、あとは朝廷を相対化することが、自己の権力を強化できる道である。征夷大将軍も、太政大臣も、朝廷から任じられる職である。天皇が至尊であり、どこまでいっても義満はナンバー2である。息子を皇子待遇にし、妻を天皇の母親待遇にした義満であれば、そこまで考えないことはない。明国皇帝から日本国王に任じられれば、皇帝は遠い明国にいて、日本では義満はナンバー1の国王になれるのである。その上、かの地の文物は貿易によってもたらされ、明帝国は国王以外の貿易を許さないから、国王は政治・経済・文化を独占して、支配を強化できるようになっている。明帝国は対外交渉とそれに付随する貿易の認可を国王の称号を与えた一人に絞り、その国王の権限を強化して、バックアップしたのである。

たとえば、貿易を独占した日本国王に、多額の明銅銭がもたらされた。我が国では鎌倉中期以後、貨幣経済が盛んとなり、銭不足状況を呈していた。後醍醐天皇は貨幣新鋳を計画するが、政権が転覆して果たせない。義満は明帝国からの銅銭輸入で貨幣を補おうとする。佐藤進一氏は、将軍が貨幣発行権を握っていたからだとされる。国内で鋳造しない以上、理屈上はそのとおりである。だからこの説には、多いといっても貨幣輸入量は知れているという現実面での批判が出た。しかし、明から下賜されるのは精銭で標準貨幣である。その良質の銭を中央市場に投資すれば、大きな効果をもって相場を左右できるであろう。十分効果をもったと私は考える。それではなぜ義満は貨幣を作らなかったのであろうか。南朝の理想主義と違って、足利幕府は一貫して現実政策である。残念ながら、我が国では宋銭が流通していて、日本貨幣を作っても信用度が低かった。私鋳銭を作るのにも中国銭が作られる状況だから、ましてや貿易には中国銭しか信用されなかったと考えざるを得ない。もう一つ、貨幣には年号を付けるが、その年号制定権は朝廷に属していて、認可条項であったから、何かと煩わしい問題もあったであろう。

文化も同様であった。文化や宗教は天皇を頂点にいただく公卿層や僧侶の独占する色合いが強かった。義満が観阿弥・世阿弥を贔屓《ひいき》にし、猿楽隆盛の道を開いたのも、新興文化であり、大衆の支持をえた芸能を朝廷文化に対抗しうる独自の文化として育成したかったからであろう。世阿弥はその期待に応えて、さまざまの能楽を作り、宮廷文化を凌駕《りょうが》しうる新しい芸術を作ったのみならず、足利幕府ないし武家政権の位置・存在意義を明確にした。

たとえば、世阿弥が「直成体《すぐなるてい》は弓八幡《ゆみやわた》也、曲もなく真直成能《まっすぐなる》也」（『申楽談儀《さるがく》』）として、神《かみ》能《のう》の基本に据えた自作「弓八幡」は、勅使が石清水八幡宮に参詣すると、老人が袋に入れた弓矢を持ってきて、帝への捧げ物だという。その謂《いわ》れは、中国の周代では、弓箭《きゅうせん》をつつみ、干戈《かんか》を収めるのが泰平のしるしであり、本朝では、弓箭を取って夷狄《いてき》を退治したのは神功皇《じんぐう》后・応神天皇、すなわち八幡神であり、世を治めてその弓矢を袋に入れて捧げるのは八幡の神託であるという。そして自分は高良《こうら》の神であるといって消え失せる。後場には高良の神が姿を現し、神舞を舞って君を守る八幡大菩薩の神徳を言祝《ことほ》いで曲は終わる。現在からみれば、どこといって特色もなく、さして名曲とは思えない。しかしこの曲は、天皇の治める世ではあるが、泰平の到来を武威によるものであることを確認して、しかもその武力の象徴である弓矢を袋に入れて収めた上、足利家ひいては源家の氏神であり、武神である八幡社の末社の神から勅使を通じて帝に捧げる。この曲は足利将軍の功績と重大な役割をもっとも端的に主張して、将軍家の天下国家での役割を位置づけたといえよう。

宗教では鎌倉幕府以来、禅宗を育成して五山制度を作り、御用教学とした。第一回のみを例外として、禅宗僧侶が遣明使となり、外交文書も作った。そして明からもたらされる文物、茶の湯をはじめとする「唐物《からもの》」文化が室町時代の文化の特色となっていった。日明外交は、やはり文化の新しい独自の道を開いたのである。天皇も日明貿易に参加して遣明船を派遣したり、唐織物を将軍家にねだったりするほどであった。

その明使接待も日程に入れて、贅美を尽くした北山殿は造営され、舎利殿は金箔を張り詰めたので、のちに金閣と呼ばれた。たしかに池の面にうつる金閣は素晴らしい。三層の楼閣で、初層は寝殿造で阿弥陀三尊を安置した法水院《ほうすいいん》、中層は潮音洞《ちょうおんどう》という観音堂、最上階は究竟頂《くっきょうちょう》という禅宗様である。屋根は宝形造《ほうぎょう》、檜皮葺で屋上露盤に銅鳳をのせていた。大きな宗派を網羅して、伝統的な公家文化の寝殿造と阿弥陀信仰、観音信仰、武家風の禅宗文化とを統合させ、宗教界も掌握して、その上の超越的な権威たらんとした義満の野心があからさまに示されている。

有数の金の産地であった日本の産金量は、毎年五〇キログラムであったといわれ、金閣の二、三層の楼閣を張り詰めた金は、その半分にあたる二五キログラムにもなるという。マルコ・ポーロの「黄金の国ジパング」の話は、何らかの形で日本に伝わっていて、それなら明使が感心するように黄金ずくめで歓待してびっくりさせてやろうと計画したのではなかろうか。洒落《しゃれ》も冗談もうまかったと伝えられる義満だから、そのくらいのことは考えたであろう。

「日本国王」に任じられると、明使が印璽《いんじ》と衣冠を持参する。それを着るのが礼儀であろう。公卿たちの反感もあって、義満は公式の場でそれを着ることができない。彼は、明使を連れて、北山に紅葉狩に行き、「唐人装束之躰」で唐輿《とうよ》に乗って、唐人にそれを担がせて、とてもはしゃいでくりだしたという。公卿たちは顰蹙《ひんしゅく》しているが、義満にしたら苦肉の策であろう。

義満没後の将軍政治

応永一五年（一四〇八）、義満が急逝した。すると、政権は形ばかりは将軍であった義持の掌中に入った。一時、北山第に入ったが、やがて三条坊門に新第を築いて、幕府を移した。義持は義満への尊号を辞退して公卿化路線を改めるなど、斯波義将《しばよしまさ》などの幕府股肱《ここう》の意見を入れて武家独自の立場を誇示した。また、義満が積極的に行った日明貿易を中止するなど、守勢派的な姿勢を取り、諸事引き締めにかかったように見える。

しかし一方で、酒屋土倉役などに代表される洛中の商業統制など京都市政に関するものは義満の継承発展の色彩が強い。洛中の検断権（警察裁判権）も幕府の侍所が掌握していて、次第に京中の治安・警察を中心とする都市支配権を掌握していったのである。軍事権力である幕府として、達成した市政権は堅持したというべきであろう。侍所の長官である所司は四《し》職家《しきけ》といわれる四氏の有力守護大名の交代就任となっていたので、実権はその家来の所司代が握った。近世にまで及ぶ、京都の市政担当者を「所司代」というのは、ここに根ざしているのである。

さて、義持の後を継いだ義教《よしのり》は、義持が跡継ぎを指定しなかったので、籤引《くじび》きで決められた将軍であるが、政局に積極的関心をもち、御前落居奉書《ごぜんらっきょほうしょ》といわれるように将軍直裁の政所記録が多く残っている。そもそも政所というのは、公卿の家政機関の名である。その役所において、いわゆる京都などの市井の民事も裁決したわけである。義教の治世時代は嘉吉《かきつ》の徳政一揆が起こり、それを背景に、金銭貸借の揉め事が絶えなかった。その大口部分を将軍が決裁したのだから、凄《すご》い権力である。

鎌倉後期や建武期には、京都の刑事はもちろん民事においてさえ、検非違使庁が掌握していた。前述した祇園社に所属した綿座の争論は、検非違使庁の庭中で裁判を行っている。しかし、足利幕府では初期から民事関係は政所がそれを管轄していたようである。政所長官である執事は、伊勢氏が世襲し、将軍家家務は執事が担当した。もう一つの機能の訴訟機能は、はじめは執事が担当し、一四、五人の寄人《よりうど》の年長者が執事代《しつじだい》となり、文明ごろになると執事代が担当した。もう一つ政所代《まんどころだい》という職務があり、伊勢氏の家宰の蜷川《にながわ》氏が担当した。蜷川氏は政所の代表として執事の任務を代行し、また政所への訴訟の窓口となって、大きな位置を占めたのである。蜷川氏は管掌した訴訟関係の史料をたくさん残しており、そのありさまがわかるのである。蜷川新右衛門尉は、マンガ「一休さん」にも登場するなど、京都では馴《な》染《じ》み深い名前である。

義教は政務には熱心な将軍ではあったが、一方で酷薄な性格で、処罰が峻烈《しゅんれつ》を極めた。「万人恐怖」といわれて、猿楽・観世座の世阿弥の佐渡配流も将軍の怒りにふれたからだといわれる。ついに、赤松満祐《あかまつみつすけ》に殺された義教について、伏見宮貞成《ふしみのみやさだふさ》親王はその日記に「将軍かくの如く犬死。古来その例を聞かざる事なり」と書きつけている。

応仁・文明の乱

義教の子の義政《よしまさ》は、

年号は、また長禄と変はれども、御所の心はもとのひょうろくと落首されたように、ふらふらとして定見のない人柄であった。

そこに応仁の乱が勃発する。乱が起こったのは五月であるが、すでに正月から燻《いぶ》っていた。この乱は、ひとたび義政の後継者が弟の義視《よしみ》に決定していたのが、御台の日野富子《ひのとみこ》が義尚《よしひさ》を産んだので、わが子可愛さのあまり引き起こしたものといわれていた。しかし、その時義政はまだ三〇歳、富子は二六歳、後継者を立てる方がおかしいのである。義政と富子は政局から疎外されていた。義政は、典型的なオポチュニスト（機会主義者）で、京童は、「勘道に呰なく、赦免に忠なし」とあざ笑った。乱の一方の立役者、細川勝元《かつもと》が二四歳の管領《かんれい》で、一八歳の将軍義政に呈した「君慎ム事」という諷諫《ふうかん》の書があるが、気儘《きまま》な義政の性格に我慢ならぬ文句を突きつけている。そこへ畠山家の後継者争いが乱勃発の契機となり、二大実力者の細川勝元・山名《やまな》宗全《そうぜん》の主導権争いが絡んだものである。この京都を焼き尽くした文明五年（一四七三）、双方の大将、山名宗全と細川勝元が相次いで死んだことにより収束する。そのなかで勝利を収めていったのが富子かもしれない。彼女は、まだ京都にいて、軍事力を発揮している敵将の大内政弘《おおうちまさひろ》に、乱中に切り取った領地をそのまま安堵して、義政・富子・義尚に計一〇〇〇貫文余りの金品を進上させている。まさに金権政治である。

この過程でまったく政治に意欲をなくした義政は、貴族・僧侶に、自分の胴巻におかねを入れることしか関心がないと噂《うわさ》されていた。

二、新宗教の洛中興隆

京都五山と尼門跡

足利義満は、室町御所の隣接地に相国寺《しょうこくじ》を発願して建てた。建設には義満の信頼の厚い春《しゅん》屋妙葩《おくみょうは》があたった。開山を春屋の師の夢窓疎石として、春屋は二世住持となった。相国寺は南北合体も間近い明徳三年（一三九二）に完成、盛大な落慶法要が行われたが、その二年後には、失火によって焼失する。義満はただちに再建を命令して、応永八年（一四〇一）に完成した。その二年前の応永六年には、七一メートルの七重大塔の落慶法要が宮中の御斎会《ごさいえ》に準じて営まれた。五山の禅宗はもちろん、南都北嶺の僧一〇〇〇人が参集、義満は上皇御幸の儀式にのっとって参列、親王関白公卿が行列に従った。この法要の豪華さは、白河院の法勝寺大塔や源頼朝の東大寺再建時の落慶になぞらえたものという。しかし、この大塔も、わずか四年後、落雷で焼失してしまった。

義満は臨済禅の鎌倉五山に対して京都五山を制定したが、それは亀山上皇建立の南禅寺を別格、五山の上として、第一天龍・第二相国・第三建仁・第四東福・第五万寿の順とした。その次に十刹《じっさつ》・諸山《しょざん》が置かれた。

これらはいずれも「叢林《そうりん》」といわれる官寺で、幕府にはこれらを統合する僧録司《そうろくし》が置かれ、初代には義満の信頼厚い春屋が任命されて、人事権等の権限の一切を掌握した。

かくて、臨済禅宗の統制を果たした義満は、五山僧に日明国交回復について、外交文書の作成などを命じたり、遣明使に任じるなど、外交官的役割を担わせた。また、絶海中津《ぜっかいちゅうしん》が大内義弘《よしひろ》の応永の乱の調停を勤めたように、戦乱の調停を勤めたものも多い。

尼五山比丘尼御所

その他に、将軍の所生の姫君の出家の場所としての尼五《にご》山《さん》がある。比丘尼《びくに》となった姫君の住所であるので、比丘尼御所と呼ばれた。御所号は江戸時代のことであり、尼《に》門跡《もんぜき》の称号は一九三一年以後であるという。尼五山とは、景愛寺《けいあいじ》、通玄寺《つうげんじ》、檀林寺《だんりんじ》、護念寺《ごねんじ》、恵《え》林寺《りんじ》であるが、現在、子院による名跡相続によって存続しているのは、宝鏡寺《ほうきょうじ》、百々《どど》御所と呼ばれる景愛寺であり、無《む》学祖《がくそ》元《げん》の弟子の無《む》外如大尼《がいにょだいに》が五辻《いつつじ》大宮の西に開創した寺である。現在は寺之内通堀川東にある人形の寺として有名である。もう一つは、曇華《どんげ》院《いん》であり、通玄寺の名跡を相続しているが、嵐山の鹿王院内にある。

おおむね、天皇・宮家と将軍家の姫宮が幼いときに入室して、比丘尼として修行する。室町時代以後は、成人して婚家に入ることはなかったようである。義満の女子は一〇人、いずれもどこかの尼寺に入室している。崇光天皇の皇女瑞宝《ずいほう》は入江《いりえ》殿《どの》真乗寺《しんじょうじ》の比丘尼であったが、足利将軍のお声掛かりで景愛寺長老となり、伏見宮貞成親王は「御果報というべきなり」と日記に書いている。彼女たちは修行によって、格式のある尼寺の長老となったのであるから、御果報といわれたのであろう。彼女たちの入寺は五、六歳であり、多少の所領をもっていった。それは伏見宮の場合は、本所権は伏見宮家にあり、寺家は何らかの諸課を本家に果たしている。しかし、男児の場合でも、それは同様であったと思われる。

在野禅院、林下

これに対して在野派の禅宗は「林下《りんか》」といわれ、大徳寺・妙心寺に代表されるもので「叢林」とは明確に分かれていた。とりわけ大徳寺は開山宗峰《しゅうほう》が私寺として建立したものと主張、自ら十刹の寺格を放棄して、在野禅林の道を歩んでいる。室町中期には、一休宗純《そうじゅん》が出ている。大徳寺は堺の町人や連歌師・茶人との関係が深く、村田珠光《むらたじゅこう》、武野紹鷗《たけのじょうおう》も参禅した。「大徳寺の茶づら」といわれるゆえんである。連歌師の宗祇《そうぎ》の弟子柴屋軒宗長《さいおくけんそうちょう》は一休に参禅し、その遺風を慕って一休の山城薪《たきぎ》の酬恩庵《しゅうおんあん》の側に住んだ。大徳寺山門を建立したが、その費用は、『源氏物語』を売り、さらに諸国を勧進した金銭で建立したものという。この山門は、のちに千利休が一層を加え、そこに利休の木造を安置したことから秀吉の忌避にふれて問題となったあの山門である。

妙心寺は関山慧玄《かんざんえげん》を開山とするもので、その禅は枯淡・清楚《せいそ》を旨として、質素であり、彼の居室は雨がもって座るところがなかったと伝えられている。大内義弘の応永の乱に連座して義満の怒りにふれて、ことごとく没収される憂き目にあったが、応仁・文明の乱のころ、細川勝元・政元《まさもと》父子の信仰と後援を得て再建される。また、石庭で名高い龍安寺《りょうあんじ》は勝元の建立である。

時宗、一遍以後の教線

中世後期、時宗は京都に教線を延ばし、文化的な活躍をして、大きな影響力をもった。教祖一遍の没後、弟とも甥ともいわれる聖戒は、源融の旧跡、六条河原院の地、六条道場歓喜《かんき》光寺《こうじ》によった。一遍死後一〇年の奥書をもつ『一遍聖絵』を製作して、自己の正統性を示した。それに対抗した弟子の他阿《たあ》上人の系統は、一遍と他阿の事跡を描いた『遊行《ゆぎょう》上人縁起絵』を作っている。この他阿上人の門流は時衆十二派の主流をなし、遊行派と称して、七条道場金光寺《こんこうじ》を拠点にしていた。代々他阿上人を称したのである。

これに対して、四条道場金蓮寺《こんれんじ》は他阿真教《しんきょう》の弟子浄阿《じょうあ》を開山とする。四条東京極の寺地を佐々木導誉から寄進を受けて、四条派と呼ばれた。朝廷や幕府、貴顕への接近が多く、立花や連歌などに名を成した。連歌では同道場の頓阿《とんあ》は兼好らとともに四天王の一人といわれている。時衆阿弥文化といわれるような芸術文化の花を開いていった。

その他、市屋《いちや》道場金光寺は左京の東市にあたり、一遍が踊念仏を行ったところで、弟子の唐橋法印の作阿《さくあ》が開山である。御影堂《みえいどう》派新善光寺《しんぜんこうじ》はその尼たちが扇を折って名産となったが、戦中の疎開で現在はない。東山の鳥辺山から霊山《りょうぜん》にかけてはいくつかの道場があったが、今はない。霊山道場《りょうぜん》（正法寺《しょうぼうじ》）は国阿《こくあ》の開山で、国阿は夢告を得て、伊勢熊野信仰と結びついて、「伊勢熊野参詣の輩永代汚穢《おえ》を許す」の札を配り、女性で結縁する者が多かった。時宗では罪業観や救済において差別がなく平等であることを主張した。

しかし一方で僧尼の雑居問題は風紀紊乱《びんらん》の非難を呼んだ。今日の新京極が四条道場の境内に開かれた歓楽街の発展した土地であることから窺えるように、境内には見せ物小屋、遊女が現れ、一大歓楽場と化していた。いわば都市下層民を主体とする祝祭空間を現出させていたのである。時宗の結縁者を記名する『往古過去帳《おうごのかこちょう》』には、能楽の大成者、観阿弥・世阿弥父子や金春《こんぱる》大夫などの能役者の名も見える。能楽師は声聞師（散所非人法師）といわれる芸能民出身である。義政将軍愛顧の庭師の善阿弥のように、将軍同朋衆《どうぼうしゅう》は阿弥号を冠せられて、時衆の姿を取ることが、身分を超えて文化・芸術の交わりを結ぶ方便でもあった。

時宗は臨終の最後の十念を重んじることから、人の末期や葬送のことに深くかかわった。六条道場は「河原沙汰」として刑死人の十念を授ける職責を担った。市屋道場はその下に茶毘を行う時衆三昧聖《さんまいひじり》を従えており、茶毘の料金をきめて請け負わせていた。江戸時代には七条道場金光寺には火屋《ひや》（火葬場）が建立されており、京中の隠亡《おんぼう》支配に主導権をもったといわれている。しかし、火屋は明治に廃絶され、金光寺もやがて長楽寺《ちょうらくじ》に吸収される。中世後期には、四条道場と七条道場は京中の勢力を二分しており、幕府が四条道場金蓮寺を七条道場の末寺とすると定めた。応永三一年（一四二四）、それを怒った金蓮寺が自焼するという騒ぎがあった。おそらくは金光寺の火屋や隠亡支配の主導権争いが極まったものであろう。

浄土宗・浄土真宗

浄土宗は法然の生前から、専修念仏者集団が形成されていたが、室町期に入ると、証空《しょうくう》の西山《せいざん》派と良忠《りょうちゅう》の鎮西《ちんぜい》派とが勢力を占める。西山派は禅林寺（永観堂）、誓願寺、二尊院、西山三鈷寺《さんごじ》等によっていた。一方鎮西派は、宗祖法然が入滅した知恩院、百万遍知恩寺、悟真《ごしん》寺《じ》（のち檀王《だんのう》法林寺）、清浄華院《しょうじょうけいん》、黒谷の金戒光明寺《こんかいこうみょうじ》などがあった。

この浄土の法門は朝廷や公家衆に普及して、「禁裏ニハ悉《ことごとく》以念仏也《もってねんぶつなり》」といわれるように、天皇の戒師は浄土門の僧侶が勤めた。二尊院善空は、後土御門《ごつちみかど》天皇の命によって伏見に般舟《はんじゅう》三昧院を創建し、天皇の分骨所となっている。

法然の弟子、親鸞を宗祖とする浄土真宗は、親鸞の廟堂本願寺を中心としていたが、天台宗青蓮院《しょうれんいん》の支配をうけていた。蓮如《れんにょ》の幼少のころは、仏前もさびさびとして勉学の灯油もままならなかったと伝えられている。当時、本願寺よりも東山渋谷《しぶたに》（汁谷《しるたに》）にあった仏光寺《ぶっこうじ》の方に参詣者が多かったと伝えられている。蓮如は近江・三河・摂津に伝道した。ところが寛正六年（一四六五）、比叡山の山徒の乱入によって大谷本願寺を破却されて、蓮如は、近江堅田《かたた》に逃れ、東海・北陸に伝道して、文明三年（一四七一）、吉崎御坊《よしざきごぼう》を構える。そして文明一〇年（一四七八）、山科本願寺を作り始めて、諸国の門徒の支持をバックに京都の地に帰り着くことができたのである。その力が一向一揆に結集されるのであるが、それはのちに述べる。

法華宗の西国弘通

法華宗すなわち日蓮宗が京都に広まるのは、洛外西郊の向日《むこう》市の鶏冠井《かいで》から始まる。徳治《とくじ》二年（一三〇七）ごろ、初めて関西に日蓮宗を布教した日蓮の弟子の日像《にちぞう》に、真経寺《しんきょうじ》の住持、実賢《じつけん》が帰依した。檀林も設けられた。南北真経寺に分かれているが、北真経寺の二五〇〇坪の境内は、長岡京の内裏跡推定地の大半にあたるという。京中では鎌倉末期、やはり、日像が妙顕寺《みょうけんじ》を創建したと伝えられるが、南北朝末期、四条櫛笥《くしげ》に移り、勅願寺と幕府御願寺の称号をえて、町人の信仰も多く勢力をもった。四条門徒といわれた。これに対し、日静《にちじょう》を開山とする本国寺《ほんこくじ》が六条堀川にあって、力をもち、六条門徒と呼ばれて対抗した。さらに東国法華宗の僧たちがぞくぞく上京してきた。彼らは日蓮の『立正安国論』上呈以来の法華経信仰を公武の権力者に訴える「諫暁《かんぎょう》」を行った。そのなかでも勇敢に幕府に対して「諫暁」を行ったのは、本禅寺《ほんぜんじ》を建てた日陣《にちじん》と、天王寺屋《てんのうじや》通妙《つうみょう》の外護を得て邸内に法華堂を建てた妙満《みょうまん》寺《じ》の日什《にちじゅう》であり、彼らの門流であった。

したがって、法華宗の宗風は二つに分かれた。宗門伝統の国主諫暁を放擲《ほうてき》して貴族化する妙本寺（妙顕寺）・本国寺などの大寺院。これに対して、国主諫暁と法難の甘受、不受不施制戒を守る折伏《しゃくぶく》伝道の宗風を維持する本門寺、妙満寺、妙覚寺、本能寺などである。後者の系統は、日住《にちじゅう》の主唱のもとに強義《ごうぎ》折伏の路線を打ち出した「寛正の盟約」（一四六六年）となり、洛中の町人の支持をえたのであった。

ところがもっとも強硬派である日親《にっしん》は、まだ手ぬるいとして参加しなかった。のちの鍋《なべ》かむり日親である。上総《かずさ》の土豪の子と生まれた日親は、二一歳の時、上洛して一条戻り橋で不《ふ》惜身命《しゃくしんみょう》・折伏逆化《げきか》の説教をする。その後洛中に止住せず、各地に巡錫《じゅんしゃく》して鎌倉で「永享《えいきょう》の法難」に出会う。そこで将軍義教への法華信仰への「諫暁」を決意し行った。たちまち投獄され、激怒した義教は熱湯の入った鍋を日親の頭にかぶせて、舌をも切り、念仏を強要したが、彼は屈しなかったという。義教の死によって赦免された日親は、嬰児《えいじ》のような言葉しか喋《しゃべ》れなかったが、彼の不屈の精神が、洛中の信者を獲得して、鎌倉の狩野理哲尼《かのうりてつに》の外護によって、のちに本法寺《ほんぽうじ》となる寺を創建する。寛正には、幕命によって肥前《ひぜん》国でまた逮捕される。理由は彼の伝道によって肥前一国が法華宗となったというのである。義政の母の死の恩赦によって出獄した日親は本法寺を再建、その二〇年後八二歳で亡くなった。

寛正のころ、比叡山山徒の攻撃を受けかけた洛中の法華宗は「京都の半分は法華宗たるの上は、信心の旦那等」が防戦すれば京都中の乱になるであろうと、気概に満ちた返答を送って、山徒の乱入は沙汰止みとなった。九条尚経《ひさつね》はその日記に、法華宗が「京中に充満す」と書いている。たしかに法華宗は土倉・酒屋などの富裕な町人を信徒の中核にもっていた。立《りゅう》本寺《ほんじ》建立の費用は、小袖屋《こそでや》経意《きょい》ら三人の檀那が各三〇〇貫文、残り一〇〇〇貫文を柳酒屋《やなぎざかや》が負担したという。柳酒屋は澄酒《すみざけ》を製造して、他の酒に比して値段も高い、銘酒「柳」の製造元であった。

町人の決起、天文法華一揆や法華の乱の前夜の状況である。

三、全国経済の要

刀剣と釜

鎌倉中期ごろから始まる商品経済の発展は、京都をますます全国的な核とした。京都は全国市場の中核であるとともに、一方、生産力の高い畿内市場圏の核でもあった。その双方は京都で交わっていたのである。

その上、否、それゆえにこそ幕府も京都に置かれ、公武ともに所在地も一元化した。全国の重要な年貢物は京都に上ってきたし、京都の主要な手工業生産物は諸国に運ばれた。それのみならず日明・日朝・日琉《にちりゅう》などの国際貿易の輸出品となった。室町・戦国期には、刀剣類はともかく、それを除いては、まだ諸国の製品は少なく、輸出品となる美術工芸品は大部分が京都の製品であった。太刀・長刀《なぎなた》・槍《やり》の刀剣類はもちろん蒔絵《まきえ》類、金屛風《きんびょうぶ》、扇などの工芸品は京都で製作され、その他の輸出品は諸国からの金・銅・硫黄・瑪瑙《めのう》などの鉱物であった。

この時期の京都の主要産業は、まず軍需たる武器産業だというと意外に思う人もあろう。日本の刀剣類は、平安京以来の名産で、すでに延久五年（一〇七三）には大宰府商人王則貞《おうそくてい》は高麗《こうらい》王に刀・弓箭を進じており、寛治六年（一〇九二）、帥《そち》中納言藤原伊房《これふさ》が武器を契丹《きったん》に売って巨利を博して罪科に処せられている。平清盛も宋帝に太刀を贈って非難を浴びるなど、日本製武器の需要は大陸において高かった。寛治七年（一〇九三）には、刀剣類、弓箭・甲冑や硫黄・真珠を積んでいた宋人・倭人とりまぜての船が海賊と見なされている。陶徳民氏の教示によれば、すでに北宋の時代、中国では欧陽脩《おうようしゅう》の日本刀の詩ができていた。「宝刀近く日本国に出て、越賈《えつこ》滄海《そうかい》の東にこれを得る」。立派な刀が日本国からできてきて、福建《ふっけん》の商人が手に入れて運んできて、大金で売買している、とうたっている。これらの主要な生産地が京都であることはいうまでもない。平安期には七条市あたりに集住していた金属工集団は三条・四条・粟田口あたりに、鍛冶などが移り住んだ。刀工の粟田口派は国家《くにいえ》を祖として鎌倉時代を通じてもてはやされた。

室町・戦国期に入ると、さらにその動きは活発となった。鳥羽院以来などの伝説をもつ三条小鍛治宗近《むねちか》などの刀鍛治をはじめ、「遣明船貿易」の将軍進貢物・商売物に出てくる作者は、太刀は黒大面、太刀槍・長刀作者として四条井上善長《よしなが》などが出てくる。将軍進貢物の竜御太刀二振を製作したのは粟田口の信国《のぶくに》、柄《つか》や鞘《さや》はこれまた有名な藤左衛門という者が作っており、「御鞘梨地御紋雲□□□白滅金御帯取紫□箱朱」で代金五三貫七〇〇文であった。献上物だからずいぶん立派なものであろう。ちなみに将軍商売物の太刀は一振一貫文で買い上げられて、中国では五貫文で売っている。

その他、奈良から運ばれてくる「数打ち」といわれる大量生産の太刀もあった。藁《わら》で束ねて持ってくるので「束刀」ともいわれた。これは戦国期ごろに、二条室町に開けたいわば新開地の町で、鞘の木彫り、塗師《ぬし》、柄、柄を巻く糸作り、鍔《つば》など、細かな分業で太刀飾りがなされて、「拵《こしら》え物」などといわれて売り出された。「太刀屋座」という問屋集団があって、問屋制家内工業で大量生産されたのである。対外貿易にも出されて、ずいぶん値切られたという話もある。

鋳物師も七条から移転して三条釜座《さんじょうかまんざ》（現府庁近辺）に集まっている。確証のある遺品は文明一〇年（一四七八）の清水寺銅鐘、延徳《えんとく》三年（一四九一）の旧北野社銅鐘の藤原国久《くにひさ》の銘鐘である。これは慶長ごろの名工の藤原対馬守《つしまのかみ》国久と同名なので祖先と思われる。永正《えいしょう》一四年（一五一七）になると「三条住御大工五郎左衛門尉国次《くにつぐ》」と記銘されていて、これも天下一の称号をえた西村道仁《にしむらどうにん》が本国寺鐘銘に、「鋳物師藤原国次戒名道仁」と記したのと同名で祖先であろう。釜座が見られるのはもっと早く、鎌倉後期からその存在はわかる。室町期には蔵人所の供御人という身分を獲得して、課役免除の特権と営業独占権を得ている。応仁・文明の乱には太秦《うずまさ》に避難したが、乱後ふたたび三条に帰った。それ以後太秦にも分座ができた。しかし、釜座が他国の鋳物師を圧倒しだすのは、この応仁前後のことであろう。

釜座は、梵鐘をはじめ、鰐口《わにぐち》、燈籠《とうろう》、擬宝珠《ぎぼうし》などから、鍋、釜、鉄瓶などの日常雑器にいたるまでを鋳造した。鋳造品の専売権を行使していることからみて、洛中の需要に応えていたといえる。座人は八人、もちろん親方であり、下働きの徒弟らがいたことはいうまでもない。三条釜座が有名になったのは、茶の湯の隆盛にともなう茶釜の製作である。釜座の『名《な》越系図《ごし》』では弥阿弥《やあみ》と号した名越弥七郎《やしちろう》が、将軍義政の命で茶釜を鋳たと伝えるが、釜座の茶釜が珍重されるのは、前述の文禄・慶長ごろの人、西村道仁以後である。道仁は武野紹《じょう》鷗《おう》の釜師と伝えられ、織田信長から天下一の称号をもらった。作品は本国寺、六角堂の鐘、妙蓮寺の鉄燈籠など京都に多く残っているが、遠方では羽黒《はぐろ》山麓の橋の擬宝珠などがあり、その販路の広がりを見ることができる。千利休の釜師であった辻与次郎実久《つじよじろうさねひさ》は、秀吉の三回忌に雲竜《うんりゅう》の鉄燈籠を寄進していて、秀吉の寵愛がしのばれる。釜師というのは利休が茶釜のデザインをしていることから、その釜を製造した者であることがわかる。その他、藤原対馬守国久、名越善正《ぜんせい》・三昌《さんしょう》父子などが名ある鋳物師であった。

彼ら鋳物師たちは三条釜座に住んで、専売権を洛中にもっていたことからわかるように、共同体を結成していた。いわば親方たちの連合である。前述のように八人の連合から、慶長七年（一六〇二）では座衆六四人を数えている。この共同体は町や村の共同体と同じく入座年齢順構成で、名人といえどもすべて年齢順であった。しかし、商いは別で、鐘鋳《しょうちゅう》を請け負ってきたら、仲間たちを誘って共同作業で行うのである。また座員の有力者は各個人で「大工所」といわれる別個の営業の請負権というべきものをもっていた。

少し紆余曲折《うよきょくせつ》はありながら、釜座は信長の楽市、秀吉の楽市楽座のあとも座組織を復活させ、座の存在を徳川家康の所司代《しょしだい》となる板倉勝重《いたくらかつしげ》によって認められている。そのために奮闘した名越氏の主導権と、座の平等構成原理の矛盾は江戸時代に微妙な影を落としていった。

さて釜座は、豊臣家滅亡の契機となった方広寺《ほうこうじ》の「国家安康《こっかあんこう》」の鐘によって諸国の鋳物師に勢威を及ぼすこととなった。この巨鐘は「唐金一万七千貫目余、鞴《ふいご》数百三十二丁、樋《ひ》数四筋」で鐘の口一丈八寸、厚さ九寸というものであった。鋳物師棟梁としては、三条釜座から名越弥右衛門三昌が選ばれ、それに飯田助左衛門、藤原対馬守国久、三昌弟名越弥五郎家昌がつきしたがった。脇棟梁は、駿河《するが》・江戸・津・姫路・大和五位堂・奈良・河内・摂津・和泉・下野天明《しもつけてんみょう》であり、釜の名品を製作した下野天明や古い伝統をもつ河内の鋳物師たちに対して三条釜座の優勢を決定づけるものであった。総勢三一〇〇余人が従事した。姫路野里《のざと》の芥田《あくた》五郎右衛門が国の鋳物師たちを引き従えたのを契機に播磨国内に支配権を確立したのからみて、三条釜座も諸国の鋳物師に対して主導権を握ったことが考えられる。現在も三条釜座町には、大西家が茶釜の鋳物師として、その由緒を誇っている。

京扇と漆器——美術工芸品

輸出品として金高は刀剣類ほど上がらないが、扇は日本刀と並んで宋代からの輸出の大本であった。そもそも扇というものが日本の発明であった。笏《しゃく》を重ねたような檜扇《ひおうぎ》から、紙を折り畳んだ蝙蝠《かわほり》扇ができてきた。夏には紙扇を冬には檜扇を用いた。その扇は最初は骨に紙を付けただけのものであったが、中国で両側の紙に骨を挟んだという。いわば今の扇の形になったのは日中両国の産物である。日本で発明された扇は中国を媒介として、西洋まで普及して、カルメンも扇を持って歌うのである。

扇にはいわば両義性がある。芭蕉が「余が風雅は夏炉冬扇」といったように、秋になれば捨てられる、というイメージと、「逢う儀」というめでたいイメージである。風を呼ぶ実用

四条室町付近の扇店 『洛中洛外図屛風』（国立歴史民俗博物館蔵）より

物と儀礼用の用途である。その双方で扇は京都の産物として全国に広まり、中国・朝鮮・琉球に輸出されていった。中世の囃田《はやしだ》の歌謡『田植草紙』にも、

君にまい（参）せう京ゑ（絵）書（い）たるお（あ）ふき（ぎ）を

と謡われている。

この時期に勃興し大成された、能楽・狂言は、扇を持って舞うことが必須《ひっす》である。その伝統をうけた近世の歌舞伎、日本舞踊なども扇を持つことが基本となっている。この伝統は日本で、そして京都で、扇が発明され、普及したこととは無関係ではない。

その京扇は南北朝時代には「城殿駒井《きどのこまい》」というところで作られるのが有名であった。その近くに春日東洞院の御影堂（新善光寺）があり、

そこの尼僧たちが見覚えて作り出したのが、「阿弥折り」といわれた「御影堂扇」である。御影堂は一遍聖の時宗寺院であり、その尼たちの生活の糧としての仕事に扇が作られたのである。この「御影堂扇」は中世近世を通じて、最優秀と折紙を付けられて輸出品にもなっている。室町・戦国期になると扇屋もたくさんできてきて、朝廷の木工頭《もくのかみ》を本所《ほんじょ》として営業をしている。永正《えいしょう》（一六世紀はじめ）ごろには、本座《ほんざ》・中座《なかざ》・下座《しもざ》を組んで、営業を独占していた。問屋的な本座は四軒だが、そのなかの布袋屋《ほていや》が抜群に大きく、主人は玄了尼《げんりょうに》という後家さんで、四条富小路の本店では三人の折り手女を雇い、彼女自身も折っていた。その上、正親町《おおぎまち》高倉に支店をもち、養女夫婦に譲って商売をさせている。布袋屋だけで京扇の商いの半分を押さえていた。

扇の製作は、骨・紙・絵・張り・折りが分業で作られ、問屋であり販売もする扇屋は、店先で扇を折りつつ売っていたのであろう。現在も五条本町の一角が京扇の製造地で、それぞれの分業を分担する家々が並んで、美しい扇子を作っている。

漆器も中国から技法を輸入して発展したものといいながら、この時期になると凌駕《りょうが》していく気配を見せていた。北京《ペキン》に日本技法の一派ができたともいう。手箱や簞笥《たんす》、椀や膳の食器などの漆芸品はもちろんとして、刀の鞘に使われたり、屏風の縁など、美術工芸品の部分に使用される例も多かった。

西陣の大舎人座と練貫座

もともと大和錦《やまとにしき》というものはあったとはいえ、錦や綾《あや》など高級絹織物は中国からの輸入に頼っていた我が国では、国風文化などといいつつ、平安時代、貴族は輸入の絹織物を多く着ていたのである。鎌倉時代には「京中の織手、唐綾《からあや》を織り出す」といわれていて、初めて綾織物を織りだすことができたのである。

ところが室町期になると、混血の貿易商人、楠葉西忍《くずはさいにん》が「唐船の利は生糸に過ぐべからざるなり」といったように、主要輸入品は生糸となった。生糸は四〜五倍で最高の利益があった。西忍の語るところによると、備前《びぜん》・備中《びっちゅう》銅の代価は現地で一駄一〇貫文であるが、それを唐土《もろこし》に持ってゆき、明州・雲州糸に交易すると四、五〇貫文になる。また金一〇両は日本では三〇貫文だが、唐土で糸に代えると一二〇貫から一五〇貫文になるといっている。生糸を輸入して、金銀銅を輸出するという貿易は、江戸時代においても同じであった。ポルトガルの南蛮貿易もそれに従事していたのであった。

生糸が主要輸入品になってきたのは、日本の絹織物業の発展の結果である。その中心を占める京都の絹織物業が量において、唐織物を圧倒したといえる。

ところがなぜか、唐糸（輸入糸）は国産の高級糸よりも安かった。換算すると唐糸は一斤が五貫文、但馬《たじま》糸が一斤五貫四六八文、加賀《かが》・越前糸が一斤五貫一五六文となる。そういう事情ではどんどん安い輸入糸で国産糸が圧迫されなかったかが問題となる。私は一応、この段階では需要が上回って値崩れにはならなかったと考えている。近世の寛永《かんえい》（一六二四〜四四）ではその問題が出てきたのであろう。いわゆる鎖国や糸割符《いとわっぷ》制《せい》には、その問題が大きくあったからと思われる。

さてその絹織物業においても、洛中の商売を大舎人座《おおとねりざ》と練貫座《ねりぬきざ》がそれぞれの製品で独占していた。大舎人座は平安京の諸司官衙町の大舎人のあたりに所在する。大舎人は御所の舎人の宿所であるが、非番の時に織り方を覚えて、織機で織ったのが始まりという伝承をもつが、官衙町から中世産業が出てくるのは京都らしくて面白い。綾織物を製造・販売していた。文《ぶん》安《あん》六年（一四四九）に高野山の鎮守の舞童の装束の注文を受けている大舎人の孫三郎は、『閑吟集』に、

おほとのへ（大舎人）の孫三郎が、織手をこめたる織衣　牡丹《ぼたん》　唐草　獅子《しし》や象の　雪ふり竹の籬《まがき》の桔梗《ききょう》と　うつればかはる白菊の　おおとのへの竹の下　うら吹く風もなつかし

とその結構をうたわれている。その他、大宿織手《おおとのやのおりて》や内蔵寮《くらりょう》に所属する御綾織手もあり、それらの織手が結合して大舎人座を作ったのである。ところが大舎人座の座人など織手の名は男性が多い。しかし、「七十一番職人歌合」等の絵巻物では女性の姿で描かれているものが多

い。内蔵頭で天皇の御服などを司った山科教言《のりとき》は息子の任官の装束を柿木尼妙禅《かきのきのあまみょうぜん》というものに織らせるべく注文したが、柿木尼は代金を受け取ったまま、逃げてしまい困っている。この例は実働は女性が多く、名義は家長の名で請け負われたという事情を示すものであろう。

さて一方の練貫座は、白雲町《しらくもちょう》や新在家町《しんざいけちょう》に住み、練貫という経《たて》が生糸、緯《よこ》が練糸の平絹を主として製造・販売していた。この反対の糸遣いが袴《はかま》などに使う精好《せいごう》である。両座はその独占種目をおのおのが侵し、裁判闘争に持ち込んで激烈な争論をしていた。永正一〇年(一五一三)、一応の裁決をみた。厚い板を入れて畳む綾織物(厚板物)は大舎人座の独占、薄い板を入れる筋隔子《すじこうし》、緘《しじら》は練貫座の独占とした。しかし、天文ごろでもまだ決着はつかず、裁判を有利にするために、大舎人座が将軍御台所の輿添えの供をする家来になっている。それは練貫座が既に将軍家の家来になっているのに対抗したものである。「京ノオオトノヤノ衆モ主ヲモタズ」といわれた大舎人座であったが、現実の力関係を打開せざるを得なかったものであろう。その時の座人の署名が三一人を数えていて、大体の人数がわかる。それらの座人のうち堪能《たんのう》なものを内蔵寮が組織して、それは江戸時代になっても、「御寮織物司」として格式を誇ることになった。

中世は古代からの「羅《ら》(夏の薄絹の一種)」の製造法が絶えてしまうなど、機業の衰退説が根強いが、そう見えるのは公家貴族の勢力減退などで需要の方向が変わったからである。技法の改良もあって一般商品は隆盛の方向に向かっていたといえる。応仁・文明の乱を避けて、堺に疎開した大舎人の織手たちが、そこで明国渡来の製法を学んだと伝えられる。戦国時代には、その技術によってであろうか、大舎人座が絹織物のうち厚板物といわれる綾織物などを独占製造販売していたことは既に述べた。元は平機《ひらばた》（いざり機）であったが、高機《たかばた》といわれるもので、紋織物を製造した。『西陣天狗筆記』によると、弘治《こうじ》（一五五五～五八）ごろに井関宗鱗という者が紋織法を工夫し、俵屋蓮池宗和《たわらやはすいけむねかず》に伝授したというが、一方『雍州府志』には、俵屋が慶長年中（一五九六～一六一五）に「蜀紅錦《しょっこうのにしき》」に近い五色の糸で花鳥や菱花《ひしばな》の紋などの「唐織」を織り出したと書き、金襴《きんらん》を野本氏が織り出したと伝えて、

> 西陣の人、中華の功を倣《なら》いて金襴・緞子《どんす》・繻子《しゅす》・細綾・縐紗《しゅうしゃ》・紋紗《もんしゃ》類、これを織らざるは無し

といっている。ちなみにこの野本氏は天文法華の乱に、本阿弥・後藤とならんで大将として活躍したとされる家である。「唐織」は今の花嫁の打掛けや帯、能装束のようなものである。これが中国江南《こうなん》の花機《はなばた》を導入した、西陣で空引機《そらひきばた》といわれる機であろう。それは紋あげ工が上にいて、模様に必要な経糸を引き上げて、杼道《ひみち》を作るものである。おそらく江南から技術導入をして「唐織」を作り、開発するまでになったのも、生糸の輸入効果によるものであった。

その他では東洞院二条南の櫟氏《いちい》の「倭錦《やまとにしき》」の製作である。これは「雲繝錦《うんげん》」「神錦」「車錦」といわれるもので、禁裏や神社などで用いる有職《ゆうそく》織物である。そのほか、観音堂辻子《ずし》の縫物師・染色・纐物《くくりもの》などで、「辻が花」のように、染めと絞りと刺繡《ししゅう》を合わせた優雅な京都の着物が作られる。江戸初期に宮崎友禅斎の「友禅」ができる素地はもうでき上がっていた。それは染めや絞りの各職人の間を縫って、一つの着物を作る問屋制家内工業の成果であった。

四、自治都市のあり方

商工業者の居住地域

室町期には、洛中に酒屋四〇〇軒弱があった。これは応永二六年（一四一九）、西京の北野社所属の麴座《こうじざ》が麴製造売買を独占していると称して、幕府に訴えて、酒屋のうち、麴室《こうじむろ》をもっていた者に対して、幕府の権力でもってその麴室を破らせたものである。西京麴座がもっていた営業独占権が幕府によって、洛中全域に執行されたと見ることができる。そのことによって、洛中の酒屋の住所、名前がこの時点ではっきりわかるのである。土倉も四〇〇軒弱の所在地がわかる。義満の酒屋土倉役以前はその大部分が、「山門気風の土倉」といわれて、比叡山延暦寺の影響下にあった。その後も、山門との関係ももちつづけていたらしい。

その他に、綿座と材木座の所在地がわかる。祇園社所属の綿座は前章に書いた町通りだけでなく、町のあちこちに散在している。材木座も堀川材木座といわれて、堀川に流されてくる材木の集散に従事している商人たちであるが、あちこちに散在して居住している。五条堀川に市が立った。平安時代の元慶三年（八七九）に既に、堀川の一二町の流れを祇園社に寄付されたとき以来、祇園社に所属したといわれている。彼ら材木商人の座は奉仕として祇園御霊会の時に、鴨川に神輿の渡御する浮橋を造進していた。彼らは戦国末の織田信長の所司代の前田《まえだ》玄以《げんい》以下知状では、洛中の「大鋸板《おがいた》」の専売権をもっていた。それは大鋸で縦割りにする材木のことである。手斧で板を作るより、縦割りにできればはるかに安価な板が多量に供給できたのである。この大鋸は南北朝期ごろ我が国に伝来したから、堀川の材木商人たちはいち早く「大鋸板」を売り出し、既得権から専売特権を確立したものであろう。座特権というのは技術の独占によるものが多いのである。また、既に永和二年（一三七六）には、大山崎の油座の住京神人が、六四軒あった。しかもその店舗の位置までわかるのである。

職種別結合の座

綿座や材木座が祇園社に所属していたように、商工業者たちは、その地に勢力をもつ寺社などに所属して御用を弁じつつ、商業の特権を得ていた。しかし、貢納物が順調に到来しないのに困った官衙が、その役所の司る品物を商う業者に営業税を掛けだした。たとえば大炊寮は洛中の米屋課役を、造酒司《みきのつかさ》は造酒役、という具合である。そして課役を勤める商工業者たちのみに営業を許したから、彼らはその営業団体を結成して他の人々の加入を許さなくなり、たちまち独占団体と化し、官衙長官への営業税も集団で請け負うこととなった。強固な職種別結合の座の成立である。祇園の綿座のように、寺社などに所属して神人や寄人と称していた座で、既に特定地域に限って営業の独占を行っていた座は、官衙の営業税を一括して値切り、少額にして独占を貫徹し、違反者を取り締まった。なかでも四府駕輿丁座《しふかよちょうざ》といわれる禁裏の左右の近衛・衛門府に所属する駕輿丁が商売に乗り出した座は、天皇の行幸の道で座り込んでストライキに出たりして、営業税を少額にし、かつ強固な独占権を獲得した。また米座は三条と七条にできた「米場《こめば》」を支配して、洛中の米相場を操作したのである。

これは西洋の自由都市と同じようなギルドの成立といえる。その独占権は町といわれた定住店舗や市場だけでなく、商品流通路にも及んだ。渋谷（汁谷）越えといわれる山科からの道を通る塩その他の高荷《たかに》（連尺荷物）の運送・流通を独占していた今村弥七という商人、丹波から長坂口《ながさかぐち》に入る紺灰《こんぱい》（栗の木灰）を独占して買いつけていた長坂口紺灰座、淀に陸揚げされる瀬戸内海からの塩と塩魚を独占した淀魚市《よどのうおいち》など、枚挙に暇がない。京都七口《ななくち》といわれた京の入り口の関所は通行税を取るだけでなく、一括して税を払う座に対して、座外の商人の違反荷物を摘発してくれたのであった。

地域的結合の両側町の成立

そのような形で大商人たちが居住した町は、南北朝期の動乱による政権の出入り、不安定、盗賊の横行などに対処して自衛自治を固めていく。既に南北朝期には祇園の綿座商人は三条町・四条町に店舗を構えて自ら「町人」と称し、振売りの「散在里商人」の営業権を剝奪《はくだつ》しようとして熾烈な民事訴訟を展開している。振売りの里商人は女商人が多く、これも負けてはおらず、うしろに商品の綿を卸している問屋までついていて、結果は引き分けに終わった。

前述したように、北野麴座と洛中酒屋との「麴騒動」は、幕府の使者の見ている前で、酒屋の麴室を破壊して、以後麴室を造らないという起請文を取っている。それに「町人」が証判《しょうばん》した文書を残している。この「町人」は、単なる町の居住者ではない。町の共同体メンバーを町人というが、この場合はその町の成員が順に当番でなる世話役、代表を意味している。起請文五二通のうち「町人」加判の町は二九通、ここは世話役が成立して自治を行っている町と考えてよい。

もう一つの徴証は祇園御霊会の山鉾巡行《やまぼこじゅんこう》である。町から出す山鉾は道路を挟んで両側の家、商店などからなる町が、山や鉾を町内として出すものである。それは南北朝期に遡りうる。

康永《こうえい》四年（一三四五）に神輿《みこし》渡御《とぎょ》に随行する鉾とは違う「山以下作物」が出ている。康永といえば、前述の綿座争論で、三条町・四条町の綿座商人が、胸を張って「町人」といったところである。町共同体から出す山鉾の所在は、「応仁乱前」としかわからないが、南北朝期から共同体として山鉾を出す町があったことがわかるであろう。三条町・四条町からも出されており、四条町のそれは、先頭を進む長刀鉾である。これらによって、共同体としての「町」の形成の確証をうるところを口絵の図に落とした。

中世都市京都

西洋中世都市に対して、日本中世都市の未熟論がよくいわれた。その理由は、都市の地縁的構成が農村と類似しているという点に求められた。しかし、町共同体は商売の場である道路を挟んで両側の店舗からなる町、すなわち両側町から構成されている。これはまさに中世都市としての京都の成立を示す徴証である。農村は古代から一貫した四角い区画で成り立っている。地縁的共同体とはいいながら、農村共同体とは性格が違ってきているのである。「町人」は「町」という地縁的共同体の構成員でありながら、商売をしている人は、職種別結合の座に入っていないと営業ができない。両属関係にあったといえる。ヨーロッパ中世都市も、このごろは地縁的な町の共同体と職種的なギルドとの両属関係が指摘されている。

その他に、農村と違う町の徴証は、年貢の払い方である。やはり南北朝期から室町期に、「屋地子《やじし》」といわれる町年貢が一般化した。これは間口の大きさに応じて尺別に地代を掛けるものである。町は商売が基本であるから、面積ではなく道路に面している長さで決定するのである。祇園社領は大体間口尺別三〇文であり、それ以前の六倍の年貢となっている。農村並みの年貢だと、町は農地がなく宅地だけだから、収益の割に年貢は小額なのである。

利益率はどうだろうか。たとえば祇園社南大門百度《ひゃくど》大路西頰《にしつら》の地は、応安《おうあん》二年（一三六九）に祇園社が八貫文で買ったもので、貞和《じょうわ》二年（一三四六）に一三貫文、貞治《じょうじ》四年（一三六五）には一〇貫文で売買されている。それぞれ九分九厘、一割二分の利益率となる。

さて、農村の六倍もの年貢を負担した町屋は、反対にそれだけのものを得たのであろうか。「屋地子」以前の都市居住民は、種々の負担を負っていた。しかし、負担は「屋地子」のみで、領主との関係は地主に近い契約関係だったといえよう。

借地請文には、「自専永領《じせんえいりよう》の思を成すべからず」と書くことが多いが、逆に「永領の思」を成すものがどれだけ多かったかが窺える。定まった「屋地子」を払ったならば、あとは家を売買する権利もあったのである。その買値の一〇分の一を地主＝領主に支払えば認められたのである。ただしそれは洛中の土地の場合であった。それだけ洛中の住人は、土地に対する権利を認められていたのである。それに反して北野社や祇園社、東寺の境内など、寺社領主所有地を借りた場合には、家の売買はできず、借地人の権利はあまり認められていなかった。それを知らずに、応永一五年（一四〇八）、東寺領の家を買って、あわや没収の憂き目にあいかけた例がある。東寺は買主には認めたが、売主の移った家を差し押さえている。

寺社領地以外の洛中の土地の家売買に一〇分の一を支払う慣習は、のち豊臣秀吉の洛中地子免除以後、居住する町中に一〇分の一を支払うこととなり、現在でも祇園山鉾町は、新入りの人は、町中に若干の金銭を支払う慣例が生きている。

さて、寺社領主支配地と一般洛中とは、検断権という警察裁判権もはっきり違った。寺社領主支配地ではその寺社が原則的には検断権を掌握していた。だから強いのである。一般洛中は幕府直轄となっており、その下で町共同体が内済していた。大事になれば、侍所の出動となり、民事訴訟は政所が決裁したが、町内部のことは町で内済した。四条傘鉾之町《かさほこのちょう》では、天文年間（一五三二〜五五）、町で「羅漢頼子《らかんたのもし》」をするにあたって「衆中式目」を定めたが、利子を載せなかった。幕府もそれにのっとって、徳政は適用しないと令している。博労衆中も座中法度《ざちゅうはっと》をもっており、幕府もそれを基準として徳政免除とした。織田信長が新在家絹屋《きぬや》町《ちょう》に与えた条々には、「一、町中の儀は各《おのおの》として法度を定め申付くべき事」と町中法度をもつことを原則として、それにのっとった自治権を認めているのである。それが幕府権力の強い近世にも、町中法度をもち、町名主などの内済によるという慣習法の基になっている。

町組の形成

戦国時代に入ると治安のためもあって、町共同体の集合体である町組《ちょうぐみ》が姿を現す。上京五町組、下京五町組である。文書の上に姿を現すのは戦国も末期の天文六年（一五三七）の下京である。上下両町組が姿を現すのは、元亀《げんき》二年（一五七一）である。しかし、南北朝・室町期に町共同体ができていたことを考えれば、もうすこし早いのではないか、とも思われる。すでに天文二年（一五三三）に、下京六六町の月行事《がちぎょうじ》が、祇園社に列参して、神輿渡御などの「神事コレナクトモ、山鉾渡シタキ事ジャケニ候」と申し入れている。神輿渡御がなくとも、山鉾だけを渡すということは既に、室町期から先例があり、義満が少年世阿弥を連れて見たという山鉾巡行はそれであった。しかし、六六町の月行事が群参するのは壮観である。町共同体の連合が相当進んでいるのを知ることができる。

さて、町共同体が一二～五町集まって一町組を構成して、その五町組の連合で、上京・下京それぞれが自治都市を結成した。大事のことは、上下京が合議した。下京の回りには「惣《そう》構《がまえ》」といわれる土堤が築かれていて、「下京かまへの内」と呼ばれたのである。その一部が最近発掘されている。禁裏の門前町ともいうべき禁裏六町にも、下京を模して惣構は作られた。

さて町組は家持ちを構成員としていた。それは信長が上京を焼き討ちした直後、下京町組は信長に献金するために、各町から費用を徴収したが、キリシタン・バテレンのルイス・フロイスは、「都の住民の年寄等協議し、（中略）之が為大小の各町に銀十三枚を課したり、（中略）彼等に課せられたる所を払ふこと能《あた》はざる者は、暴力をもつて貧家より追はれ、其家の売却代金の内より彼等に課したるものを徴収せられたり」と記している。貧家であっても構成員は家持ちであった。当時の共同体は、家でも土地でも、持っているものを売って分担分を払わせて追い出すのは、常のことであった。

したがって、家持ちが町の構成メンバーとして町人と称し、各町から年寄行事が選出され、町組の運営には、構成単位となる各町の月行事が輪番制で月行事となるという身分平等的水平組織であった。しかし、一方で町組は門閥町人支配のような階層性がなかったということはできない。それはどこにあったか。それは町・町組相互間と、町と枝《えだ》町・寄《より》町といわれる町相互間の間に格差が存在していたのである。たとえば、上立売親町組《かみたちうりおやちょうぐみ》は、元亀二年（一五七一）には、親町一四町、寄町二九町であり、天正《てんしょう》二〇年（一五九二）には枝町二〇町、枝町当時離《はな》れ散町三四町という。この枝町がすべて親町の指揮にしたがって町政を運営したらしい。秋山国三氏によれば、親町組の行事町をさして「御奉行」と呼んだという。

町共同体やその連合である町組ができたのちに開けてきた町々、親町の裏町にできた町は対等の関係としてその町組に入ることが許されず、枝町として編成されたのであって、いわば職種別結合の本座と新座との関係のようなものであった。共同体内部での平等性、共同体相互間、またはそれ以外に対する階層的支配というのは中世の特色であった。そもそも共同体というのは特権を守るために連合した人々の平等な集団なのである。

上下京の町組の組織は、典型的な日本の中世都市のあり方を示しているといえよう。しかし、その結集は、近郊の大山崎や大坂南部の堺、九州の博多などに比べて遅かった。それはやはり、政権の所在地だからであろう。基礎組織としての町共同体は早くできていたが、その連合体ができて、自治的な共和制政権を主張するのが遅かったのである。

冷泉室町の人々

上京町組・下京町組が姿を明確に現したころ、禁裏六町（六丁町ともいう）も禁裏に奉仕する町として姿を現してくる。六町とは、一条二町、正親町二町、烏丸、橘辻子《たちばなのずし》、をいう。奉仕の内容は禁裏の警護、堀や垣・築地の修築などであり、その奉仕に対して諸公事役《しょくじやく》の免除を受けていた。また、のちに述べるような徳政免除の特権（債務破棄をしない特権）ももっていた。金銭を貸す富裕な町人が多かったことがわかる。信長・秀吉もそれを踏襲して権限を与えている。上京も下京と同じく構えがあったと思われる。

第一章でも述べたように洛中は、上京・下京・禁裏六町などの町組ができて、「惣構」といわれる土居を高々と築いて、特権と自分たちの生活を守った。それが顕然とする天文ごろには、その構えの外に新興の町ができてきた。二条室町上ル冷泉町《れいせんちょう》は希有な史料を残している。文禄《ぶんろく》二年（一五九三）当時に通りを挟んで東西に二九軒、三〇軒の町家が並んでいる。職人町であるが、引っ越してきたのが二〜三代前なので、天文から文禄の半世紀の間に、この町ができたといえる。室町期にはまだ立て込んでいなかった。さらに遡って、平安中期の『池亭記《ちていき》』の記述では、このあたりは上辺といわれ、貴顕の邸宅が並んでおり、室町冷泉はまさに斧の音が絶えぬと普請道楽を謳われた小野宮のあたりである。都市の盛衰のありさまを見事に示すといってよい。

新しく移ってきた人々の出身地は、近江・奈良・京都近郊、洛中の分家などである。その人々の仕事は、まさに問屋の請負仕事をする家内工業である。分業化したものを各自で請け負っているのである。現在も京都の伝統産業を支えている手工業、その原型がここに見られる。京都の主要産業の織物業では糸繰りから縫物（刺繍）までで八軒、扇屋が一一軒、具足屋三軒、切付《きりつけ》屋一軒、皮屋三軒、鞘師・蒔絵屋が合わせて三軒ある。その他、金属工業は、吹立屋・銀屋・銅屋・錫《すず》屋・針屋等が住んでいる。

なかでも面白いのは、鞘師である。二条あたりは「洗鮫《あらいざめ》」を名物として売っているが、これは刀の柄や鞘に使うもので、年間数十万枚に達する輸入品の皮がここで加工される。二条の人が長崎まで買いつけにゆき、数日水に浸して洗って使用したという。冷泉の鞘師はこの鮫皮を買い、漆を塗って鞘を作ったのであろう。二条あたりには、「佐伯柄巻《さえきつかまき》」という名産があげられている。刀の柄、それは鮫皮で巻いたものが多いが、それに色糸の組紐《くみひも》で装飾するのである。二条油小路は「拵え物《こしら》」「仕立刀」といわれた刀屋があった。これは前述したように「束刀」といわれて藁束で括《くく》って運ばれたという奈良の数打ち（大量生産）の刀に鞘をはじめ、金銀・鮫皮・色糸で装って、売るものであった。同様の品を売る京極四条の「寺町物」よりこの二条油小路の物の方がよいという評判であった。冷泉室町の鞘師・塗師・金属職人などがその一環を成していたことは疑いない。

冷泉室町の職人たちは、番匠大工《ばんじょうだいく》五人を除いて皆、居職《いじょく》の職人であった。おそらく弟子の二〜三人は抱えていたであろう。今でこそ零細企業のイメージがあるが、中世ではれっきとした職人である。蒔絵・茶柄杓《ひしゃく》・絵屋・筆屋などの高級奢侈《しゃし》品工業もある。手工業生産都市京都を支えていた町ともいえよう。

もちろん彼らも、封建権力のもととはいえ、一応の自治の町共同体を結成していた。汁講《しるこう》があり、仕事と生活と町政が結びついた暮らしであった。慶長九年（一六〇四）の太閤秀吉の七回忌の豊国《とよくに》臨時祭には、上下京の町組ともに「紅ノ生絹《すずし》ニ金薄《きんぱく》」の装束で踊りくるった

豊国祭礼図屏風（豊国神社蔵）

が、冷泉町も東側三〇軒だけで、銀二七二匁五分と七匁の出費をしている。一軒約九匁の出費で、米数斗の値段である。もって町人のエネルギーを知ることができよう。

ちなみに秀吉の囲った御土居《おどい》は、上下京を核にこれらの新興の町々の発展を含みこんで、新たに囲われたのであった。

五、洛外・周縁の地

伏見・深草の地――『看聞日記』によるその他の洛外周縁の地のありさま

さて、洛外に目を転じよう。京都の町々が共同体結合によって自衛していたころ、京都郊外の村々も、共同体やその連合体を組織して防衛を固めていた。その室町期の近郊農村伏見のありさまを克明に伝えているのが、この地の領主、伏見宮貞成《さだふさ》親王の『看聞日記』である。

後花園天皇の父君、貞成親王は持明院統の正統を主張した伏見宮家の当主であるが、後花園天皇が即位するまで時勢に恵まれず、名字の地、伏見に隠棲していたが、克明な日記『看聞日記』を著し、当時の社会情勢を活写した貴重な史料を残している。ここ伏見の地のことも細大漏らさず書き残したのである。室町時代初期の京都近郊の村のありさまがわかる唯一の史料である。

伏見・深草は、持明院統の上皇御所の伏見殿があった。南に巨椋池《おぐらいけ》があり、天の月、川の月、池の月、盃の月を一度に見ることができるといわれて指《し》（四）月《げつ》と呼ばれた。広大な庭園に楼閣が点在したという。南北朝の内乱のあと、義満もそれを別邸にしようとしたとか、紆余曲折を経たのち、伏見宮家に返された。

伏見殿には伏見庄がとりまくようにあった。いわば名字の庄園である。伏見宮はそこに住んで庄園を直接に支配していたのである。伏見庄の下司は御香宮《ごこうのみや》神主を兼ねる三木氏、政所は地侍の小川氏で運営されていた。近世のはじめには九ヵ村となったようだが、当時は三木村・舟津村・山村・森村・石井村・野中村の存在が知られる。村には、地侍・地下人《じげにん》の階層があり、それぞれ宮座を結成していた。地侍は殿原《とのばら》とも呼ばれ、その座は「大座」と呼ばれる場合が多い。地下人がすなわち百姓で「村人」と呼ばれて村座を結成している。座に所属する人たちは入座年齢順の平等な構成をもっていて、分家やその他で新座ができている場合が多い。どの座に所属するかで階層が分かれていたのである。その他、村には地侍や富裕な百姓の家の下人がいた。

当庄の人数は、永享五年（一四三三）、石井村の神子《みこ》の家に盗人がはいり、その糾明に鎮守的な性格をもつ御香宮に一庄の地下人がことごとく集まったといわれ、四、五〇〇人と記されている。御香宮は当時、一庄の寄り合いの場であった。一揆などの緊急事態には、鐘を突き鳴らして村人たちがここに集まることになっていた。

御香宮の社地は現在のお旅所のあたりといわれている。祭礼は九月一日のお旅所への神幸に始まって相撲、風流、猿楽が九月九日の祭礼まで繰り広げられる。猿楽の楽頭職《がくとうしき》という上演請負権を丹波の矢田《やた》猿楽が困窮の末に質入れし、観世家がそれを買ったとか、村人が買い戻してやったという、能楽史上有名な話も、この祭礼の時のことである。

近世の『山州名跡志《さんしゅうめいせきし》』には、延喜式の御諸《みもろ》神社の後と記している。御諸とは杜《もり》や木のようなものであり、香水の出る井戸が信仰を集めていて、『看聞日記』には、「御香宮本尊、釈迦像十六善神これあり」とあって神仏習合をしていた。しかし、神子がいて、貞成親王は病気や日常の吉凶を占ってもらっている。

ところが、秀吉の朝鮮出兵のころ、神功皇后祭神説が説かれるようになる。秀吉は、文禄元年（一五九二）、「御功宮」に参拝して、神子を「みめよき女房かな」と美貌をほめたという話がある。江戸時代の北村季吟《きたむらきぎん》は筑前香椎宮《かしいのみや》から神功皇后の霊を勧請したと書いている。さて、秀吉の尊崇を受けた御香宮は、守護神として伏見城に移され、また徳川氏によって、元の伏見に戻り、現在のような立派な社殿となった。村民の結節点という祭神としての性格は変転していったのである。

攻め寄せる洛外からの徳政一揆

「田舎人」と呼ばれる洛外の人々は、「狂言」に出てくるように京都の人たちにだまされてばかりいたわけではない。洛中には土倉が四〇〇軒ばかりあったことは既に述べた。洛中の人も借りたが、洛外の人たちの借金も多かった。お金を借りた人々は返せない。人々は徳政

（債務破棄）を叫んで、京都の土倉に押し寄せた。徳政一揆という表現は後代のもので、当時は土一揆《つちいっき》といわれていた。

正長《しょうちょう》元年（一四二八）に始まり、最高潮に達した嘉吉元年（一四四一）の徳政一揆は、近江から始まり、「代始めの徳政」を要求して、法性寺が焼かれた。東福寺・東寺・今西宮・北野社・太秦寺等に陣を張り、計一六ヵ所に及んだ。京都は完全に包囲された。

徳政一揆の目的はもちろん徳政令の発布だが、出されない場合は私徳政を要求するのである。徳政一揆というと火をつけて焼く、というイメージが強いが、必ずしもそうではない。むしろ見物の野次馬が火をつけたというケースが多い。十重二十重と京都を取り囲んだ一揆は、威嚇はするだろうが、暴力を振るわない。いわば団体交渉を行うのである。

享徳三年（一四五四）の土一揆の時の『康富記《やすとみき》』の記述では、東福寺や東寺に立てこもった土一揆は、九月一一日の晩、一条烏丸と東洞院の間の扇倉や正親町烏丸の薬師堂倉に押し寄せて鬨《とき》の声をあげ、徳政を要求した。土倉は承諾して明日から質物を出そうと請け負い、土一揆は退散した。翌日とか日時を定めて質物を取り返しに行くわけである。これが私徳政だが、そのなかでの「嗷々《ごうごう》ノ儀」になることを排して、土倉も土一揆も揉め事を制止するように動いた。幕府の徳政令には、「女ヲモッテ白昼トルベシ」と書かれているが、これは多分、暴力沙汰に及ばせないためであろう。私徳政も同様であった。一揆と債務者が同人である必要はなかった。その意味で、土一揆は高度に組織性をもつ行動であった。

この土一揆に対して、長禄元年（一四五七）には、土倉も兵力を組織して因幡堂に立てこもり、幕府軍とともに、一揆を迎え撃っている。しかし負けてしまって、一一月には土一揆は入京して土倉は質物を出し始めている。しかし、「田舎者ハタダ取、竹田、九条、京中者ハ十分一出シ取ルノ由」と記している。おそらく一揆と土倉との取り決めは、債務の一〇分の一を出して債権を破棄するというものであったであろう。しかし、洛外の人間はのちの取引が少ないので、ただ取りを強行したというわけである。商工業の発展とその取引を主とする町・都市と、商品経済の浸透によって、農業生産による生活を脅かされつつある農村の利害の差が、大きく割れ目をもちつつある世相を示していた。

そこへ乗り出したのは幕府である。まずは債務の一〇分の一や五分の一を幕府が徴収して債務破棄を認めるという「分一《ぶいち》徳政令」というものを始め、さらに債権者が申請すれば、債権を確認するという「分一徳政禁制」という政策に拡大した。どちらにせよ幕府が個人的な貸借関係に介入していったのである。一揆が土倉と交渉した私徳政を幕府が吸収して、その責任で行ったといえるであろう。

徳政を要求して蜂起《ほうき》する土一揆は、おおむね共同体単位で参加した。不参加の者は村八分になった。なぜなら個人の借金もあったが、共同体＝惣の借金が多かったからである。この時期、洛外の村々は「地下請《じげうけ》」という、惣村で年貢を請け負うことによって検断権（警察裁判権）を掌握したものが多い。その年貢や武士権力から賦課される課役などの調達も村の責任となり、どこでも借金に責められていたのである。たとえば、天文一五年（一五四六）の一揆のあとでは、債務者側の惣や地下人や座的集団の徳政申請は、高野《たかの》郷・修学院《しゅがくいん》・藪里《やぶさと》郷と小野庄供御人があげられる。土倉側からの債権確認では、嵯峨小淵《こぶち》村惣や久我《こが》惣庄、松崎《まつがさき》惣などの洛外の惣村、梅小路惣・塩小路惣の洛中の惣町や、魚屋十人衆という同業組合など二〇に及ぶ自治的な集団があげられている。

山城国一揆・西岡一揆――コミューンの結成

以上のような、経済的な村共同体の強固なあり方は、おのずから政治面にも及び、共和政治の自治体へと発展していった。すなわち世紀的なコミューン、南山城の「山城国一揆」となった。これは江戸時代の、蜂起する一揆とは違い、自治政体と考えたらよい。自ら「惣国」と称している。

「山城国一揆」は、文明一七年（一四八五）、相楽《そうらく》・綴喜《つづき》の二郡に久世《くぜ》郡を含む国人と地侍・農民が、宇治の平等院に集まった。応仁・文明の乱の余波の畠山政長《まさなが》と同義就《よしなり》の軍隊が、南山城を戦場にしていたのを追い出すためであったが、それと同時に、この二郡を自治的な共和政治でもっていこうとするものであった。すなわちコミューン体制の始まりである。その二年後に西岡《にしのおか》といわれる乙訓《おとくに》郡も一揆を結成している。すでに永享元年（一四二九）に播磨では「侍をして国中にあらしむべからず」と決議したことが知られるし、その直後に、伊賀でも「惣国」ができている。畿内近国一帯にコミューン体制の醸成される条件があった。

それではどうして国人や地侍・百姓たちが、強大な武力をもった両畠山を追い出すことができたのか。前述したように、畿内農村は地侍の大座、百姓の本座や新座など、それぞれ産土神・地主神などを中心に宮座といわれるものを作っていた。それを母体として行政の座を分化させている村もあったが、その共同体のなかは、「百姓の習、一味《いちみ》なり」といわれるように、地縁的な結合が強かった。畠山のどちらかの家来となっていた地侍や百姓が、戦乱にたまりかねて、この時、共同体の連合を主に考えて、主従関係を放棄したのであった。その共同体の力が、他国からきて、この土地を戦場にしている両畠山を排除したのである。黒川直則氏によれば、両畠山撤退のための工作費用として多額の金銭が動き、その未済分だけで二〇〇〇貫文だったという。それにしても多額の金銭を調達して、両軍の撤退を実現した国一揆の底力は凄いものである。

かくてコミューンを実現した国一揆は、その他、公家や寺社の本所領を元のごとく認めること、新関《しんせき》廃止を決めている。本所領は武家支配の領地より、住民にとって支配がゆるく、畿内の本所領の大部分は、地下請などで自治村落化していた。それを狙《ねら》ったのではなかろうか。新関廃止は自由通行の要求である。関所料というのは交通路の整備を受益者負担にする通行料から発したものであるが、当時は、得分が大きいのでやたらに新関がふえて、通行や流通が滞っていた。関所廃止は信長・秀吉の統一権力が徹底的に行うが、その一〇〇年前に、在地の自治の共和的な国一揆が主張していることは、もっと注目されてよい。

山城国一揆の地、南山城を木津川・宇治川・桂川の三川合流地帯が挟んでの対岸、乙訓郡の地では、その一三年後の明応七年（一四九八）、西岡の惣国、すなわち国一揆を成立させている。契機は管領で山城守護の細川政元が掛けた年貢の五分の一を兵糧米として徴収するという事態である。国一揆はその賦課には礼物を出して免除してもらうことで対応し、一方で寺社本所には郷並み・国並みの参加を呼びかけるという柔軟な対応を見せている。もちろん百姓たちも参加したのだが、主導権を取ったのは、鶏冠井《かいで》・竹田・物集女《もずめ》、神足《こうたり》などの、今も残る村の名を名字にするほどの土豪・地侍であった。

徳政免除の都市の成立

大きく分ければ、徳政を叫んで債務破棄を訴える農村の土一揆に対して、京都やその周辺にできてきた町場は、債権確認、反徳政の立場であった。徳政令の頻発に対して、立入《たてり》氏などの禁裏お倉職などの御用商人は徳政免除権を獲得していた。ところが、それを都市全体として、永正一七年（一五二〇）、大山崎が初めて徳政免除（債権確認）の特権を獲得するのである。その経過は以下のごとくであった。

管領細川高国《ほそかわたかくに》に対抗して、阿波から攻め上がった細川澄元《すみもと》・三好之長《みよしゆきなが》は、上洛作戦の一環として、道筋の西岡一帯に前もって味方につくように工作した。それはご多分に漏れず利権誘導によっていた。農村の惣中には徳政令発布を約束し、都市の大山崎惣中には徳政免除権を与えることを約束したらしい。高国に戦勝しつつある最中、西岡を押さえるや否や徳政令を発布、之長は戦勝後ただちに山崎に書状を送って徳政を免除する。しかも、一揆が押しかけてきたら自分たちで防戦せよと申し送っている。しかし澄元・之長勢は、勢いを盛り返した高国に負けてしまった。ただ、一方の高国も正式の奉行人奉書によって徳政免除を与えている。京都攻略のための枢要の地を占める大山崎惣中を味方につけるためには、免除を認めざるを得なかったのであろう。

徳政免除権はそれまで禁裏お倉職の立入氏など、権力に結びついた商人個人には与えられていた。しかし、都市の惣中という集団に与えられたのは初めてである。もちろん、味方をするという取引に、徳政免除権をということは大山崎惣中から願ったのであろう。ということは、惣中を主体として徳政を適用させない要求である。大山崎のなかにはもちろん、債権者も債務者もいる。惣中自身が土倉から借金もしていた。それが惣中として免除権を獲得しようというのは、高利貸の立場に立ち、その拠点となったとも受け取れよう。しかし、債務は取り立てて債権は確認する、売り掛け金は皆済するというのが、善悪を問わず近代的貸借関係の原理であり、徳政免除は、その「はしり」の政策といえよう。その意味で、都市は中世のなかにできた近代への裂け目であった。以後、地域としては八幡郷・大坂寺内・堺・堅田など、集団としては京都土倉や嵯峨境内土倉・諸寺などがその権利を獲得している。信長・秀吉も城下町に徳政免除権を与えている。大山崎はその先駆けをなしたのである。その意味で、中世都市は近代都市の先駆的意義をもつといえよう。

六、戦国時代の京都——洛中洛外図の世界

戦国の政権の推移

応仁・文明の乱で京都の町は焼けただれてしまい、雲雀《ひばり》が巣を作る野辺と化したと歌に詠まれるほどであった。そのうち、からくも焼け残った室町の将軍御所は、文明八年(一四七六)、近隣の火事に類焼してしまった。

そもそも将軍御所は、義満の花御所室町殿から、義持の三条坊門第、さらに義教の第二次

の室町第、そして義政は、自分の育った烏丸殿を将軍御所とした。そして大乱勃発も間近い、長禄二年（一四五八）、突如もとの花御所室町第に第三次の造営を行った。これは有名な泉《せん》石《せき》の名手、河原者善阿弥の作庭であった。大乱では、官軍としての名目の確保のため、天皇・上皇の行幸を得て、この第の寝殿が皇居ともなった。ところがこの室町御所の焼亡である。したがって義政は、細川勝元から借用して別荘としていた小川殿《おがわどの》に富子・義尚とともに移住した。義政によって小川殿は贅美を尽くされるが、狭小の屋敷で、義政の住んだ東御殿と富子の住んだ西の御所に分かれていたという。一条以北の現在の宝鏡寺の地である。

早速、諸国に段銭《たんせん》という土地税を掛け、町には酒屋土倉役を課して、室町第の再建工事が進められた。一方で、土御門内裏の修造がなされた。その内裏修造料所として、その費用を弁じる名目で立てられた京都七口の関所料が、土一揆の攻撃の的となり、日野富子の私腹を肥やすのみであったと噂された。富子が内裏修理を自分の費用を投じて床を張ることから始めたのも事実なら、関料を着服したのも多分事実であろう。要するに、すべてがどんぶり勘定で事は過ぎていたのである。やり手の特定の人のところに物資も金銭も集まっていった戦後の混乱期でもあった。とにかく、文明一一年（一四七九）の暮れには、後土御門天皇は寄《き》寓《ぐう》先の日野政資《まさすけ》邸から、内裏に一三年ぶりに還御した。

ところで義政は政局がうまく運ばないことに拗《す》ねて、岩倉長谷《いわくらながたに》の地に隠棲したりした末、やがて大乱前から計画しており頓挫《とんざ》していた東山山荘の造営を実行に移す。延暦寺末寺の浄土寺があった土地である。東山山荘はいまだ燻《くすぶ》る戦乱をよそに、義政一流の風雅を尽くした山荘であった。のちの慈照寺《じしょうじ》であり、銀閣と通称される。文明一四年（一四八二）二月から着工して、義政はそれに力を注いだが、延徳二年（一四九〇）、彼が相国寺で死去する時までに、観音殿《かんのんでん》（銀閣）はまだ完成していなかった。

この東山山荘の特色は、最後まで公的な引見の場である寝殿は建てられず、常御所《つねのごしょ》で晴向きの行事は行われたのである。あくまで私的な隠遁的な山荘であって、北山山荘（金閣）のような公的な場ではない。ただし、公家文化に対抗しうる武家固有の文化が凝縮された。中村昌生氏によれば、その祖型は西芳寺（通称苔寺《こけでら》）にあった。観音殿（銀閣）は、初層が心空殿《しんくうでん》、上層が潮音閣《ちょうおんかく》と名付けられた二層であるのも、西芳寺を踏襲したものだといわれている。金閣の寝殿造的な意匠と違って、書院造の意匠に統一されている。東求堂《とうぐどう》はもと銀閣の東方にあり、江戸時代に現在地に移されたらしい。禅的な環境のなかで、心は浄土を憧れていたという義政の思考を示して、「西芳寺西来堂《さいらいどう》の如く」作られたものであった。

ところで、いまだ大乱の余燼《よじん》燻るころ、この山荘建築の費用は、山城の庄園領主に造営費と人夫をだすことを命じ、守護大名に出銭を賦課、諸国の段銭、遣明船の利益などであった。要するにかき集められるだけの銭をかき集めようとしただけであった。しかし、造作は遅々として進まず、未完成のまま義政が亡くなったことは既に述べた。遺言により慈照寺となったが、その四〇年後の天文ごろには、銀閣と東求堂を残すのみであったという。

話は前後するが、在世当時から政治に嫌気がさして文化人を気取っていた義政に代わり、その代行者として実権を握った日野富子の政治については既に述べた。やがて元服した義尚の執政が始まる。彼は在京武士団を組織して将軍親衛軍を作り、彼独自の政策を実行しようとする。しかしそれは、旧来の寺社本所領や将軍近習の領地を横領している守護大名などへの征伐であり、まず手始めに、近江の六角高頼《たかより》を征伐に行く。緒戦の勝利ののちたいした戦もなしに、栗太《くりた》郡の鈎《まがり》に陣を構えて一年間滞在、結局は酒色に身をもちくずして死んでしまった。

京都の市政担当者

将軍や管領が争いを繰り返し、勝敗常ならず、京都を出入りしている間、京都の市政はどうなっていたのであろうか。室町時代は在京して幕府に忠勤をはげんでいたか、勢力争いに加わっていた大名たちは、大部分国に帰って、分国の整備に励んでいた。まだ幕府の力の強かった室町期は、中央の幕府での覚えが勢力配置に影響したが、戦国期になると、領国の安定・経営、隣国との抗争が、勢力を決定したからである。

そもそも京都の市政は、治安・警察権も裁判権も侍所の掌握するところとなっていた。しかし、応仁の乱以後、侍所の頭人の所司（長官）も欠員の時が多く、「夜々強党（強盗）、盗人もってのほか也」といわれるありさまであった。それでは、京都の市政は誰が行ったのであろうか。徳川時代にも受け継がれる、所司代という役職が、京都の治安・市政の責任者となっていた。応仁の乱後は、侍所所司に任じられた大名が在国して、もっぱらこの所司代が市政の刑事・裁判を管掌した。乱後の京都市政を担った多賀豊後守高忠《たがぶんごのかみたかただ》という名所司代が「大岡裁き」のような逸話をたくさんもっていた。所司代の下には、寄人、雑色、公人がいた。寄人の頭人を開闔《かいこう》といった。その下の「四座の雑色」は、義政の時に雑色の四家の制度ができたと伝えている。京都市中を四部分に分かって治安など下部機関を勤めていた原型がこの時代にできたのである。たとえば祇園祭の時の取り締まりなどに活躍したのである。

洛中洛外図の世界

面白の花の都や、筆に書くとも及ばじ

に始まる洛中洛外の名所尽くしは、能楽「放下僧」の一節である。この小歌は狂言歌謡にもあり、それらを集めた『閑吟集』にも取られている。戦国乱世も終局が見えだしたこの戦国後期、天下統一の道中双六の「あがり」である京都へと、諸侯の関心が集まりだしたころ、

足利義晴の柳御所　正副二つの門が並ぶ。『洛中洛外図屏風』（国立歴史民俗博物館蔵）より

洛中洛外の名所尽くしがはやりだした。

絵画では、まずは京都名産の扇面《せんめん》の名所尽くしが現れてくる。広島の『田植草紙』にも、「君にまい（参）せう京ゑ（絵）書（い）たるお（あ）ふき（ぎ）を」とうたわれて、京扇の名産としてはやったが、その絵扇を屏風に仕立てることがはやり、室町中期には、「源氏絵扇流」などが見られて、「押《おし》屏風」といわれた。天文一九年（一五五〇）の足利義晴の葬儀では、お棺のまわりに、狩野元信《かのうもとのぶ》の描いた扇絵の屏風が立てられたという。そのなかには、月なみの行事を続きもので描いたものがあり、現存するものでは、「京洛月次《つきなみ》風俗図扇面流屏風」（光円《こうえん》寺《じ》蔵）があり、これにも「元信」印がある。永正三年（一五〇六）、土佐《とさ》光信《みつのぶ》は越前朝倉氏の注文によって、「京中図」の屏風一双を描いて

いて、三条西実隆は「新図、大いに珍重の物也」と感嘆している。これなどが「洛中洛外図屛風」の始まりといわれている。

さて現存する「洛中洛外図屛風」のもっとも古いものは、町田家本（歴博甲本）である。これは元三条家所蔵で、現在は国立歴史民俗博物館蔵であるが、竣工《しゅんこう》して間もないころの足利義晴の柳御所《やなぎのごしょ》と、管領邸が描かれており、それから類推して大永年間（一五二一〜二八）の作品といわれている。しかしながら、石田尚豊氏によれば、上京屛風の構想は焼失前の相国寺大塔、七一メートルの七重塔の上から見た「大和絵鳥瞰図《ちょうかんず》」の伝統を継承して作図されたものであるという。したがってそれは、相国寺と幕府が車の両輪として公武合一・顕密禅合一の義満の幕府政権構想を示しているという。焼失以前の原図が存在していた可能性も類推されている。また、下京図では、商人・職人の動態が綿密に描き込まれて、後代への伝統となっていることを指摘される。小島道裕氏は、資料や文献などから絵のなかの個人を特定していくことで制作意図や作者を推測して、足利義晴を擁立した前管領細川高国が、大永五年（一五二五）、幕府御用絵師の狩野元信に描かせたものだとされている。たしかに、義満の幕府構想と、商工業の中核であった京都の経済的地位とは、首都を制したい大名たちの目標であり、もっとも興味深い視点で、京都を描いた屛風といえよう。

もう一つの戦国期の作品である上杉本であるが、信長が上杉謙信に贈ったといわれていたが、最近は天文一六年（一五四七）に限定する今谷明氏説の登場をうけて、画面の邸宅などの年代考証が活発化した。松永久秀に殺された将軍足利義輝《よしてる》が謙信に贈ったもので、それは父義晴と細川晴元の政治体制を追憶して描かせたものとする。この屏風の政治的秩序は、義輝が意図し構想したものとよく合致しているとする。したがって、描かれた画面の時代は、義輝が幼主として将軍を継いだ天文一〇年代とする瀬田勝哉氏の説が有力である。

もちろん、京都が首都であるかぎり、以上のように、政治・経済の中心であることが画面の主たるテーマとなるのはいうまでもない。しかし同時に、花の都は歓楽の巷《ちまた》であった。洛

（上から）**鉢敲き、桂女、犬神人、辻君**　『洛中洛外図屏風』（国立歴史民俗博物館蔵）より

中洛外図のもう一つのテーマは、芸能者と傾城《けいせい》町であった。旧町田家本と上杉本にも、その二つがハッキリと描かれている。

「声聞師《しょうもじ》」とか「散所法師《さんじょほうし》」と呼ばれた宗教性をもった芸能民の集落には、陰陽師や傀儡子《くぐつ》（人形廻し）、猿引き、放下や放下僧、年末年始の祝言を言う節季候《せきぞろ》や千秋万歳《せんずまんざい》、宗教性の強い鉢敲《はちたた》き、鉦敲《かねたた》き等が描かれている。琵琶法師、勧進聖、瞽女《ごぜ》など、さらに神功皇后の侍女の子孫と名乗って武将の陣中にも奉仕し、また、安産祈禱も行い、産婆の元祖ともなった桂女《かつらめ》もいる。大原女や油売りなどの郊外からの行商人、河原者や祇園会や葬列の先頭を歩んで道を清める犬神人《いぬじにん》、それを代表とする非人たち、それらがすべて描かれている。忘れてはならないのは、傾城と呼ばれた遊女たちである。辻君《つじぎみ》・立君《たちぎみ》と呼ばれた女たちは京の町のあちこちに散在していたが、すでに、鎌倉時代から「中媒《ちゅうばい》」といわれる仲介者がおり、この天文五年ごろの文書には、それを「仲人《なかうど》」といい、五〇疋宛の「傾城局《つぼね》公事」を久我家に納めていた。それは一五貫文であったので、洛中に三〇軒の公事を納める公許の傾城屋があったことがわかる。しかもその仲人の代表者は「畠山の辻子」に住んでいた。上杉本には、「はたけ山のつし女ら」（畠山の辻女郎）と書き入れられている。

さて、戦国の洛中洛外のありさまを美化して描いた旧町田家本と上杉本は、求心化を強めつつある諸侯などに、さらに京都への欲望をかき立てたに違いない。そのなかで京都は、宗教戦争という形をとって現れた、富裕な町人や近郊の富農たちの激突、自治への動きが、次の時代の一つの帰結になるのである。

法華一揆と一向一揆

寛正六年（一四六五）、比叡山山徒の攻撃によって大谷本願寺を焼かれた蓮如は、文明一二年（一四八〇）、山科の地に宗祖親鸞の御影堂を完成、本願寺を建立した。近江から北陸にいたって吉崎の地に御坊を構え、畿内一円、河内から紀州、東海にいたる信者網の形成の結果である。各地の門徒を迎えた山科では、境内は六町とか八町とかいわれて、商家や民家が立ち並び寺内町《じないまち》を形成した。その賑やかさは洛中と異ならずといわれ、もっとも繁華なところともいわれた。本願寺の城とも呼ばれたが、管領細川晴元との同盟・離反のなかで、天文元年（一五三二）、晴元方の六角定頼《ろっかくさだより》たちに率いられた法華衆三万～四万に攻撃されて焼かれてしまった。

本願寺方の大坂への移転によって、今度は洛中を中心とする法華一揆が台頭する。その中核メンバーは、洛中の法華宗二一ヵ本山の僧と富裕な町人門徒であり、牢人《ろうにん》が加わり、それに洛外の松ケ崎などの地侍・百姓であった。

京中の富商たちは多く法華宗に帰依したから、京都の法華宗の各本山の寺は、大きな勢力をなしていた。この寺々は本国寺・本能寺・妙顕寺にみられるように、土塁や「構」といわれる防衛施設をもち、上洛する諸侯の宿所として、また、陣所としても利用されていた。大永七年（一五二七）、将軍足利義晴が三好元長《もとなが》と対戦したとき、本国寺に陣を移している。「本国寺要害馳走」といわれていた。天文元年（一五三二）に法華一揆が蜂起したときも、本国寺において、僧俗が武装して守っている。時代は下るが、織田信長が本能寺の変で討ち死にしたのを見ても明らかであろう。

さて天文元年、熱烈な法華の信者であり、有力な外護者であった三好元長が一向一揆の攻撃を受けて堺で自害する。元長の庇護《ひご》によって栄えていた法華宗は危機感を高めた。細川晴元と一向一揆の提携は一ヵ月で分裂したとはいえ、洛中法華二十一ヵ本山の武装化と、信徒が中核をなす洛中町人の武装化は必至となった。山科本願寺と一向一揆との激突は避けられないこととなった。「天下一揆の世たるべし」といわれるありさまであった。天文元年八月二日、堺で戦端が開かれた。京都の町々では八月七日・八日・九日と連日、数千人の法華門徒の「打ちまわり」が行われた。「打ちまわり」とは、騎馬または徒歩の法華門徒が題目の旗指物《はたさしもの》を掲げ、題目を唱えて、行進するデモンストレーションのことである。法華一揆は土倉や、西陣機業の野本氏が大将になったほか、彫金の後藤家、研師《とぎし》の本阿弥家、また、茶屋家などが主だったと伝えられるように、富裕な町人を中心として、都市性が顕著であった。

一〇日には東山と山科とを打ちまわり、大谷本願寺跡の一向堂を焼き討ちした。一五日には、逆に数千の本願寺門徒が東山に布陣して洛中に対する示威を行った。一六・一七日には、ついに新日吉口と汁谷口（渋谷口）で両軍は激突、本願寺側は敗走した。一九日には、山崎に布陣した一向門徒に対する晴元配下の柳本軍と法華門徒は西岡で合戦、一向門徒は敗走、やがて二三日には、山科本願寺を総攻めして放火した。富貴の栄誉を誇り、洛中に異ならずといわれた山科本願寺や寺内町も、五二年にして焼亡してしまったのである。

その後、同元年一二月に徳政一揆が洛中を攻め、法華勢が西岡、太秦、北山を攻めて焼き払うと、あとは、洛中と周辺は法華一揆、周辺から畿内は一向一揆という勢力配置のまま、双方は一進一退を繰り返した。天文二年六月、細川晴元と本願寺証如との和睦以後、法華一揆の活動は静かになった。天文三年細川晴元が上洛して相国寺に入り、将軍義晴も近江から上洛して建仁寺に入って両者の和睦が成立した。

それで洛中が安定したかというと、そうはいかなかった。山門（比叡山延暦寺）が乗り出してきたのである。山門は洛中に多くの所領をもち、富裕な酒屋・土倉の大部分が山門支配下といわれた時期もあった。それを法華宗が宗教的に、さらに現実的に支配するのは許されないことであった。山門はまず「法華宗」の名が天台法華宗の称号の盗用であるとして宗号の停止を幕府に要請、六角定頼などを判者とする討論がなされた。その空気は民間にまで広がり、天文五年、山門の僧が一条烏丸の堂舎で説経をしていたが、民間の法華門徒の松本久吉と宗論になり、それが山僧が俗人と宗論をして負けたという噂となってたちまち広がった。これを「松本問答」という。これが火をつけて、その六月には山門は旧仏教系の諸大寺に援兵を求め、さらに本願寺にも援助を求めた。幕府や細川晴元、六角定頼に了解工作をした上で、京都の七口を押さえて、七月に決起し、戦端が開かれた。皆法華《かいほっけ》の松ヶ崎が陥落、田中構えが焼き討ち、四条口・三条口から山徒と近江衆が洛中に乱入。放火と略奪の末、法華宗本山は炎上してしまった。法華の宗徒であった本阿弥・後藤・茶屋・野本などの有力な町人たちが武器を取って戦ったが、下京は全焼したといわれる。これを天文法華の乱という。

しかし、その直後の復興の町々から、町人たちの自治都市としての組織、上京・下京の五町組が、整然と姿を現すのは、この乱の防備と無関係ではあるまい。その自治のありさまについては既に述べた。

能狂言の描く洛中洛外・田舎者

能楽の合間に出て、人々の緊張を解きほぐす狂言は、中世末から近世の人々の日常生活の悲喜こもごものありさまを示す喜劇である。

「髭櫓《ひげやぐら》」は、京都らしい題材の狂言である。洛中に住む立派な大髭を自慢にしている男が、禁中の天皇の即位の翌年に行う大嘗会《だいじょうえ》の犀《さい》の鉾の役を仰せ付けられて、有頂天になってしまう。犀の鉾とは検非違使に使われた放免《ほうめん》という者が持つ自然木の枝を付けた刃の付いていない鉾であるが、それを持つ者は金銀で飾った装束を着るのである。まず妻を呼びつけて、髭の手入れと装束を拵《こしら》えさせようとする。妻は生活さえできかねる身代で結構な装束などはできないという。夫は「綸言汗の如し」であるから、今さら断ることはできないという。妻は

犀の鉾と放免　『伴大納言絵詞』（出光美術館蔵）より

髭があるからむさ苦しいし、物入りだから髭を抜いてしまえという。夫婦喧嘩が嵩《こう》じて、夫に打たれた妻女は、仕返しに近隣の女たちを語らって、遂に髭を抜いてしまい、エイエイオウと勝鬨をあげて引き上げるという女の戦である。禁裏のある京都、その儀式に召されて喜ぶ男、現実的な生活中心の女たち、亭主の横暴に近隣の女たちの集団で対抗して勝鬨をあげる女、京都らしい市井の生活を、活写したようである。しかし、大嘗会は文正《ぶんしょう》元年（一四六六）以来、二二〇年中断しているから、この狂言のはやったころには行われていない。それでも格式を付けたがる男の例として大嘗会や犀の鉾が出てくるのも京都らしいといえよう。「籖罪人《くじざいにん》」は、祇園の町ごとの山車《だし》の山が固定せず、毎年趣向を凝らしていたころの話、太郎冠者の発議によって、地獄の鬼が罪人をおったてる趣向にして、籖で役を決めたところ、太郎冠者が鬼に主人が罪人になり、その責め苦がなされるというお笑い。しかし、祇園祭は町の戸主がメンバーだから、太郎冠者が出てくることはあり得ない。ともあれ、祇園会は下京の大イベントであるから、よく話題になる。「千鳥《ちどり》」では付けが溜《た》まって酒が買えぬ主人のために、千鳥の小歌でうまくだまして、酒を持って帰る話であるが、「山鉾を引くように」というセリフがあり、太郎冠者が祇園の山鉾を曳く真似をするから、元は京都や近郊の話であったことがわかる。

能狂言「煎物《せんじもの》」も、祇園会の囃子物の稽古《けいこ》をしている町人のところへ、洛外から煎物売りがくる話である。「祇園の会《え》の茶屋の座をもって、煎じ物を商売致す」というように、座権利というものをもたねば、天秤棒《てんびん》を担っての行商もできなかったのである。名曲「木六駄《きろくだ》」も、京都の大蔵流茂山家の脚本では、洛外から都の伯父に木を運ぶ話となっていて、東京の山本家のものは一般的な田舎から峠を越える話に変わっている。やはり、八瀬・大原などの洛外から京都の伯父のところに、雪のなかを木材と酒を運ぶ話の方が、太郎冠者が酒を飲んでしまう雰囲気がある。

「鱸包丁《すずきぼうちょう》」は、官途成《かんとなり》という、衛門とか兵衛等の名乗りを許される町や村共同体の儀式であるが、それをする伯父から淀の鯉を持ってこいといわれた甥が持ってこないで、話だけで済まそうとしたところ、伯父がその仕返しに鱸をご馳走しようといって、鱸の話だけで済ますという皮肉で講釈を並べ立てる難しい曲である。運ぶのに困難な当時では、淀の鯉は瀬戸内の鯛《たい》より上等とされたが、それを題材にしたものである。

洛中には京都詰めの武士はもちろんとして、諸国から訴訟のために文書を入れた葛籠《つづら》を背負って、なかなかと在京する地方の大名・小名もあった。「鬼瓦《おにがわら》」は、訴訟でなかなか在京した遠国《おんごく》の大名が、勝訴となって、日頃信仰する因幡堂の薬師（下京区五条）のおかげと参り、薬師を勧請しようと建築を見てまわり、ほめてまわる。鬼瓦が北の方にソックリだといって懐かしくてオイオイ泣きだすというお笑い。目のクリクリして、鼻が怒《いか》り、口が耳まで裂けていて、太郎冠者を叱《しか》るところにソックリで懐かしいといって、オイオイと大名が泣きだすところが人情的で面白い。また「因幡堂」では、ここの薬師は霊験あらたかな仏として人気があったらしく、大酒飲みで世帯を構わず、夫をせびらかす（いじめる）悪妻に困っている男が離縁状を遣わし、因幡堂に妻乞いに出かける。悪妻は「あのような男は藪《やぶ》を蹴《けっ》ても五人や七人は蹴出《けだ》せども、たらいて（だまして）去られた（離縁された）と思えば、腹が立つ」といって、悪妻が霊夢の妻になって祝言をして男を脅すという筋である。同様の筋は他曲にもあるが、京では因幡堂という設定が生きたところに人気が窺われる。

同様の妻乞いの話で、よく出てくるのは、清水の観世音である。「伊文字《いもじ》」「二九十八《にくじゅうはち》」ともに、験仏者《げんぶっしゃ》（霊験あらたかな仏）である清水の観世音に妻乞いに出かけ、霊夢のとおり、西門《さいもん》の一の階《きざはし》で女を見つけ、謎を掛けられて解く話である。

「武悪《ぶあく》」は、名のとおり、猛悪な従者を主人が太郎冠者を遣わして成敗しようとするが、太郎冠者は見逃してしまう。武悪は日頃信仰する清水の観世音のおかげと参詣して主人とばったり出会ってしまう。太郎冠者の智慧《ちえ》で、幽霊に化けた武悪は主人をあの世におともしようと散々に脅す。清水は葬所に近いから、幽霊の設定もうまくできている。

その他、町の人々に親しまれてきた仏神を狂言から拾ってみると、まず「毘沙門《びしゃもん》」は鞍馬山の毘沙門天信仰を描いたもの。毘沙門天は多聞天と同じで、元来、北方守護の神であるので、帝都を守る神として鞍馬山にあったが、この時期には、福の神として信仰を集めた。初《はっ》寅《とら》の日に参籠した信者が、「ありの実」すなわち梨を毘沙門天から授かる霊夢を見る。それを題材に連歌を詠んで手向けると多聞天が現れ、悪魔を降伏《ごうぶく》して、天長地久《てんちょうちきゅう》、寿福円満《じゅふくえんまん》を祈り、貧なる者には福を与えて、「楽しゅう成《な》いてとらしょうぞ」と誓いをするという曲である。ここで、楽しゅう成る、とは生活ができるという意味である。他に婿取りのために高札をかかげると鞍馬の毘沙門天と西宮の夷三郎殿《えびすさむろうどの》が現れて、由緒を誇り合う「夷毘沙門」もある。共に福神として名高かったからであろう。

比叡山の三面大黒天も「大国連歌《だいこくれんが》」として狂言になっている。やはり福神として信仰を集め、大晦日の夜に年籠もりをして、法楽の連歌をすると、大黒天が出現して数の宝をいれた袋と打出の小槌《こづち》を賜るというものである。似たような曲は多い。

宇治の神明社を舞台にした「栗隈神明《くりこのしんめい》」は、茶を売りつつ、松囃子物を舞うので、仇名《あだな》を松の太郎という者が、参詣人に当社の謂れを語るという筋である。夫妻で踊る松囃子が見物である。ここでは延喜四年（九〇四）の遷座ということになっているが、この神明社は、既に述べたように応永二三年（一四一六）の『看聞日記』に「今伊勢」とでてくるのが早く、同じく狂言の「今神明《いましんめい》」では、「此頃宇治へ神明の飛ばせられたが、これを今神明と名付けて、夥《おびただ》しい参詣があるげな」と言わせている。

「福部《ふくべ》の神《しん》」は、北野神社の眷属神の紅梅社は福部社ともいわれ、瓢《ふくべ》と音が通じるので、「鉢叩《はちたたき》」に信仰された。その狂言である。

さて郊外に目を転じよう。宇治はすでに茶の産地として、偽物が出るほど有名であったから、「通円《つうえん》」は宇治橋供養の時に茶を点《た》てすぎて死んだ通円という茶屋坊主の幽霊が出てきて、源頼政の宇治橋合戦をもじって、扇ならぬ団扇を敷いて討ち死にするという趣向である。古戦場の名所としての宇治橋と名産の茶を組み合わせたものである。宇治は近郊農村として蔬菜類も京都に運んだ。「合柿《あわせがき》」は宇治の乙方《おちかた》の柿の話である。

洛外農村にも茶好きや連歌好きの男たちがいて、家を外に遊び回るので、妻女は迷惑する。離婚したいと出ていく女房が、何か家の大事なものをもらう習いだと言って、箕《み》しかないので箕を頭に担いで出ていこうとすると、連歌好きのグウタラ亭主は、「いまだ見ぬ、二十日の宵の三日月は」と連歌を詠みかける。女房も仕方がないので、「今宵ぞ出づる身こそつらけれ」と返歌をして仲直りするという「箕被《みかずき》」は、音から「三日月」にかけたものであり、女房も箕と身をかけている。連歌はうまい思いつきをした者が賞品を取るという賭け事めいたものだから、熱中する者が多かったのである。史実にも奈良から連歌好きの女房が上洛して、将軍足利義教と連歌を巻いた、という話もある。

都に買い物に来た洛外の者、諸国から上がってきた者は、かならずスッパとか「こころもすぐにない者」にだまされたり、してやられてお笑いの種となる。狂言の常套《じょうとう》手段である。しかし、逆に都のスッパを出し抜く話が「磁石《じしゃく》」であり、遠江《とおとうみ》国見付《みつけ》宿から来た者である。見付は自治都市であるので、だまされない強《したた》かな者という設定になったのであろう。「靱猿《うつぼざる》」は、ながなが在京の大名が、気が滅入るので野遊山《のゆさん》に出かける。そこで猿回しに出会い、猿を靱にするために、とりあげようという。結局、猿回しの人情と猿の芸に負けて許してやるという話、武士の暴力が、人情と芸の力に負ける話である。その反対に「月見座《つきみざ》頭《とう》」は下京辺の座頭と上京の男が野辺の月見で出会い、酒を酌み交わすが、気持ちよく別れたのち、男は「慰み」に、別人を装って座頭を突き倒して行く。座頭は最前の人と違い、情けないと嘆いて去る、という筋である。人の善悪の両面を浮き彫りにした名作である。

戦国の京都攻防—諸侯の交代—信長入京まで

応仁・文明の乱から信長入京までの一〇〇年、全国は戦乱に明け暮れた。京都はいわば、争奪戦の上がりの位置にあるから、諸侯が上ってきては消えていった。

義政・義尚亡き後、応仁・文明の乱を引き起こした三管領のうち斯波・畠山家が実力を失い、細川政元が覇権を握って将軍を興廃した。将軍には応仁の乱にあれほど争った義視の子の義稙《よしたね》（義材《よしき》・義尹《よしただ》）を立てたが、しばらくするとやはり折り合わず、政元は富子とはかってクーデターを起こし、義稙を廃して、義遐《よしとお》（義高《よしたか》・義澄《よしずみ》）を立てた。しかし、富子が死んだ時、将軍義遐はその莫大《ばくだい》な財産を全部没収してしまったという。

細川政元は応仁の乱の東軍の将、勝元の長男で、乱中に父勝元が、八歳の政元あれば家は安泰と言い残して死んだといわれる智謀の持ち主であった。したがってあれだけ乱れた応仁・文明の乱も、富子と結んで収束、三管領といわれ、三家が持ち回りした管領職も細川家が独占してしまった。

しかし、権謀術数、修験道に凝って、しばし空中に浮かんでいたとか、天狗の行法を使うといわれた。そんなことで子供がないので、澄之《すみゆき》、澄元《すみもと》の二人の養子をもらい、それが争うもととなり、ついに政元は澄之方の家臣に風呂場で暗殺される。以後、澄之方と澄元方の家臣で争い、そこへ庶流であるが、政元養子と称する高国が澄之を殺し、澄元を追っ払う。高国は大内義興《よしおき》と組んで管領となり、前将軍義稙を擁立して将軍とする。澄元と前将軍義遐は近江に逃げた。以後それぞれの将軍と、それを奉じる細川高国と澄元方とは交互に京都を占領、京都政局は混迷を極める。戦国乱世は京都を核として全国で戦われるのである。澄元は阿波の三好氏と組んで奪回をはかり、高国・大内軍は船岡山の合戦で一度は勝利するが、結局、大内氏は領国に帰り、高国は将軍を廃止、敵方の将軍の子義晴を将軍とした。澄元の子晴元は、義維《よしつな》（義晴弟）を奉じて、三好元長の補佐のもとに堺に入り、高国は尼崎で敗死する。のち、三好元長は増大する本願寺勢力に追い詰められて堺で自刃し、法華一揆対本願寺勢力・一向一揆の対峙《たいじ》することについては、既に述べた。やがては三好元長の子の範長《のりなが》（長《なが》慶《よし》）が京都市政の実権を握ることになった。さらに長慶亡き後は、その家臣松永久秀が将軍足利義輝と結び、のちには殺し、やがては織田信長がその弟、義昭《よしあき》を奉じて永禄《えいろく》一一年（一五六八）入京して、長く京都を核として戦われた戦国騒乱は幕を閉じるのである。

第五章　近世の京都

一、信長の京都

信長入洛

京都の新しい歴史は、信長の入京によって始まる。

戦国の世では、室町幕府の勢威が落ちたなかで、京都へ上り、将軍を擁して、全国へ号令しようとする大名は多かった。もっとも西国大名では中国地方の雄、大内氏なども早く上京しているが、とくに東国の大名が熱心であった。これは西日本では大陸にも近く、その文化の導入も行われていて、必ずしも京都を望むことはなかったのに対して、東国では文化の落差も大きく、畿内文化を望んだのであろう。後北条氏《ごほうじょう》は遠距離でもあり、関東の勢力圏を固めて動かなかったが、本州中部の今川義元《いまがわよしもと》・武田信玄《たけだしんげん》・上杉謙信《うえすぎけんしん》は上洛《じょうらく》を実現しようとして、義元は信長に桶狭間《おけはざま》で討たれ、信玄・謙信は中道に倒れている。大兵を率い、途上の各大名と戦いつつ、上京することは難しかったのである。

織田信長は、美濃《みの》を押さえたころから、「天下布武《てんかふぶ》」の朱印を使い始めている。畿内に近い尾張《おわり》・美濃二ヵ国の大守《たいしゅ》になって、上洛を意識したのである。「天下」は文字通り天の下の世界をいうとともに、また当時の用語では、京都をさしたから、これは京都に上って、武威を輝かすという意味である。そして城下町として経営した美濃・稲葉山《いなばやま》城の山下町井《い》の口《くち》を、中国周《しゅう》王朝の起点となった岐山《きざん》にちなんで岐阜としている。

織田家は、越前の織田庄《おたのしょう》から出て、越前・尾張守護の斯波《しば》氏に仕え、尾張守護代になったことから、尾張に根を張ったが、信長の家はその支流で、清洲《きよす》織田家の三奉行の一家であった。したがって家格からいっても低く、守護家の今川氏らと違って、上洛には何らかの名分が要った。

先に永禄八年（一五六五）、将軍義輝が三好・松永らに討たれ、その時、興福寺一乗院院主であった弟の義昭は逃走したが、やがて京都復帰を企て、近江・佐々木氏、越前・朝倉氏を頼んだが、いずれも動かなかったため、信長に援助を求めてきた。信長はこれを好機と捉え、和田惟政《これまさ》・村井貞勝《さだかつ》らを遣わして、義昭を越前から迎え、彼を奉じて上洛したのであった。

美濃から京都の間には近江があるが、湖北の浅井長政には妹市《いち》を嫁がせていたから、当時は関係は悪くなかった。そして湖東の六角承禎《ろっかくじょうてい》には、信長自身も佐和山《さわやま》城を訪れて、京都所司代の職を与えることを条件に、通行を認めるよう交渉したが、拒否されている。信長は上洛にあたって、無用の戦闘を避け損失を少なくしようと準備したのであった。

そして永禄一一年九月七日、徳川家康からの援軍を含む、四万とも六万ともいう大軍を率いて出立、近江では一二日に箕作城《みつくり》、翌日は観音寺城《かんのんじ》と、六角氏の拠点を一蹴《いっしゅう》し、僅《わず》か二〇日で、二六日には京都に入った。しかし当面の敵である三好党が摂津にいるため、彼は京都にとどまらず、そのまま西国街道を南下して、二九日には芥川城《あくたがわ》（高槻市《たかつき》）に入り、ここで摂津などの平定に努めた。このとき松永久秀は茶入付藻茄子《ちゃいれつくもなす》、今井宗久《いまいそうきゅう》は松島の壺と紹鷗茄子《じょうおうなす》の大名物茶道具を持参して参勤してきたことは、『信長公記《しんちょうこうき》』に記されている。義昭も芥川城まで同道し、一〇月一四日帰洛、六条本圀寺《ほんこくじ》へ入り、一八日には征夷大将軍に任ぜられた。

この信長の上洛によって、天下統一の基礎ができた。もっとも元亀・天正の乱と後代に語られたように、秀吉による天下平定までの二十余年間は、戦国末期を飾るようにかえって戦闘が激しく行われた。

信長の京都支配

入洛後、義昭は将軍として、それなりの力をもった。信長の勢力を背景にしているだけ、それは強力であったといえる。また信長も将軍の権威を利用して、自己の勢力拡大に努めた。もっとも畿内近国は幕府やその配下の武将の支配するところが多く、たとえば山城西岡《にしのおか》は義昭の家臣細川藤孝《ふじたか》が支配し、勝龍寺城《しょうりゅうじ》（長岡京市）に入っていた。信長は敵方の所領を没収することはあっても、新興の勢力として、もともと畿内に領地はなく、また守護などの公的権力をもたなかったため、まったくの実力支配であった。義昭は、信長に畿内五ヵ国のうち望む国を与え、管領・副将軍にしようと提案したが、しかし信長はこれをすべて辞退し、近江の大津・草津、和泉の堺に代官を置くことを求めたにすぎなかった。当面の不利はあっても、将来の展望も考えて、義昭から御恩を受けることを謝辞し、近畿の経済拠点に足がかりを作ったので、ここにも信長の読みの深さが示されている。

さて信長は、入洛したのち、京都の公家・寺社などに対して、厳しい政策を取ったと思われる向きも多いだろうが、実際は非常に慎重であった。元亀二年（一五七一）の比叡山延暦寺焼き討ちも、前年に延暦寺が信長の敵浅井・朝倉の軍勢を駐留させ、洛北などに出撃させたことによる。このときも信長は宗門らしく中立を守るよう、両軍を撤退させるように申し入れ、それが拒否されていたため、焼き討ちを行ったのである。

このような特別の事情でないかぎり、信長は京都の公家・寺社を攻撃することはなく、むしろそれらに保護を加えた。戦国期に混乱した所領についても、過去二〇年の間に年貢などを取ったことがある、いわゆる当知行《とうちぎよう》、現に知行している土地として、当時の慣例により本所・領家の権利を認めた。天正三年（一五七五）、越前の一向一揆を平定したのち定めた「国掟《くにおきて》」にも、「京家領の儀、乱以前、当知行においては還付《かんぷ》すべし、朱印次第たるべきこと」と令し、この原則を守っている。

さらに天正三年には、通常は二〇年期の徳政に対して、新法を出し、京都の公家領について、一〇〇年以来の徳政を行い、その債務を破棄し、売地などの返還をはかった。戦国動乱のなかで失われた所領の回復をはかったのである。また一一月、右近衛大将に就任したさいは、祝儀として皇室や公家、門跡寺院に数千石の土地を進献している。信長により、皇室・公家の所領などは安定した。

また関所撤廃・楽座政策も、尾張・美濃の領国でこそ行ったが、京都では行わず、皇室領率分関《りつぶんのせき》などのある京都七口の関所は機能し、座は存続していた。

これらの政策は、信長にとってそれほど大きい負担でもなく、公家・寺社に喜ばれ、彼らを引きつけることになったであろうから、信長は恐れとともに歓迎されたといいうる。

朝廷と信長

信長が上洛して、皇室・公家・寺社との関係が生じ、それらに対する政策を記したが、あらためて、ここでは朝廷との関係に触れておこう。

室町・戦国時代には天皇の実権は薄れていたが、それでも文化的求心力をもち、権威があったことは、脇田晴子の説くところである。信長は、この天皇や朝廷の権威をうまく使った。

　また当時には、各家は源平藤橘《げんぺいとうきつ》の流れを汲《く》む、とすることが多かった。織田家は越前織田から出て、もともと何様でもないので、信長は一時期藤原氏としたが、のちには平氏と称した。それは当時行われていた武家権力の源平交替説によっていて、足利源氏の後なので、次期の権力として平氏を名乗ったのであろう。おそらく信長は、このようなことを信じてはいなかったであろうが、当時の風潮に柔軟に対応したのである。

　信長の官職は、はじめは上総介《かずさのすけ》といい、尾張守ともいったが、上洛を前に弾正忠《だんじょうのちゅう》を称している。これらは当時のことであるから、正式に朝廷から任命されたものではなく、自官で、勝手に名乗ったのである。ただ弾正忠は織田家では代々称していたし、中央で監察の任にあたる弾正台の三等官、下級であるが地方官ではないので、上洛するのにふさわしいといえる。上洛ののち、朝廷や義昭がしかるべき官位につけようとしたが、彼はことごとく辞退した。そして室町幕府を滅ぼしたのち、天正三年（一五七五）に右近衛大将に就任した。これは源頼朝と同じく幕府を開きうる地位であったので、信長は禁中に公卿の列席をうける陣《じん》座《のざ》を設ける正式の手続きを踏んで就任し、また織田家の家督は嫡男信忠《のぶただ》に譲って、天下人としての立場を整えている。そして翌年には本拠として安土《あづち》城を建設した。

　その後、信長は昇進して、天正六年には正二位右大臣兼右近衛大将となっていた。しかし同年四月、彼はこれらの官職を辞任した。まだ上位には関白・太政大臣や征夷大将軍などもあり、突然のことなので、朝廷では慌てたらしいが、彼は全国平定が終わったなら、あらためてしかるべき官職を請《う》けると述べている。なぜ官職を辞退したのか明確ではないが、いかに名目的な官職であるとはいえ、やはり朝廷での儀礼もあり、これを無視できないので、全国制覇を前にして、軍事に集中しようとしたのではないかと考える。

このため、もし彼が本能寺の変で倒れず、天下を平定したならば、どのような官職を望んだか、学界で議論になったことがある。歴史学で推測をするのは好ましいことではないが、これは織田政権論にも関係があるため、私も少し考えてみた。まず征夷大将軍は、当時には源氏がなる慣例ができており、とくに流浪していても現職の足利義昭がいるので、彼を無視しても就任はできるが、ここにきて今更事を荒立てたくないだろう。関白は公家で摂関家の職であるから考えなかったとすると、平氏の流れを汲むと称していたので、平清盛の先例もある太政大臣ではないかと、私は思っている。秀吉も同様の問題にあって、義昭には将軍職を蹴られ、近衛家の猶子《ゆうし》となって関白となったが、信長は平氏と称したから、太政大臣になるには支障がなかったであろう。いずれにせよ朝廷の高位が武家の国家支配にとって一定の意味をもっていたのである。

そして天皇家との結びつきを強め、誠仁《さねひと》親王に二条第を献上し、その第五皇子を猶子とした。猶子というのは「猶、子の如《ごと》し」といって、養子ではないが、親子のような関係になるのである。誠仁親王は正親町《おおぎまち》天皇の東宮《とうぐう》であったが、その皇子を猶子としたのは、親として親王に並ぶことになる。これは明らかに将来の天皇と「同格」になり、朝廷を掌握しようとする狙いであった。

そして安土城には御幸の間を造った。通常、天皇は臣下の家へ公的な行幸をすることはないが、足利将軍には上皇に準じ、朝覲《ちょうきん》行幸といって天皇が行幸する例が開かれていた。秀吉は聚楽第《じゅらくてい》に後陽成《ごようぜい》天皇を迎えたが、信長も、それを望んでいたのである。

比叡山焼き討ち

元亀二年(一五七一)九月、信長は比叡山延暦寺を焼いた。これは驚くべき果断な措置として、人々に衝撃を与えた。

しかしそれには理由がある。前年、信長が大坂本願寺を攻めているさい、北国の浅井・朝倉の軍勢が侵攻し、比叡山麓の近江宇佐山《うさやま》城にいた森可成《もりよしなり》らを討った。これを聞いた信長は、兵を返して両軍を攻めたので、彼らは比叡山に逃げ込んだ。それより以前、信長が近江や京都を押さえたさい、延暦寺の所領も相当混乱することがあったらしく、両者の関係はもともと良くなかったから、延暦寺には浅井・朝倉に味方する状況があったといいうる。そして、ここを拠点に、時には洛北へも両軍は出撃した。京都の北郊に出てみると、比叡山が間近に迫ってくるが、ここを敵軍の拠点にされては、京都の安寧はおぼつかない。

さらに同じころ、京都西岡で土一揆が起こり、一一月には本拠の尾張で小木江《こきえ》城にいた弟信興《のぶおき》が伊勢・長島の一向一揆に討たれ、信長は包囲され、苦境に立っていた。

信長は、延暦寺に対して宗門らしく中立を守り、浅井・朝倉両軍を退去させよといい、聞かねば焼き討ちにすると申し入れたが、拒絶された。結局、このあと将軍義昭と関白二条晴《はれ》良《よし》の仲介をえて和睦《わぼく》し、両軍は退去したが、延暦寺の措置は許さず、翌年に予告通り寺を焼いたのである。

なお戦乱のなかで、寺社のような堅牢《けんろう》な建造物は戦闘に利用されることがあったから、焼き討ちにされる例も多かったし、また先に松永久秀が奈良北郊の多聞山《たもんやま》城で敵に囲まれた時、その背後にあった東大寺大仏殿に火をかけて、驚く敵を撃ち、勝利を収めている。したがって勝敗にかかわるような時は、由緒のある寺社といっても容赦しなかったことはよくあった。

しかし延暦寺は、平安時代、伝教大師最澄により都の鬼門にあたる四明ケ岳《しめがだけ》に王城鎮護の寺として建立されて以来、山門といわれ、内部の頽廃《たいはい》は進んでいたが、日本でも最高の宗教的権威として臨んでいたし、また僧兵なども蓄え、膨大な山門領を有して、世俗的にも力をもっていた。

それを焼き討ちにしたことは、信仰心の厚い当時においては、多くの人々に衝撃を与えた。

公家の日記には「天魔の所為」と記されているし、武田信玄も非難したと伝える。とくにこれを望見できた京都・近江などの人々の驚きは大きかったであろう。しかし、この延暦寺への思い切った処置は、信長の凄まじさとともに、宗教勢力に対する時代の変転を実感させたと思う。

上京焼き討ちと室町幕府滅亡

信長に奉ぜられて京都へ入ったころの足利義昭は、信長に感謝して、「御父織田弾正忠殿」といった書簡を出し、副将軍や管領の地位を与えたいなど、さまざまな恩賞を提案したが、信長がこれを辞退したことは、既に述べた。信長は「御父」といった見え透いたおべっかを喜ぶ男ではないし、注意深く義昭に借りをつくらないよう、その御恩に預かることを回避したのである。

そして信長は、義昭を将軍にし、三好衆が勢力の回復を狙って京都を攻めた本圀寺合戦ののちには二条城を設けるなどして、彼を庇護《ひご》しているが、実権は握り、彼を傀儡《かいらい》化しようとした。

永禄一二年（一五六九）、伊勢国司北畠具教《とものり》を降し、次男信雄をその後嗣としたことから、両者の関係は悪化した。ついで永禄一三年正月には「殿中掟五条」を制定し、義昭に呑ませた。将軍の行動についての掟をつくったのであるから、それ自体不遜《ふそん》なことであったが、その内容は、第一条、将軍が諸国へ内書を送る時は、信長の添え書をつけること、第二条、今までの下知はすべて棄破する、第四条「天下の儀、何様《いかよう》ニも信長ニ任せ置かるるの上は、誰誰によらず、上意をうるにおよばず、分別次第に申しつくべきこと」とした。つまり義昭の書類には信長の添え状を付け、信長は将軍の承認なしに、自身の考え通りに命令する、というのであった。これでは将軍としての義昭の権威・権力はまったくないに等しい。義昭が不満をもたなかったならば不思議である。たちまち両者の関係は決裂した。義昭は、密《ひそ》かに信長打倒の命令を各地の大名に下した。衰えたりとはいえ将軍の権威はあり、これに乗じようとする者もいたから、信長に対抗する者が各地に現れ、これ以後、元亀・天正の争乱とのちに回想された戦国末期の本格的動乱が始まる。

信長は、義昭の動きを承知しながら、すぐには動かなかった。元亀三年(一五七二)には失政を戒めた「十七カ条の意見書」を出している。これは公表され、義昭の非を広く世間に知らせたもので、武田信玄は一読して感嘆したといわれている。

翌四年三月、義昭は、武田・朝倉・浅井また本願寺などと連絡し、三好義継《よしつぐ》・松永久秀らと組んで、信長と断交した。三井寺《みいでら》(園城寺《おんじょうじ》)の光浄院暹慶《こうじょういんせんけい》(山田景友《かげとも》)も石山・今堅田《いまかたた》に砦をつくっているが、それなりに信長攻撃の体制をつくったのである。しかし石山などの砦は、信長にすぐ落とされている。しかも幕府方の武将細川藤孝・荒木村重《むらしげ》は義昭を見限って、上洛した信長を逢坂山《おうさかやま》まで出迎えているように、義昭に味方をする者はほとんどいなかった。信長は幕府の拠点である上京に放火し、大きな被害を与えたが、さらに二条城を囲んで威圧を加え、勅により彼といったん和睦した。

七月には義昭は再挙し、重臣三淵藤英《みつぶちふじひで》に二条城を守らせ、自身は宇治の槇島城《まきのしま》に入ったが、信長により二条城はただちに陥落、義昭も降伏して、河内若江《わかえ》城の三好義継のもとへ送られた。先に松永らは将軍義輝と対立して、彼を攻め殺したが、信長は慎重に義昭を扱い、追放にしたのであった。ここで室町幕府は滅びた。

その後、義昭は堺から紀伊由良《ゆら》の興国寺《こうこくじ》へ入り、ついで毛利家の庇護のもと備後《びんご》鞆《とも》の浦《うら》などにいて、幕府再興の夢を追ったが、もはや時代は移り、その企図は空しかった。そして天正一六年（一五八八）正月には帰京、秀吉のお咄衆《はなししゅう》として晩年を過ごし、慶長二年（一五九七）に死んだ。

本能寺の変

信長は、その後、着々と全国平定を進めた。越前の朝倉氏、北近江の浅井氏を滅ぼし、天正三年（一五七五）、三河長篠《ながしの》において当時最強をうたわれた武田勝頼《かつより》の騎馬隊を、鉄砲三〇〇〇挺で壊滅させ、その後、自壊をまって同一〇年にこれを滅ぼした。そして西は羽柴秀吉が毛利氏を攻めて鳥取城を落とし、ついで備中高松城を水攻めにしていたし、明智光秀は丹波を攻略するなど、毛利勢を圧していた。したがって畿内近国とともに、東は甲斐《かい》、西は山陽・山陰の半ばまで支配下に入れ、ほぼ本州中央部を押さえたのである。

そしてこの間、天正四年には、近江安土に壮麗な城を築いて本拠とし、城下町の経営を行った。安土は、美濃・尾張と京都の中間にあり、琵琶湖を渡り、峠を越えれば、すぐ都であって、彼は湖を渡るため大船を用意していた。なおのちの秀吉も大坂、家康は江戸と、いずれも京都には本拠を置かなかった。それは朝廷・寺社などの複雑な利害がからみ、防衛的にも不利な京都を避けたのであるが、それでいて信長は京都を押さえるための条件を整えていたのである。

信長は、京都にあらためて城をつくらなかった。そして通常は、日蓮宗本能寺に宿泊していた。京都の町は日蓮宗の勢力が強く、寺院といっても、それは堀をめぐらす要害であったから、これを利用したのである。もともと信長の気性として、家臣のなかから反逆を起こす者がいるとは思いもしなかったであろう。また彼は身軽に行動するのを好み、全体に無防備であった。天正六年六月一四日、祇園会を見物したさいも、馬廻り・小姓衆に武具は持たさず、見物の後は小姓一〇人ほどで鷹狩に出かけている。変のときも近臣数十名を連れて、本能寺に入っていた。したがって明智光秀の大軍に囲まれては、なすすべもなかった。

光秀は、先に将軍義昭に仕えていて、信長子飼いの武将とはいえないが、信長としては彼の能力を認め、まず坂本城主として近江二郡、のち丹波を与えたように、京都に近い重要な拠点を任せ、それなりの処遇をしていたから、一般的な警戒感はあっても、彼が反乱することは予想しなかったであろう。家康供応などを任せ、そのさい些細《ささい》な事象に怒った態度なども、かえって彼への信頼感を示している。

その光秀が反乱を企てたのは、なぜか、さまざまな意見がある。ともあれ光秀にとっては、その経歴に不安があり、先の供応一件による衝撃、さらに丹波から未占領の国へ移すとの話が重なって、謀叛《むほん》を決意したのであり、とくに隙《すき》だらけの信長を見て、当時の武将なら誰もがもつ誘惑に勝てなかったのであろう。

信長の勢力からすれば、全国平定は時間の問題であったが、思いがけない家臣の反乱にあって倒れた。時に四九歳。また嫡男信忠も妙覚寺《みょうかくじ》を出て二条城へ入ったが、そこで包囲されて死んだ。

織田家は次男信雄は伊勢国司北畠家に一時期入り、のち尾張・伊勢を領するが、小田原の陣後、東海への転封を拒んで領地没収され、秀吉のお咄衆となり、大和の一部を領した。関ヶ原合戦では西軍につき領地を失うが、のち家康から所領を与えられている。三男信孝《のぶたか》は伊勢の神戸《かんべ》氏へ入っており、岐阜城主などとなったが、柴田勝家《しばたかついえ》の味方をして、勝家滅亡により降伏し、自殺させられた。嫡流である信忠の子三法師《さんぼうし》のちの秀信《ひでのぶ》は、やがて岐阜城主となるが、関ヶ原合戦で西軍につき没落した。結局、織田家は信長の弟有楽斎長益《うらくさいながます》が大和芝村《しばむら》、信雄のあとは大和松山の小大名として続いた。

対外交流

京都は内陸部にあるから港町ではなかったが、首都としての地位やその産業から対外折衝や貿易に大きな地位を占めた。

もちろん大陸との関係は密接であったが、種子島《たねがしま》にポルトガル船が漂着してのち、日本とヨーロッパとの交渉が起こり、キリスト教も伝来した。イエズス会の宣教師フランシスコ・ザヴィエルは来日して、ミヤコを訪れているが、このときは動乱のなかであまり成果はなかった。ついで永禄二年（一五五九）、宣教師ヴィレラが入京し、赤い帽子、羅紗《ラシャ》の黒マントを着て、都大路を闊歩《かっぽ》し大騒ぎとなった。翌年、彼は将軍義輝に拝謁し、同八年にはヴィレラとフロイスらが謁見した。信長は南蛮の風物に関心を示し、天正九年（一五八一）にイエズス会巡察師ヴァリニャーノと会見し、黒人奴隷を献上された。この黒人の黒い皮膚を塗ったものではないかと、信長は擦《こす》らせたという逸話がある。南蛮屛風には、都大路を闊歩する南蛮人の姿が描かれている。

秀吉は、九州出兵のさい、地域へのキリスト教の浸透とポルトガル・イスパニアの世界制覇の野望を知って警戒し、天正一五年、バテレン追放令を出してはいるが、南蛮趣味は深く、ポルトガル風の服装をし、牛肉なども食したといわれる。また同一九年には巡察師ヴァリニャーノと会見し、アラビア産の駿馬《しゅんめ》などを贈られている。

なお秀吉は天下平定ののち、天正一九年九月、朝鮮出兵を命じたが、これは善隣を乱し、大陸の広さを知らない暴挙であった。主として西日本の軍勢を送ったが、輸送のため、京都近辺でも琵琶湖や淀川などの船まで動員する状況であった。そして文禄二年（一五九三）、一時和議をはかるが、決裂、結局は慶長三年（一五九八）、秀吉の死によって、引き揚げている。

徳川前期には、東南アジアなどへ交易する者が多かったが、もちろん京都町人のなかには海外に雄飛した者も出た。太平洋を横断した田中勝介《しょうすけ》らがあり、角倉了以《すみのくらりょうい》や茶屋四郎次郎《ちゃやしろうじろう》らが知られている。

徳川期も三代家光の時には鎖国をし、朝鮮とは通信使が来日し、対馬の宗《そう》氏が交流、そして長崎においてオランダ・中国と貿易するだけになった。そのなかで主要輸入品である中国産生糸は、西陣機業の原料であった。徳川幕府が糸割符《いとわっぷ》制をしいて、輸入生糸の割当を行ったさい、京都・長崎・堺・江戸・大坂の五ヵ所が中心であった。とくに京都では呉服所などへの配当があり、その地位は高かった。また、輸出品の中心である銅は、大坂で精錬されたが、その他の工芸品などは京都が主産地であった。京都はその産業によって貿易の中心であった。

二、豊臣時代

山崎の合戦

本能寺の変のさい、信長配下の武将は、北に柴田勝家・丹羽《にわ》長秀《ながひで》、東に滝川一益《たきがわかずます》らがいたが、まず中国地方で毛利方の備中高松城を包囲していた羽柴秀吉が、城主清水宗治《むねはる》を切腹させて、毛利方と和睦し、ただちに畿内へ向かった。そして本城の姫路を経て、尼崎《あまがさき》に陣し、ここで茨木《いばらき》の中川清秀《きよひで》、高槻の高山右近《たかやまうこん》らの参陣を得て、兵を整えた。のちに「太閤記」十段目が「尼ヶ崎の段」になっているのも、故あることであろう。また、興味あることには、このとき茶人千利休も尼崎へ陣中見舞いに訪れ、ついで津田宗及《つだそうぎゅう》も摂津富田《とんだ》へ進撃した本陣に駆けつけており、戦う前に世論は秀吉方にあったことを示している。

さて、秀吉勢は摂津・山城境の大山崎に進出した。そして迎え討つ明智勢との間で、大山崎の北東で戦闘となったが、明智方は敗れ、光秀は近江坂本城をめざして落ち延びていく途中、山科の小来栖《おぐるす》で、土民の竹槍にかかって殺された。

戦後、秀吉は、この大山崎背後の天王山《てんのうざん》に山崎城を構え、京都をにらんで天下平定の道を歩んだ。大山崎郷は摂津・山城境にあり、両国にまたがって町があり、住民は中世以来の惣的結合を保っていた。またこの地にある離宮《りきゅう》八幡宮の油神人《あぶらじにん》として、油の生産を行い中世に栄えたところである。なお、近世では油職人はいなくなっているが、それは秀吉の大坂経営のため油職人は移されたためらしい。以後、大坂が油生産の全国的中心となっている。

しかし土地は狭小であるため、秀吉は本願寺の跡地である大坂に本拠を設けた。大坂について、彼は「五畿内の廉目《かどめ》能所《よきところ》」つまり畿内のかなめといっているが、摂河泉《せっかせん》の平野（大阪平野）を控え、西は六甲、東は生駒・信貴《しぎ》、南東には金剛・葛城の山々が連なっていて防備によく、淀・大和の二大河川が入り込み、西へは瀬戸内海が広がっている、要害であるとともに、交通の便も良い土地であった。そして大山崎の油職人を移したように、各地の産業をまとめて都市経済の発展にも尽くし、「天下の台所」となる素地をつくった。

信長は、公家・社寺など複雑な関係を考慮して、京都では楽座や関所撤廃の諸政策を行わなかった。そして京都所司代は置いたが、新たに拠点を設けず、本能寺を宿舎にしたことによって、不意をうたれた。秀吉は、京都でも楽市楽座や関所撤廃の政策を行い、御土居をつくり、町割りを整備するなど、京都の近世都市化を進めた。

聚楽第と伏見

秀吉は大坂に本拠を置いたが、関白・太閤となると、朝廷での行事もあるためか聚楽第をつくり、また伏見城を居城として、秀吉の晩年は京都でのことが多い。しかし京都における秀吉の遺構というものは、豊臣家の悲運もあって、意外に残っていない。

まず秀吉は関白の居城として聚楽第をつくった。これもなくなっているが、屛風画が残されていて、その壮麗な状況を窺うことができるし、大徳寺の唐門はその遺構とされている。また現在も二条城の西北に跡地として聚楽廻《じゅらくまわり》（中京区）の地名が残っていて、金箔瓦がこの付近から見いだされる。なお西本願寺の飛雲閣《ひうんかく》は一時その遺構との説があったが、現在では否定説が強い。

さて子供のなかった秀吉は、姉の子である秀次《ひでつぐ》を養子として取り立て、関白・左大臣としたが、実子秀頼《ひでより》が生まれるとともに、その関係は微妙となった。そして秀次の「乱行」を咎《とが》めて、高野山へ送り、切腹させた。秀次の「乱行」については、『太閤記』には正親町院の喪中に、殺生禁断の地である比叡山で狩りを行って、殺生関白といわれたことや、盲人の殺害などをあげるが、さらにおびただしい武装をして狩りを行ったことなどから、謀叛の疑いをかけられたとも記している。さしたる才能もなく関白となった秀次は、実子誕生による不安から無軌道になったと思われるが、秀吉も高野山へ送っただけでは安心できず、彼を切腹させた。高野山の興山《こうざん》上人が命乞いをすることを期待していたような記述もあるが、秀次の子供や寵愛の女房ら三〇人前後を三条河原において殺したことから見れば、それはポーズであろう。秀次男子の殺害については、当時としてはわからぬではないが、女児や女房まで無残に殺したのは、秀吉の老いを示している。

秀吉は秀次に関白職を譲ってのちは、伏見に隠居城をつくって、晩年はここで多く過ごし、死んだ。伏見は京都の南に位置し、東山に続く丘陵があって、大坂への街道・水運を押さえる要衝である。その後、伏見城には、関ヶ原合戦のさい徳川の家臣鳥居《とりい》元忠《もとただ》らが入っていて、石田方の攻撃をうけて死守し、城も焼け落ちた。

現在は、ここを伏見桃山と呼び、伏見城を伏見桃山城といい、豊臣時代も桃山時代といわれることがある。しかし桃山は当時の名称ではない。近世中期になり、ここに桃林ができて桃山と呼ばれるようになり、とくに近代になって明治天皇の伏見桃山陵が造られたことで知られ、その語感の良さから広く行われるようになったものである。したがって秀吉のころにはなかった伏見桃山城・桃山時代の呼称は不適当で、私は伏見城、時代名も秀吉の本拠地にちなんで大坂時代と呼ぶことを提唱している（『大坂時代と秀吉』小学館）。

近世京都の都市計画

近世の京都は、江戸・大坂と並ぶ三都の一つとして栄えた。もっとも応仁の乱など相次ぐ戦乱に荒らされ、信長にも上京が焼き討ちされるなど、たびたびの苦難にあっている。それでも京都は平安時代より長年の首都として、日本における政治・経済・文化の中心であって、室町時代には足利氏の幕府も置かれたから、公家・武家が多数生活し、また神仏諸社寺の本山も多かった。そして町には金融・商業・産業も栄えて、全国経済の核となっていた。

武家権力は、複雑な政治関係を避けるためか、信長は安土、秀吉は大坂、家康は江戸に本拠を置いたが、やはり京都を重視していて、この都市の支配のために京都所司代・奉行などを置いた。

信長は、戦国動乱のなかにあったこともあり、室町幕府との関係から上京を焼いたが、全般的には寺社・本所に慎重な態度で臨んだ。まず岐阜・安土の城下町などでは楽市楽座政策を取ったが、京都では公家・社寺の既得権を認め、皇室領率分関なども手を付けず、そのため内蔵寮領を管理する山科家には諸口の関所から上分銭《じょうぶんせん》が入っていた。しかし秀吉は、天正一三年（一五八五）、寺社・本所の得分権を否定し、同一九年には京都の地子・公事免除とともに、座独占を廃し、貨幣・度量衡など経済の基本にかかわる分野の座を残しただけで、商工業における自由を実現し、また京都七口の関も廃止した。ただ、このとき堺の諸座には触れなかったらしいが、これも徳川期に廃された。

秀吉は、関白の居所として聚楽第を設け、隠居城の伏見城に滞在したから、武士の参勤もあり、京都は賑わった。そして京都の町を整備し、上京・下京の町並みを整えた。九条稙通《たねみち》は帝都には不要と批判しているが、周囲を土居で囲み、堤上には竹を植え、その外側には堀や川があって、京都の防備をした。この御土居は、東は賀茂川に沿い、北山大橋付近で左折、鷹《たかが》ケ峰《みね》で左折、紙屋川《かみやがわ》の東を南下し、九条通を東に向かった。現在も御所の東や北野天満宮付近、紙屋川の東には、御土居が残っていて、後者は史跡に指定されている。

町人の自治組織としては上京・下京の町組《ちょうぐみ》があり、その一町は南北の通り両側の家からなり、南北六〇間で表三間を基準として家が二〇軒、両側で四〇軒が並んだ。奥行きは二〇間で、矩形《くけい》状の町からなる都市プランを実現した。また露地をつくり、奥に借家などがあった。

さて都市生活で重要なものの一つは、上下水の問題であるが、京都は盆地であり、井戸を掘ると、良い水が得られたから、上水の心配はなかった。現在でも食品関係の店では、琵琶湖を水源とする水道水が良くないと、井戸水を使っているところがあるほどである。しかし下水の設備をする必要はあった。幸い京都の地形は、賀茂川の流れを見てもわかるように、かなりの落差があって、北の賀茂大橋と南の東寺の塔頂の高さがほぼ同じというから、この南北で十数メートルの高低差を利用して、家並みの裏に下水道をつくったのである。これは太閤の背割《せわり》下水として、今も一部が使われている。

豊国神社と耳塚

秀吉は、慶長三年（一五九八）、六二歳で没した。

露と落ち　露と消えにし　わが身かな　なにわのことは　ゆめの又ゆめ

と、辞世の歌を詠んでいる。なにわ・大坂を詠み、淀殿との間に生まれた秀頼は大坂城にいれているから、本拠はやはり大坂と思っていたのであろう。しかし秀吉の墓や廟は京都東山にあり、死後に朝廷から豊国《とよくに》大明神と神と祭られる諡名《おくりな》を贈られて豊国神社もできた。ただ大坂の陣後放置され、社殿は朽ち果てたが、近代になって再建された。また付近には、秀吉夫人の北政所・高台院《こうだいいん》にちなむ高台寺があり、秀吉の創建した方広寺もあって、豊臣家との由緒が深い。なお、この方広寺の修築のさい、鐘銘の「国家安康」「君臣豊楽」を家康の名を分断して呪《のろ》い、豊臣が栄えることを願ったと、家康が難癖をつけ、大坂の陣の発端となったことは有名である。

中世では菅原道真の例が示すように、怨霊を慰めるべく祭るのであるが、ここで秀吉は生前の功績をもって神となった。そして家康も駿河の久能山《くのうざん》に葬られたが、東照大権現として、日光や久能山などの東照宮に祭られている。なお信長も、京都船岡山の建勲《たけいさお》神社に祭られているが、それは近代になってから造られたものである。

さて豊国神社の前、正面通に沿って耳塚《みみづか》があり、こぢんまりした塚の上に石塔が建っている。あまり知られていないが、これは秀吉の朝鮮侵攻を語る史跡である。秀吉は、天正一八年（一五九〇）、後北条氏らを降して全国平定を果たしたが、その勢いを駆って、天正一九年九月、唐入りつまり大陸への出兵を企てた。これは朝鮮はもとより明（中国）さらには天竺（インド）の征服を考えたもので、気宇壮大であるが、善隣関係をふみにじる侵略であり、大陸の広さを知らない者の愚かな計画であった。

侵攻当初の日本軍は、戦国の歴戦で鍛えられており、鉄砲を有効に使用するなどして優勢であり、さらに朝鮮側の対応のまずさもあって、日本軍はたちまち漢城（現ソウル）・平壌などの主要都市を押さえ、一隊は朝中国境の豆満江《とまんこう》に到達した。しかし朝鮮側が立ち直り、民衆の義兵がゲリラ活動を行い、さらに李舜臣《りしゅんしん》率いる水軍の活躍により日本水軍が敗退して制海権を失うとともに、戦況は悪くなった。それでも明が援助に送った大軍は、小早川隆景《こばやかわたかかげ》・立花宗茂《たちばなむねしげ》らが奮戦して、漢城北郊の碧蹄館《へきていかん》で破っている。その後いったん和議に入ったが、このとき明の国書にあった「封爾為日本国王」の文面に秀吉が怒り、和議は決裂し、慶長二年（一五九七）再度の出兵となった。このたびは朝鮮側も防衛体制を整えていたため、漢城の南で戦線は膠着《こうちゃく》状態になり、翌年、秀吉の死を機にして軍勢を引き揚げた。この侵略は朝鮮には大きな被害を与え、日本の人士もまた外征によって苦しんだ。

なお国書の書面は足利将軍に送られたものと同形式で、明国の日本属国扱いは伝統であったが、秀吉は全国統一をなしとげ、朝鮮へ侵攻している自信があり、また朝廷との関係もあって、これに怒ったのである。現在国書は、大阪城天守閣所蔵となっている。

さて日本国内の戦闘では、討ち取った敵の首を主将に見せるが、朝鮮から大量の首を運ぶのは困難なので耳・鼻を削《そ》いで送った。耳塚はこれを埋め、弔った塚である。第二次出兵のさい、前線基地の肥前名護屋《ひぜんなごや》に一五個の桶に塩漬けされた朝鮮人の耳・鼻が送られてきたと、醍醐寺の義演《ぎえん》が記しており、吉川《きっかわ》家には蔵人（広家《ひろいえ》）宛に早川長政が出した一二四五個の鼻の受取状がある。残酷でグロテスクなことであるが、戦国の慣習でこのような措置になったのである。なお耳は一人に二つあるので、鼻を削いで送らせたらしいが、鼻塚では何となく語呂が悪いためか、耳塚と呼んでいる。

韓国では、この侵攻による被害を今に言い伝えていて、私も訪韓したさいにそれを聞いた。また近年は、韓国から日本への旅行ルートに大阪城と耳塚が入っていて、秀吉に関係する城とともに耳塚を訪ね、先祖の供養をされる方もあると聞いた。

三、江戸時代の京都

田中勝介の太平洋横断

家康は大老の一人として外征の跡始末をするとともに、関ヶ原合戦で天下の権力を握って、外交・貿易関係も活発に展開した。そのころ海外貿易は、堺・博多などの港湾都市が押さえていたから、京都は貿易都市とは見られていないが、さすがに首都で、従来からの経済基盤があり、そのため貿易関係でも一定の地位を占めていた。そして輸出品の生産や生糸など輸入品の購入先として深くかかわっており、角倉了以・茶屋四郎次郎に代表される貿易商人がいて、清水寺には茶屋の奉納した朱印船の船額が残っている。また摂津平野の平野藤次郎《とうじろう》（初代長成《ながなり》）は京都に出て、伏見銀座の頭取となり、二代政貞《まささだ》は朱印船貿易に乗り出している。

さらに「異国御朱印帳」「異国渡海御朱印帳」などによれば、その身上や事跡はわからないが、慶長一〇年（一六〇五）に六条仁兵衛が太泥《パタニ》（マレイ半島パタニ）、慶長一一年に河野喜三右衛門がカンボジャ、慶長一七年には大黒屋利兵衛が交趾《コーチ》（安南《アンナン》）へ朱印船を出している。京都町人には貿易への関心が高かったのである。もちろん長崎貿易を行う京都町人は多く、鎖国後の延宝《えんぽう》三年（一六七五）、西陣の町代《ちょうだい》『番日記』に一三八人と記されている。

このような動きのなかで注目すべきは、京都町人が日本人で初めて太平洋を横断したことであった。それまでのポルトガルなどヨーロッパ人との交流は、ヨーロッパからアフリカ喜望峰を廻ってインド・東南アジアを経由するものであった。東から日本へ来ようとすれば、大西洋を越え、南アメリカの南端、マゼラン海峡を抜けるか、アメリカ大陸を陸路横断し、さらに太平洋を渡らねばならなかったから、危険度も高く、距離的にも遠かったので行われなかった。

しかし慶長一四年九月、イスパニアの前フィリピン長官デ・ビベロが太平洋を横断し、植民地であるノヴァ・イスパニア（メキシコ）経由で帰国しようとして難破し、上総に漂着した。家康は彼を保護して、ノヴァ・イスパニアとの貿易や鉱山技師の派遣を要請した。そして翌一五年六月、デ・ビベロに三浦按針《みうらあんじん》（ウィリアム・アダムズ）の建造した船を与えて、ノヴァ・イスパニアへ向かわせたが、このとき京都の商人田中勝介が同乗したのであった。翌年、彼はノヴァ・イスパニア総督の使節ビスカイノの船に乗って帰国している。それはイスパニア船に乗ってはいるが、太平洋を往復・横断した日本人の第一号であった。その後は鎖国のため、幕末の中浜万次郎《なかはままんじろう》まで、渡洋した者はなかったから、その意義は大きい。

残念ながら田中勝介がどのような人物であったか、その履歴などはわからない。このような船に同乗をするには、家康の関与からみて、徳川幕府との関係も深くなければならないし、当然商品を積んでいったから、かなりの資本もいる。したがって勝介は相当な商人であったと思えるが、このとき歴史の舞台に現れて、流星のように去っていった。しかし先の朱印船貿易家も含めて、このような遠洋航海に乗り出す冒険商人が、当時の京都にいたのであった。

かぶきおどり

太平の世になると、文化・芸能も盛んになるが、京都はその中心であった。

まず、前代から起こった能楽・狂言などが行われた。ただ信長は幸若舞《こうわかまい》を好んだが、能楽については、あまり関心がなく、上洛直後に将軍義昭が催した能会は、危急のさいに悠長なと、中断させている。しかし秀吉は朝鮮出兵の前線基地である肥前名護屋にいて、暮松新九郎《くれまつしんくろう》を呼んで能楽を習い始め、金春八郎《こんぱるはちろう》・観世左近《かんぜさこん》も招き、夢中になって一日十数番舞ったといわれている。現在の能楽は、一番が一時間以上かかるので、これだけ舞えるのかと不思議に思われるかもしれないが、当時は早く舞い、一番の所要時間は少なかった。このようなことで能楽は広がり、近世では武家の式楽としての地位を占めるようになった。

また狂言も大蔵虎清《おおくらとらきよ》とその子虎明《とらあきら》が大蔵流の基礎を固めた。虎明は現存最古の狂言台本いわゆる虎明本を記し、狂言のあり方を説いた『わらんべ草』を残した。そして鷺《さぎ》流には名手鷺宗玄《そうげん》があり、和泉《いずみ》流もあって、三派の鼎立《ていりつ》する時代となった。しかし寛永（一六二四〜四四）ごろまでに狂言は「能の狂言」として位置付けられ、能シテ方の宗家が支配するようになった。

日本では笑いの芸を低く見るところがあるが、このような状況に変化が出るのは、太平洋戦争後で、狂言は中世庶民芸能の華とされ、現代では狂言独自の活動が盛んに行われるようになった。

私共は芸能好きで、晴子は幼少より能を習い、今は浦田保利師について演能もするが、昨年は「卒塔婆小町」を舞った。また長男は高校生、私は還暦過ぎて、茂山千之丞師について狂言を習い、親子狂言もやり、晴子の能の間《あい》狂言をすることもある。

さて、慶長八年（一六〇三）四月、京都の四条河原において、出雲のお国がかぶきおどりを始めた。かぶきは歌舞伎の字が宛てられているが、当時は異様な風体をして町々を歩く者をかぶき者と呼んだように、かたぶく・傾奇からきたとされる。

『当代記』に、

此比《このごろ》、かぶき躍りと云事有、是は出雲国神子《みこ》女名は国、但非好女、仕出、京都へ上る、縦《たとえ》ハ異風なる男のまねをして、刀脇指衣装以下殊《ことに》異相、彼《かの》男茶屋女と戯る体有難《ていありがた》くしたり、京中の上下賞翫《しょうがん》する事不斜《ななめならず》、伏見城江《え》も参上し、度々躍る、その後学之《これをまなぶ》、かぶきの座いくらも有て諸国へ下る、但江戸右大将秀忠公は終不見給《ついにみたまわず》と記すが、お国が出雲の神子というのは確かではなく、素性はわからない。いずれにせよこの二月家康が征夷大将軍に任ぜられ、一〇月まで在京したから、新しい時代の到来で賑わう京都に上ってきたのである。そして女が男になり茶屋女と戯れるという異風が、評判となった。

その後、徳川幕府はこのような歌舞伎を猥雑《わいざつ》として禁じたが、やがて男子による野郎歌舞伎となって定着し、日本を代表する芸能の一つとして現代に及んでいる。

東西本願寺

京都には、天台宗山門派本山の比叡山延暦寺があって、都の東北つまり鬼門を守り、東山には浄土宗の本山知恩院などがある。そのなかで浄土真宗の両本願寺は、近世初期に六条で烏丸通と大宮通の間に寺地を与えられ、移転してきた。

本願寺は山科にあった時期もあるが、戦国期には大坂の地にあって繁栄し、約一〇年の長きにわたって信長に抵抗し、天正八年（一五八〇）、勅により和睦して退去したことは知られている。そして大坂から宗主顕如《けんにょ》が移ったのちも、後嗣教如《きょうにょ》はしばらく戦いを続け、ようやく退去した。その後、本願寺は紀伊鷺森《さぎのもり》から和泉貝塚、そして秀吉の代に大坂天満に移り、さらに京都の現在地に移った。退去のさいのいきさつもあって、本願寺は分裂し、次子准《じゅん》如《にょ》が本山に入り、その本派本願寺と、教如の大谷派本願寺に分立した。おそらく権力にとって、この巨大宗門が分かれることは望ましかったと考えられ、老獪《ろうかい》な家康はこの不和を利用して、二分したのである。

両本願寺は、いずれも阿弥陀仏を祭る巨大な御影堂を擁しているが、また庭園もすぐれたものとして知られている。本派本願寺は、天正一九年に現在地に移るが、慶長の大地震にあい、元和《げんな》三年（一六一七）一二月には失火により焼失、寛永九年（一六三二）より再建がなされ、同一三年に御影堂が落成した。雲間を飛ぶ鴻《こうのとり》の鳥の彫刻で飾られた欄間があるため鴻の間と呼ばれる対面所《たいめんじょ》や白書院《しろしょいん》、名勝庭園の滴翠園《てきすいえん》には国宝飛雲閣《ひうんかく》がある。全体を伏見城の遺構、飛雲閣を聚楽第の遺構とする説があり、現在では疑問視されているが、いずれにしても近世前期のすぐれた建物である。

ついで寛永一八年には大谷派本願寺宣如《せんにょ》も家光より新た寺域を与えられ、寺坊を建立した。たびたび火災にあっているが、明治に再建された本坊があり、また石川丈山《いしかわじょうざん》の造園と伝える枳殻《きこく》邸の渉成園《しょうせいえん》が、今に姿を伝えている。この両本願寺は、本派が西、大谷派は東にあるところから、京都の人はお西・お東というようになり、東西本願寺の名が通称となった。

また周辺には、真宗興正寺《こうしょうじ》派の本山である興正寺などの寺院もあって、一つの地域を形づくっている。興正寺は戦国期にはかなりの勢力をもち、寺内町《じないまち》河内富田林《とんだばやし》などの領主であって、町の建設に力を貸し、今もそこには別院がある。

この本願寺の東に寺内町があり、独特の雰囲気を漂わせている。寺内町は寺院の境内としての町である。他宗派の寺院は聖俗の別をきびしくするため、門前町となるのが通常であるが、肉食妻帯を認める浄土真宗では、境内を町とする寺内町が成立した。大坂本願寺にも見られ、とくに大坂付近には先の富田林をはじめ八尾・久宝寺・貝塚や大和今井などの寺内町ができ、現在の市町につながっている。

なお両寺の学寮の流れを汲む、東本願寺系の大谷大学は、現在上京にあり、西本願寺系の龍谷大学の大宮学舎は本山の西側に隣接してあり、本館は明治一二年（一八七九）創建のすぐれた建造物で、重要文化財の指定をうけている。また京都女子大学をはじめ多くの教育機関を設けている。ほかにも浄土宗系の仏教大学、キリスト教による同志社学園など、京都には宗門関係の教育施設が多い。

社寺の復興

戦国時代のなかで、さまざまな影響をうけて荒廃もした社寺の復興がなされた。徳川幕府により朱印地が与えられて、経営も安定し、また近世初頭から武将や豪商の寄進が盛んになされ、この時期に社寺の復興、建築が進んだ。

徳川氏の帰依する浄土宗では、法然逝去の地につくられた廟をもとにした知恩院があった。そして慶長一二年（一六〇七）には後陽成《ごようぜい》天皇の八宮《はちのみや》が入室、宮門跡《みやもんぜき》寺院となった。また時代は下がるが、将軍綱吉の母桂昌院《けいしょういん》は信仰に厚く、洛西善峰寺《よしみねでら》の復興などに尽くしている。

禅宗では大徳寺・妙心寺が栄えた。大徳寺は先に利休賜死にかかわる山門寄進などがあったが、この時期、住持に江月宗玩《こうげつそうがん》らがあり、細川忠興の高桐院《こうとういん》、小堀遠州《こぼりえんしゅう》の孤篷庵《こほうあん》などが造られ、元禄《げんろく》期（一六八八～一七〇四）には塔頭二四・寮舎四一を数えるにいたった。南禅寺も黒衣《こくえ》宰相といわれた以心崇伝《いしんすうでん》らが出て面目を一新し、天龍寺・相国寺・建仁寺・東福寺ら五山も復興した。

門跡寺院は、住職として皇族や摂関・清華家《せいがけ》の子弟が入る寺格の寺をいう。これらは本願寺・知恩院や照高院《しょうこういん》を除けば、平安・鎌倉から宮廷と関係の深い妙法院・大覚寺など天台宗・真言宗の寺院に多いが、これらも復興した。また尼門跡として臨済宗の霊鑑寺《れいかんじ》・曇華院《どんげいん》などができたが、なかでも宝鏡寺《ほうきょうじ》は「人形の寺」として知られ、豊臣秀次の生母瑞龍院《ずいりゅういん》日秀《にっしゅう》が建立した日蓮宗の瑞龍寺も近江八幡に移って残っている。

東山の泉涌寺《せんにゅうじ》は、鎌倉時代に俊芿《しゅんじょう》の拓いた寺院であったが、皇室と幕府により天皇家の菩提寺として「みてら（御寺）」と尊崇された。そして後水尾《ごみずのお》天皇から孝明《こうめい》天皇にいたる天皇や主な皇族の葬礼や法要が行われ、後月輪陵《のちのつきのわのみささぎ》に陵墓が営まれているが、寛文八年（一六六八）に幕府により仏殿が再建された。

　真言宗では、仁和寺《にんなじ》も応仁の乱後荒廃していたが、家光の援助により再興され、紫宸殿《ししんでん》を移築した金堂、清涼殿を移築した御影堂、ついで五重塔も造られた。東寺は地震で大破した灌頂院再建や火災にあった五重塔が再建された。そして醍醐寺復興に尽くした同寺三宝院《さんぼういん》の義演、嵯峨の「虚空蔵《こくぞう》さん」法輪寺《ほうりんじ》中興の恭畏《きょうい》、家康の外護をうけて新義真言宗智山派の智《ち》積院《しゃくいん》を開創した玄宥《げんゆう》などがある。また深草の称心庵《しょうしんあん》には隠棲した碩学《せきがく》の僧元政《げんせい》がいた。

　新しい動きとしては、承応《じょうおう》三年（一六五四）、福建省福州の人、黄檗山万福寺《おうばくさんまんぷくじ》の禅僧隠元《いんげん》隆琦《りゅうき》が来日し、幕府の援助をうけ、宇治に寺院を設け、その学んだ寺の名をこれに付けた。この寺は明朝の禅とともに中国文化を伝え、「山門を出ずれば、日本の茶摘みかな」と歌われたりした。その流れに、鉄牛道機《てつぎゅうどうき》が出て黄檗禅を広め、鉄眼道光《てつげんどうこう》が全国から集めた浄財をもって、いわゆる鉄眼版大蔵経を刊行したことは知られる。

　神社の復興もなされ、上下の賀茂社は、本殿などは幕末に造替されたが、社殿の多くは寛永期に造営され、室町時代に中絶していた式年遷宮も、寛永五年（一六二八）に復活した。同九年には石清水八幡宮の社殿、平野神社なども修復され、八坂神社も神仏融合思想を反映した独特の本殿が、承応三年（一六五四）に再建された。それとともに祭礼などが復活している。

桂離宮と修学院離宮

秀吉は、武家として公家の筆頭である関白・太政大臣となり、公武を一統してその頂点に立ったが、家康は源氏長者・征夷大将軍となり、江戸に幕府を開いて政治の実権を握った。もちろん朝廷への対策を忘れず、家康はその政権が安定するとともに、天皇・公家を規制するため、金地院《こんちいん》崇伝《すうでん》（以心崇伝）に起草させて「禁中幷《ならびに》公家諸法度」を作成した。その第一条には「天子諸芸能の事、第一御学問也」と、天皇の職掌を定めている。また秀忠の娘和子《かずこ》を後水尾天皇の中宮として入内させ縁戚を結ぶとともに、その勢力を宮中に植えつけた。

もちろんそこでは政治権力を奪われた朝廷と幕府の対立があった。とくに寛永四年（一六二七）、大徳寺住持正隠宗知《しょういんそうち》に勅許された紫衣《しえ》を、徳川幕府が剝奪《はくだつ》したため、沢庵宗彭《たくあんそうほう》らが抗議する、いわゆる紫衣事件が起こった。すでに先の「禁中幷公家諸法度」には、紫衣の寺《てら》住持職《じゅうじしき》は希有のことなのに、近年は猥《みだ》りに勅許になるのは甚だ良くない、と規定しているが、ここで異議をたてて勅許を否定し、朝廷の権威を失墜させた。そしてこの措置に抗議した沢庵を出羽上之山《かみのやま》へ流すなど、強権をもって処置した。もっとものちに沢庵は許されて、三代将軍家光に重用され、品川の東海寺を開いている。

また春日局が後水尾天皇に拝謁することがあった。彼女は家光の乳母で、彼を将軍にするのに功績があったことから、幕府内での実力者であったが、無位無官で身分のない者を参内させ謁見させたことは、破格のことであり、天皇の不興をかった。

天皇はなかなか剛毅《ごうき》な方であったから、このような諸問題が起こるなかで、寛永六年一一月、三〇歳代前半の若さで退位して、和子（東福門院《とうふくもんいん》）との間に生まれ徳川の血をひく興子《おきこ》内親王（明正天皇《めいしょう》）に譲位された。もっともその後五一年の長きにわたって院政をしかれたが、退位は天皇の抗議の意思を示している。

この後水尾上皇を偲《しの》ばせるのは、上皇のためにつくられた修学院《しゅがくいん》離宮である。この離宮は洛北は比叡山山麓の傾斜を利用しつつ、上《かみ》・中《なか》・下《しも》の茶屋をもち、上の茶屋は浴龍池《よくりゅうち》とその周辺に隣雲亭《りんうんてい》などを配し、下の茶屋は寿月観《じゅげつかん》などの御殿からなる離宮である。そして明治一九年（一八八六）、宮内庁に返還された隣接の林丘寺《りんきゅうじ》の御殿・楽只軒《らくしけん》などにより中の茶屋が営まれた。この離宮は、さすがに上皇の営まれただけあって、伸びやかで、心が広がる思いがするので、私は好きである。

また、先には洛南の桂に後陽成天皇の弟智仁《としひと》親王による桂離宮が設けられた。親王は桂に知行所をもたれ、「瓜畑《うりばたけ》のかろき茶屋」を設けられたが、やがて築山・園地や古書院・月波楼《げっぱろう》をつくられた。親王の没後、別荘は荒廃したが、二代智忠《としただ》親王が整備され、新たに中書院・新御殿・笑意軒《しょういけん》などをつくられたという。中央の池に面して、主要な殿舎が並び、池畔には茶室が点在するが、建物の内装も斬新《ざんしん》で、この数寄屋風の書院と回遊式庭園はブルーノ・タウトが「日本建築の世界的奇跡」「永遠なるもの」と讃えている。

この二つの山荘は、近代になって宮内省の所管となり離宮となった。このような関係から一般公開はされていないが、何かの折があれば、ぜひ一見されることをお勧めする。

鷹ケ峰の芸術村——寛永期の文化人

京都の西北郊外に出ると、鷹ケ峰のなだらかな緑の半円が見えて、心を和やかにしてくれる。そしてこの山麓には、近世前期の文化・芸術の拠点として、重要な集落があった。それは元和《げんな》元年（一六一五）、本阿弥《ほんあみ》光悦《こうえつ》が徳川家康から、この鷹ケ峰の麓に広がる土地を拝領して、一門の者らとともに移住したことに始まる。光悦は、すぐれた文化人であり、書は近衛三藐院信尹《このえさんみゃくいんのぶただ》・松花堂昭乗《しょうかどうしょうじょう》とならぶ寛永の三筆とされ、絵画も良くし、嵯峨本に腕をふるい、蒔絵・陶芸に優品を残した。

もともと本阿弥家は、京都市中の小川通今出川上ル本阿弥辻子《ずし》（上京区）にあり、刀剣の拵《こしら》え、目利き・研ぎ・拭《ぬぐ》いなどを家職とした。刀剣には、刀身を鍛えるほかに、鍔・柄・鞘の拵えがあり、付属品の目貫《めぬき》・こうがいなどもあって、これらを製作する職人たちも金工・

木工・漆工や革細工・紐細工の者と多様であった。本阿弥家はこのような職人を差配していたと考えられるが、光悦はこの工芸職人の一団を率いて移住したのであろう。

また茶屋四郎次郎、雁金屋《かりがねや》宗柏《そうはく》、灰屋紹益《はいやじようえき》らも屋敷を構えて、ここは五五戸の集落となった。茶屋は初代清延《きよのぶ》から徳川氏の御用町人として活躍し、本能寺の変にあたっては堺にいて危機にあった家康を導いて三河帰国を助けたことで知られ、秀吉の代から安南（ベトナム）へ朱印船も出している豪商である。雁金屋も豪商で、その孫は著名な芸術家尾形光琳《こうりん》・乾山《けんざん》である。灰屋は佐野といい染物に使う灰を扱う商人、和歌・茶・蹴鞠《けまり》など諸芸能に通じた文化人で、『にぎはひ草』を記した。その妻は、京都の遊廓島原で名妓として知られた吉野太夫《だゆう》である。つまりここには徳川幕府の御用を勤めるような京都の豪商たちが集まったのであるが、彼らは文化人であり、おのずから鷹ケ峰は文化芸術活動の中心となった。

さらにこの地は、もう一つの顔をもっていた。もともと京都には室町時代より日蓮宗が町人の間に浸透し、法華一揆も起こすほどで、寺院も多かったが、鷹ケ峰の住人の多くも、蓮宗の信者であった。本阿弥一門は法華宗本法寺《ほんぽうじ》の檀那である。そして鷹ケ峰には本法寺から僧日慈《にちじ》が招かれて光悦寺が創建され、また身延山久遠寺《みのぶさんくおんじ》の日乾《にっけん》を迎えて常照寺《じょうしょうじ》もできた。なおこの常照寺の山門は、灰屋紹益夫妻の寄進になる。そしてここには学問所としての檀林が併置され、京都法華六檀林の一つとなっている。

このように鷹ヶ峰は、京都の有力町人たちが集まり交遊する場となり、美術工芸の芸術村であるとともに、法華信者の理想郷となったのである。

家元制度

近世社会の発展のなかで、町人社会にも歌舞・音曲から学問・文芸にいたる諸種の文化が趣味として広がっていった。そして京都では芸能が繁栄したが、それらは家元制度として定着していった。これは現在ではさまざまな問題を含む組織といいうるが、他方、芸道の伝統維持に功績があったことは否定できない。

まず茶の湯では、利休の死により逼塞《ひっそく》した千家が、徳川の世には復興した。利休の孫、千家第三世元伯宗旦《げんぱくそうたん》はすぐれた茶人であり、不審庵《ふしんあん》・今日庵《こんにちあん》の号をもち、「乞食宗旦」の異名があるように「侘《わび》」に徹した。そしてその流れを汲む表・裏・武者小路《むしゃのこうじ》の三千家ができ、また、藪内《やぶのうち》家などの各流派が成立した。

そしてこの家元と結んで、諸道具を製作する家もできた。なかでも「千家十職《じっしょく》」は知られているが、楽焼《らくやき》の楽吉左衛門、釜師の大西清左衛門、陶器の永楽《えいらく》善五郎をはじめ、一閑張《いっかんばり》細工師の飛来《ひき》、塗師の中村、表具の奥村、竹細工師の黒田、袋師の土田、金物師の中川、指物師の駒沢の各家があって、現在も盛業中である。なお茶の湯の受容層は、太平洋戦争前までは富裕な男性にもあったが、戦後はとりわけ女性の教養として広がっていった。

また華道の池坊《いけのぼう》家は、中世からの「立《た》て花《ばな》」で活躍していたが、近世に入って地位は確定し、中期には全国に門人が広がった。香道の志野《しの》流蜂谷《はちや》家も京都から出て、のち名古屋に移るが、これも名古屋・京都などに門人が多い。

能楽には、金剛《こんごう》流の野村家のち改姓した金剛家があり、後期から室町四条上ルに居を定め、京都の人々に親しまれた。最近、烏丸通で御所の西に新しい建物ができ、元の能楽堂を移しておられる。観世流では脇方の福王《ふくおう》家家元の服部家が活動したが、やがて二代片山九郎右衛門が観世屋敷の管理などを行い、この片山家をはじめ「京観世」の五家が成立した。もちろん金春・宝生《ほうしょう》・喜多《きた》・春藤《しゅんどう》・高安《たかやす》の諸流が競っていた。

島原と祇園

都市には遊所がつきものであるが、近世の都市では、国元に妻子を置いた武士や、各種奉公人などにも独身男性が多かったため、遊所は繁栄した。とくに幕府や藩は、治安的観点からも遊所を認めており、都市・町場などにはたいてい遊所が置かれていた。京都では公認遊廓の島原があり、また祇園や上七軒《かみしちけん》などには茶屋名義での遊所が栄えた。

島原は、江戸の吉原、大坂の新町と並んで、三大遊廓の一つであった。京都の遊里は、戦国期には五条東洞院《ひがしのとういん》にあったが、天正一七年（一五八九）には秀吉の認可により二条柳町《やなぎまち》に遊里ができ、それが慶長七年（一六〇二）には北は五条から南は魚棚《うおのたな》、東西は室町《むろまち》・西洞院《にしのとういん》の間に移され、六条三筋町《みすじまち》といわれた。そして寛永一七、一八年（一六四〇、四一）ごろ、さらに遊廓を下京は大宮通六条を西へ入った、丹波街道に近いところへ移転させた。この土地は、洛中の繁栄により、中心部に近い六条よりさらに外縁へ移したもので、その上で幕府は京の町々に傾城《けいせい》（遊女）を出さないように命じ、「傾城商売」を禁じた。当初は「西新屋敷傾城町」といわれたらしいが、移転のさいの騒動が折しも起こった島原の乱を彷彿《ほうふつ》とさせたとか、出入り口が一つなのは島原城の構成に似ているためとかいって、いつしかこの遊廓に島原の名がついたといわれている。

島原は、東西九九間・南北一二三間、廻りに堀を巡らし、東側に大門を設けて、一つの区画をつくり、内部には上《かみ》の町・揚屋《あげや》町など六町があった。中期には寂れたといわれるが、傾城屋三一軒、揚屋二一軒・茶屋一八軒、傾城は太夫一八人、天神《てんじん》八五人など五四九人いた（『京都御役所向大概覚書』）。今も遊楽の巷として名残をとどめているが、もちろんかつての状況はなくなり、往年の島原遊廓の建物で残っているのは、揚屋の角屋《すみや》と置屋《おきや》の輪違屋《わちがいや》くらいである。近世遊廓では遊女を抱えている置屋と、その遊女を呼んで客が遊ぶ揚屋に分かれていた。今、角屋は揚屋として営業していないが、観光のため公開しており、豪華な建物、さまざまな装飾や意匠が面白く、太夫の姿をした女性もいて、往時を偲ばせている。

また四条河原の東は、祇園社領であり、初期には農家も点々としている状況であったが、やがて門前町につながる家並みも広がり、祇園町として繁栄した。茶屋もできたが、四条通と花見小路通との東南角にある一力《いちりき》茶屋は、文楽・歌舞伎でよく演じられる『仮名手本忠臣蔵』の七段目「一力茶屋の段」として、大石内蔵助ならぬ大星由良之介が遊ぶ場所となっている。もっともこれは芝居の虚構で、大石は元家老といっても牢人の身分であり、祇園のような格式があり費用もかかるところでは遊べず、山科に近い伏見の撞木町《しゅもくまち》あたりで遊んだだろうとされている。

なかで四条通の賀茂河原に近い付近には、両側に芝居小屋ができ、五軒が建ち並んだこともあるが、今は南座のみが残っていて、顔見世興行は京都の師走を飾る催し物となっている。

角倉と高瀬川

京都は、内陸部にあったから、この大都市を支える物資の供給には注意を払わねばならなかった。たとえば秀吉は蔵入米の輸送にあたって、京都がもっとも高米価になるようにして、米の流通・集荷を進めている。

さて嵯峨の角倉《すみのくら》は、本姓吉田、前代から医家また土倉・酒屋として繁栄し、洛中帯《おび》座《ざ》座頭職を得るなど豪商として聞こえた。

なかにも角倉了以とその子素庵は、この時代に活躍し、慶長八年（一六〇三）より安南に朱印船を出し貿易も行った。また了以は、慶長一一年、大堰川《おおいがわ》の保津峡《ほづきょう》を開削、丹波からの水運を開いた。丹波は京都の後背地で、多くの生活必需品を供給したが、陸送には峠があり、困難であった。この水運ができたことによって、薪などの物価が下がったと『当代記』は伝えている。現在では、さすがに物資輸送には使われていないが、丹波亀岡から嵐山渡月橋まで遊覧客を乗せて観光船が運航されている。そして嵐山の大悲閣には、犂《すき》を持ち大綱を巻いて座とした、眼光炯々《けいけい》たる了以像がある。了以は、翌年には幕府の命をうけて、駿河の富士川に舟運を通じているが、このようにすぐれた土木・水利の技術をもって活躍した。

その了以が、京都市中に残したものが高瀬川《たかせがわ》である。瀬戸内海から京都にいたる水路は、淀川・神崎川水系に三十石船などが往来したが、それは淀・鳥羽・伏見までで、賀茂川は急流のため使えず、その先は陸運になっていた。そのため鳥羽には車借《しゃしゃく》と呼ばれる運送業者がいて、「洛中洛外図」には、賀茂河原を牛車が通っている図が描かれているが、それは土道では車跡が掘れるため、道の傷みを避けたためかと思われる。

この状況を打開するために、慶長一六年に起工し、一九年に完成したのが、了以の高瀬川である。これは賀茂川の西、河原町通との間を流れているが、起点は二条に「一の舟入り」

があり、そこから伏見まで、幅約七・二メートル（約四間）、一〇キロ余の運河で、さらに伏見から宇治川までの水路がつけられた。森鷗外の名作『高瀬舟』があるが、さまざまな思いをもつ人々が、この舟により往来し、また京都と他所を結んで多くの物資が運ばれたのであった。なお水域の土地買収、年貢運上など、総額七万五〇〇〇両は角倉が自弁したといわれる。宝永《ほうえい》七年（一七一〇）ごろには、一八八艘が就航し、上りは二条まで一四匁八分、下り七匁の船賃を取り、角倉は年間約一万両の収益をあげていたと思われ、幕府へは銀二〇〇枚の運上をだしていた。

また素庵は本阿弥光悦の協力を得て、古典・謡本を主とした角倉本（嵯峨本）を刊行し、光悦とともに洛下の三筆といわれるなど、文化の上でも大きな貢献をした。

金・銀座と升座

京都が、首都としての伝統から全国経済のなかで重要な役割を果たしたと記したが、それを裏付けるのは、経済の基軸となる貨幣や量衡器が、京都でつくられたことである。

ごく初期の状況はわからないことが多いが、貨幣では、大判は室町期の彫金家後藤祐乗《ごとうゆうじょう》の流れを汲む後藤徳乗《とくじょう》が鋳造し、小判は金座・小判座の者が製造したが、『京都金座人由緒書』によると、堺・大坂・伏見にいた関係者が、慶長年中京都に集められ両替町《りょうがえまち》に住んだという。そして元禄以前には姉小路通車屋町《くるまやちょう》（中京区）の後藤庄三郎《しょうざぶろう》方に金座が置かれていた。後藤庄三郎は旧姓山崎、徳乗の弟子である。また銀座は末吉勘兵衛《すえよしかんべえ》・後藤庄三郎の差配により、淀屋次郎右衛門《よどやじろうえもん》ら一〇人の年寄で構成されていたが、堺出身の大黒常是《だいこくじょうぜ》が慶長六年（一六〇一）五月から伏見で丁銀・豆板銀を鋳造し、伏見両替町に屋敷が与えられていた。末吉は摂津平野郷の豪家として知られる。のちには金・銀座ともに江戸に中心が移るが、前期では京都に本拠があった。

また銭貨《せんか》は、初期は永楽通宝・洪武《こうぶ》通宝などの中国貨幣を基準にして、その国産模造品なども含めて通用した。そして徳川幕府により寛永通宝が造られ、国産通貨が流通することになるが、これは当初は江戸・近江坂本、ついで全国八ヵ所で鋳造されている。坂本は比叡山の門前町、琵琶湖水運の拠点であった。金・銀座は固定した業者がなっているが、銭貨はそのつど業者が変わった。なお元禄期の荻原重秀《おぎわらしげひで》による新銭（寛永通宝）鋳造は七条通高瀬川沿いで行われた。

また幕府は経済関係の基盤としての度量衡の整備を行ったが、これも京都の業者が関係する。まず米穀などを計る升は、石高制をとる体制のなかでは重要なものであったが、これについては全国を東西各三三ヵ国に分けて、それぞれに通用する升を、東は樽藤左衛門《たるとうざえもん》家が製造し、西は山村与助《やまむらよすけ》らの御用大工に製作を命じていたが、寛永一一年（一六三四）、京都の福井《ふくい》作左衛門《さくざえもん》が升座となった。藩経済の独自性を維持するため、藩内通用の升をもつ藩もあったし、納升《おさめます》・払升《はらいます》など種類も多かったが、畿内・西日本通用の一般の升は、福井家が製作する京升が基準となった。これは一升升でいえば四寸九分四方、深さ二寸七分で、現在のものと同様であった。かつて私は福井家の古文書を調査させていただき、京升座についての論文を書かせてもらったが、福井家は市中において現在も盛業中である。

同じように秤《はかり》は東の守随彦太郎《しゅずいひこたろう》に対して神善四郎《じんぜんしろう》が秤座となり、その目方の基準になる分銅は後藤四郎兵衛《ごとうしろべえ》が製造した。

つまり流通の基本になる貨幣・量衡器は、幕府はそれなりに管理をし、畿内などのそれは京都で製造をさせたのである。なおその他で幕府から特権を認められたのは朱座《しゅざ》で、徳川氏の隠密ともいわれる小田助四郎《おだすけしろう》が、中国で学んだ製法をもって、朱や朱墨の製造・販売を独占的に行い、幕府へは運上銀を納めた。

西陣

大坂が、大衆的生活必需品である木綿・油などの生産や銅・鉄などの金属加工で栄えた産業都市とすると、京都は、内陸部の不利を、西陣の絹織物に代表される高級品生産に、すぐれた伝統と技術をもって活路を開いていく。

西陣は応仁の乱において、西方の軍が陣したので、この地名がついたといわれる。現在では西陣というと、西陣織とその機業を思うが、和服の着用が減少するなかで、いくたびも危機をささやかれながら、伝統と創造により繁栄を続けている。この界隈を歩くと、通常の民家から思いがけない機の音が聞こえてくるが、糸・織・染・縫などの工程に分かれ、業者は自家を仕事場とし家族も共に働く経営も多い。その意味で、ここは伝統と技術を誇る手工業地帯となっている。

この原料になる生糸は、近世前期においては中国から輸入していた。そして幕府は慶長九年（一六〇四）、唐船の糸割符制を命じて、これを統制しようとした。この割当額は、はじめ京・堺・長崎各一〇〇丸《まる》（一丸は五〇斤）で、貿易港と京の織物業を認めた割当額である。さらに京の呉服所には現糸《げんし》六〇丸つまり白糸《しらいと》三〇〇〇斤が与えられた。この呉服所の町人は六名で、後藤縫殿助《ぬいのすけ》（二〇丸）、茶屋四郎次郎・茶屋新四郎《しんしろう》・上柳彦兵衛《かみやなぎひこべえ》・三嶋屋《みしまや》祐徳《ゆうとく》・亀屋《かめや》庄兵衛《しょうべえ》（各八丸）、いずれも幕府と関係の深い豪商である。のち寛永八年（一六三一）には堺は一二〇丸と二〇丸増加し、江戸五〇丸・大坂三〇丸や博多一二丸半などもあって動いているが、いずれにしても京都の比重は高かった。

その後、この仕法はたびたび変更された。明暦元年（一六五五）には廃止されて自由取引となり、寛文一二年（一六七二）からは「市法《しほう》」商売制となったが、貞享《じょうきょう》二年（一六八五）

に糸割符制が復活された。このとき京都の関係者は七五名で、年寄四・中老五・請払役二・糸目利役二・御物端物目利役一の役人がおかれていた。

この仲間は、元禄一〇年（一六九七）糸割符制の改正で、一定の現糸しか与えられず打撃をうけたため、新銭鋳造を願い出た。そして元禄・宝永《ほうえい》年間に七条通高瀬川沿いの地で、寛永通宝や一〇文の大銭《たいせん》を鋳造した。新銭は一七三万六六八四貫文、幕府運上二二万九八四六貫余で、少し利益はあった。大銭は宝永五年（一七〇八）に一〇万貫を鋳て五万貫を運上したが、品質の劣悪さで嫌われ、一年で終わったため、設備投資などが回収できず、仲間は困ったらしい。

このころには国産糸（和糸《わし》）の生産が進み、一七世紀半ばから京都へ送られるようになった。正徳《しょうとく》六年（一七一六）には約一三万斤の和糸が移入され、元禄二年（一六八九）には九軒であった和糸問屋も享保《きょうほう》一九年（一七三四）には三四軒となり、中期には品質も輸入白糸を凌ぐものとなっていた。そのなかで糸割符制も、次第に影が薄くなっていった。

豪商の誕生と盛衰

角倉らの初期豪商についで、一七世紀には多くの問屋・商人が生まれ、大名貸を行う巨商も多かったが、かなりの変動があった。そのいくつかの家について見ておこう。

那波屋九郎左衛門《なわやくろうざえもん》は京一番の銀持とされ、岡部家・本多家・越後松平などに金融を行っていたが、他にも両替屋善五郎・井筒屋三郎右衛門など大名貸を行う豪商は多かった。彼らは互いに「枝手形《えだてがた》」を発行して、共同して貸付を行った。これは危険分散をはかったものであったが、一七世紀後半に大名側のきびしい踏み倒しにあったため、かえって危機が広がり、五十数家にものぼる倒産が起こったのではないかと考えられている。

しかし成功した業者も、もちろん多かった。

松坂から出た越後屋・三井高利《みついたかとし》は、京都に仕入店、江戸に呉服店を設け、三都に両替店をもったが、京都の両替店に本拠を置き、事業を統括した。近江商人の白木屋《しろきや》・大村彦太郎《おおむらひこたろう》も京都に本拠を置いて江戸へ進出したし、大丸《だいまる》・下村《しもむら》家も初代正啓《まさひろ》が、享保二年（一七一七）に伏見京町八丁目に呉服店を出し、その後、三都や名古屋などに店舗を広げるが、元文《げんぶん》元年（一七三六）には総本店を京都の東洞院舟屋町《ふなやちょう》に置いている。これらが近代百貨店の源流であることはいうまでもないだろう。

また近江高島郡から出た小野家、先祖は肥後・加藤の家臣という柏屋《かしわや》・柏原《かしわばら》家、法衣《ほうえ》の千切屋《ちぎりや》・西村家などがあった。

成功した家では、暖簾《のれん》を大事にし、家の存続が大きな願いとなった。そのため同族団や本家・分家また別家の組織ができた。また家訓がつくられている。それは公儀法度を守る、家名の尊重・家内の和融、生活規範などを定めた。そして主人といえども不行跡などがあれば、意見するのはもちろん、家の存続のためには「押し込め」るくらいにしてよい、などとした。そして暖簾は家紋や商品を記して、店先にかけるものであるが、家業の象徴として「暖簾を守る」ことがいわれるようになった。

また、本家・分家あるいは末家の同族組織が生まれ、本家を中心に家業の発展・永続をはかった。奉公人の場合も、永年勤めあげたさいに相応の退職金などを与えたが、独立して店を開く者には別家として屋号を与えることもあった。別家は本家との関係が密で、冠婚葬祭などにも駆けつけて世話をした。

同業者の間には、株仲間が成立した。座・仲間は、楽座政策をうけて、初期には禁止となっていたため、金・銀座や糸割符仲間のような特定の座・仲間を除いては存在しなかった。しかし次第に業者間の親睦や取決めのため仲間ができ、享保以降には幕府は管理・統制のため必要を認め、とくに田沼《たぬま》時代には運上を求めたから仲間が増大し、京都の仲間も一六〇種を超え、ほとんどの商職種に成立した。

人口の変化

近世の日本は、都市の繁栄した時代であり、京都・大坂・江戸の三都をはじめ城下町・港町・宿場町などが発展し、なかでも三都は世界でも有数の大都市となった。

京都は、三都の一つとして栄えていた。とくに政治的にも拠点であった豊臣時代は、人口数値は残っていないが、豊臣家家臣や参勤の大名・家臣ら武士が多く居住し、城郭や都市の建設による労働人口の存在を考えると、それは巨大なものであったろう。もともと首都であった上に、新たな要素が加わったのであり、当時は宇治付近まで人家が並んだといわれるから、一〇〇万近い人口はあったと推測している。

将軍家光が上洛した寛永一一年（一六三四）に、町方人口四一万八九人・戸数三万七〇八七の数字が残っていて、近世中期の人口を超えているが、これは近世前期の繁栄の名残と見られる。そして寛文五年（一六六五）に三五万二三四四人と減少し、以後は三四、五万で経過した。ただ、その間の延宝二年（一六七四）には四〇万八七二三人（『玉露叢《ぎょくろそう》』）との記録があるが、少し突出しているので、指摘にとどめる。

この人口の動向に参考になるのは、京都から西に向かう西国街道最初の宿場町向日町《むこうまち》の上之町《かみのまち》の状況である。向日町には上・下二町あるが、上之町は元和二年（一六一六）には一九七戸、空き家六一があった。それ以前の数値は残っていないが、この時期は大坂の陣での戦時的な街道の賑わいも収まった折で、空き家が多くなったのであろう。豊臣期や徳川初期には多数の民家需要があり、空き家が埋まっていたとすると、約二五〇戸の時期があったと見られる。そして徳川期には先のように二〇〇戸足らずになり、さらに一八世紀には一〇〇戸前後の戸数となっていた。通常は後代になるほど、人口・戸数は増加するものと考えられているが、これを参考に考えると、京都の場合は、豊臣期に相当な繁栄をしたが、その後は衰退し、ついで近世中期の展開につながるといえる。

ともあれこの巨大な都市は全国市場の中心になり、周辺地域も展開を遂げた。近郊における蔬菜《そさい》などの栽培も進んだが、各地から多くの物資が流れ込んだ。また豊臣政権は物資とくに米穀の確保に努め、その輸送を円滑に行うようにした。たとえば日本海側の直轄地から蔵米を移入するさい、敦賀・大津など各地の米価を記録しているが、それは低価格から高価格へとなっていて、生産地から消費地への移行という市場形成とともに、ある種の価格管理を行っているように見える。いずれにせよこれによって米穀は経済的に必然の流れとなって畿内に入り、巨大な人口を養う米穀を確保できたのであった。当時の京都は全国市場の核であり、のちの大坂の役割も担っていたことがわかる。

始末でもって立つ

このように京都は全国経済の中心であったが、一七世紀後半にはその地位にかげりが見えてくる。越後屋の当主三井高房《たかふさ》が記した『町人考見録』には、当主の遊興や大名貸の踏み倒しなどによって、この時期に那波九郎左衛門ら京都の豪商五十数家が没落したことを記して、子孫への戒めとしている。商家の場合には盛衰が激しいが、しかしそれにしても一時期の一つの都市で、これだけ没落する家が出るのは普通ではない。それは全国市場における京都の地位の低下を背景にしている。

京都は、首都として政治・経済の中心となっているが、もともと内陸部にあり、経済活動には不利であった。それは物資の流通を見ても明らかである。そこでは大量の輸送が可能になる水運が重要であるが、京都は瀬戸内海・日本海どちらの海からも遠い。瀬戸内海からは淀川を鳥羽・伏見まで来るが、それから先は賀茂川が急流で使えず、馬借や車借といった馬や車を使う運送業者が活躍した。そのため近世前期には角倉了以が京都二条から伏見へ高瀬川を造ったが、その立地の不利は免れなかった。また日本海側の物産は、七里半《しちりはん》街道を敦賀から塩津《しおづ》へ、若狭（九里半《くりはん》）街道を通って小浜《おばま》から今津《いまづ》へと、いずれも琵琶湖岸へ送られ、湖上を大津、さらに大津から京都か伏見、さらに大坂へ運ばれた。これは日本海側からもっとも距離的に近いルートだが、陸運・水運を交互にしなければならず、荷物の積み替えもあって、不便であった。また若狭街道から分かれて朽木谷《くつき》に入り、比良・比叡山系の麓を通り八瀬・大原を経て洛北へいたる朽木街道もよく使われたが、これも山間の陸路で途中峠などもあり、荷物輸送には困難であった。したがって流通の便は明らかに悪かった。なお丹波からも峠越えの陸路しかなかったが、これは角倉了以により大堰川の開削がなされて亀岡から嵯峨への水路ができ、これによって薪などが下落したとされるなど京都の経済にも影響を与えた。

しかし寛文年間（一六六〇年代）には、日本海側から下関を経由して瀬戸内海へ入り大坂へ着く、西廻《にしまわり》航路が開かれた。これは遠回りになるが、船便により一貫して大量輸送できるため発展した。さらに大坂と江戸を結ぶ東廻航路が開かれると、おのずと物の流れは大坂へ集まることになり、この地が全国市場の中心になり「天下の台所」として発展する。もともと大坂は、摂河泉の平野を控え、淀・大和の両大河の河口にあって内陸部とは水運で結ばれ、また瀬戸内海に面して、京都よりはるかにすぐれた立地にあった。

このころ、西鶴の言葉を借りれば、京都は「始末でもって立つ」（『日本永代蔵』）という町になった。既存の経済基盤の上に、質素倹約で家を維持するという状況を、西鶴はさすがに短い表現で喝破したのであった。

もっともそのなかで積極的に大坂へ進出する者も多かったであろう。早くは寺町松原下ルにあって薬種商であった泉屋住友《いずみやすみとも》の初代政友が、姉婿蘇我寿済《そがじゅさい》により、銀銅吹き分けの技術を伝えられ、寛永元年（一六二四）、大坂へ店を出すが、銅精錬業のような重量物を扱う店舗であれば、当然の選択であろう。他の業種にもみられたであろうが、元禄期には十数名の蔵元・掛屋《かけや》が大坂へ進出していた。

京都の学問・文学

京都の学問は、さすがに神道・仏教・儒学・蘭学などと各分野における権威が揃っていた。そのため各地で名を上げた学者のうち、かなりの者が京都で学んでいる。

神道は、吉田神社の吉田兼倶《かねとも》が説いた唯一《ゆいいつ》神道が知られ、神道を万物の根本として、儒・仏・道などを総合した。これを体現する大元宮《たいげんぐう》が吉田山にある。

仏教は、前に記したように各宗本山があり、それぞれ信仰と教学の中心となった。

さて近世儒学の発展は、京都から始まる。まず藤原惺窩《ふじわらせいか》は下冷泉《しもれいぜい》家の出で、永禄四年（一五六一）、所領の播磨細河庄に生まれ、はじめ竜野《たつの》の景雲寺《けいうんじ》、京都の相国寺に入って仏教を学んだが、儒学に接し、とくに朝鮮人姜沆《かんはん》らから朱子学を学び、やがて還俗し、京学の祖となり、林羅山《はやしらざん》・松永尺五《まつながせきご》・堀杏庵《ほりきょうあん》・那波活所《なわかっしょ》らを育てた。家康に招かれたが、固辞して、門人林羅山を推した。羅山は京都四条新町の生まれ、慶長一〇年（一六〇五）二条城において家康に謁見し、ついで剃髪して道春《どうしゅん》と名乗り、幕府に仕官した。そして幕府御用の学者となり、その後林家は大学頭《だいがくのかみ》として代々受け継いで、幕末にいたった。また羅山の門下には俳人松永貞徳《まつながていとく》の子尺五があり、この門から木下順庵《きのしたじゅんあん》が出て幕府に仕え、新井白石《あらいはくせき》・室鳩巣《むろきゅうそう》・雨《あめの》森芳洲《もりほうしゅう》らを育てた。白石は六代将軍家宣《いえのぶ》、鳩巣は八代吉宗の侍講《じこう》として活躍したことは知られる。

また伊藤仁斎《いとうじんさい》は、堀川に塾古義堂《こぎどう》を開き、その子東涯《とうがい》が継いだが、孔子・孟子の古典に帰って学問を深めようとしたので、古学といわれ、塾の所在地から堀川学派といわれた。仁斎は『論語古義』『孟子古義』また『童子問《どうじもん》』などを著し、東涯にも『制度通《せいどつう》』などの書がある。なお仁斎の父了室《りょうしつ》は商家の出であるが、母那倍《なべ》は連歌師里村紹巴《さとむらじょうは》の孫、先妻嘉那《かな》は尾形光琳の従姉と、京都文化の人脈のなかにいた。

京都の土地柄にふさわしいというべきか、神・儒・仏の三教をふまえて、町人に生活の実践道徳を説いたのが、石田梅岩《いしだばいがん》の心学である。梅岩は丹波の人、商家に勤めたが、石門心学を開いた。これは心学道話といわれるように、たとえ話などをひきつつ、わかりやすく講義したので、広く庶民の間に広がった。そして享保年間、改革の進むなかで、その時流にも合って、発展した。京都には梅岩の門人に手島堵庵《てじまとあん》や『鳩翁道話《きゅうおうどうわ》』を著した柴田鳩翁があり、また堵庵の弟子中沢道二《なかざわどうに》は江戸へ出て、心学を広めた。

国学では、契沖《けいちゅう》の門人に今井似閑《いまいじかん》があり、『万葉緯《まんようい》』を著した。また国学四大人《したいじん》（荷田《かだの》春満《あずままろ》・賀茂真淵《かものまぶち》・本居宣長《もとおりのりなが》・平田篤胤《ひらたあつたね》）の筆頭荷田春満は伏見稲荷の神官羽倉《はくら》家に生まれ、『万葉集』『日本書紀』『令義解《りょうのぎげ》』などの注釈を行うなどしたし、江戸にも下って講義を行った。向日町の向日神社の社家六人部《むとべ》是香《よしか》もいた。

文学では、松永久秀の孫松永貞徳《ていとく》は、里村紹巴に連歌を習ったが、山崎宗鑑《やまざきそうかん》の俳諧連歌にも学び、しゃれ・おかしみを付して、俳諧を興し、北村季吟《きたむらきぎん》らが出ている。

医学・本草学も盛んで、医学では初期の曲直瀬道三《まなせどうさん》の李朱《りしゅ》医学に対して、名古屋玄医《なごやげんい》が古医方《いほう》を唱え、この流れに後藤艮山《ごとうこんざん》があり、香川修庵《かがわしゅうあん》・山脇東洋《やまわきとうよう》・吉益東洞《よしますとうどう》なども出て、発展した。東洋は六角《ろっかく》獄舎で囚人の解剖に立ち会って『臓志《ぞうし》』を著している。また産科医の賀川《かがわ》玄悦《げんえつ》らがあり、蘭方にも小石元俊《こいしげんしゅん》は古医方から転じ、江戸で杉田《すぎた》玄白《げんぱく》や大槻玄沢《おおつきげんたく》に学んで帰京、その子元瑞《げんずい》や海上随鷗《うながみずいおう》（稲村三伯《いなむらさんぱく》）・日野《ひの》鼎哉《ていさい》・新宮凉庭《しんぐうりょうてい》らを育てた。

伏見騒動

京都における都市騒擾《そうじょう》は、町の構造にも関係するのか、他都市と比べてもあまり多くはない。そのなかで、天明《てんめい》五年（一七八五）九月、伏見の町人が伏見奉行小堀政方《こぼりまさみち》の暴政を訴えた事件は、都市町人の運動として重要なものであった。

これは深草の真宗院《しんじゅういん》香山和尚の援助があり、有志が会合し、結局、伏見下板橋二丁目に住む元年寄文殊《もんじゅ》九助《くすけ》と京町北七丁目の丸屋九兵衛が代表して出府し、寺社奉行松平資承《すけつぐ》の下城を江戸一ツ橋屋敷門前において待ち受け、訴訟を行ったものであった。これは幕府や小堀を直接の対象にはせず、小堀配下の奉行所役人の悪事を追及する形を取っているが、明らかにその責任を追及したものであり、さらに直接の支配関係を越えた越訴で、違法の訴訟であったため、願書は差戻し、両名は入牢を命ぜられたが、あらためて願書を提出したのち、両名は年末には帰京を許され、翌年正月に伏見に帰った。

事件ののち編まれた『雨中之《うちゅうの》鑵子《かんす》』によると、訴状は三九条、追訴文を含めると全五二条に及ぶ大部のもので、小堀家の用人や与力・同心・目明し、両替一五丁目年行事年寄と下働きなども訴えられていた。

その内容は、小堀は就任直後に富裕な者に御用金を懸け、さらに参府御用金一五〇〇両を課したので軒別銀二匁五分をあつめて九〇〇両、残り六〇〇両を富裕な者が負担したが、このように多額の御用金を取り立てて町人を苦しめ、また運上金により苗字御免や問屋株を得る者が出て、町中が騒動に及ぶことになった、といい、さらに博奕《ばくち》会所を設けて人々を引き入れ、さらに入札には不正が多く、賄賂《わいろ》が公然と行われた、などとその失政を訴えたのであった。

小堀政方は、近世初期に建築や造園にすぐれた手腕を発揮し、古田織部《おりべ》から茶の伝授をうけ、幕府の畿内代官としても敏腕を振るった遠州小堀政一《まさかず》の流れで、政方もはじめは前奉行の政治を改め、町役の軽減や伏見の車方や船の保護などを行っていた。しかし小堀家は近江の一万石余の小大名で、もともと財政的に苦しかったところへ、政方が遊芸に狂い女に迷うなどし、これにともなって家中の者も悪事に走ったため、それらの負担を課せられて、伏見町人が苦しんだのであった。

幕府は、この訴訟をうけて、京都町奉行丸毛《まるも》政良《まさよし》の係り、伏見奉行久留島《くるしま》通祐《みちすけ》の立会いで吟味をしたが、それは進まず、関係者の入牢や公事宿《くじやど》預けなどになるなかで、当初の七同志のうち五名が死することになった。しかし天明七年に松平定信《さだのぶ》が老中となって「あまり年月重るにつき、関東にて直に御究明」となり、江戸で吟味を行った結果、小堀は領地没収の上、大久保加賀守にお預け、息子主水は改易、家士財満平八郎は死罪、などの処罰が下った。そして町人側は「何之《なんの》御構無之旨《おかまえこれなきむね》」申し渡されて、訴訟は町人の勝利に終わったが、四年に及ぶ訴訟のなかで、すべての同志が亡くなっている。

町代改義一件

近世京都においては、都市全体を統括する惣年寄が置かれている。それは茶屋四郎次郎のように初期からの幕府と関係深い大町人ではあるが、中期以降には多分に形式的なものとなり、儀礼をつかさどる役割になっていた。また町々には町年寄があり、町政を見ていたが、これも名誉職に近くなっていた。そのなかで文化《ぶんか》一四年（一八一七）七月三日、上良組《かみうしとらぐみ》釜《かま》之《の》座町《ざちょう》年寄石黒藤兵衛ら、一二町一二名の町年寄が、東町奉行所に町代《ちょうだい》の横暴を訴えた。

町代は、本来町々において町年寄のもとで、公用の取次ぎや町用を勤める者であり、町が一定の金銭を出していた雇いの者であったが、そのうちに権限をもつようになり、「御公用ヲ相勤候身分ニ付、御公用之儀ハ年寄呼寄沙汰致候」つまり御用を勤める者として、そのさいは町年寄を呼びつける、という状況になり、また家屋敷の売買にも関与するなど、町内で次第に力をもつようになっていた。そして上艮組では町代山中仁兵衛が、組町《くみちょう》に相談もなく、栄次という男を養子にし、さらに仁兵衛病死により、栄次が跡目相続したが、組町への挨拶に彼は下駄履きで来る始末、これによりついに我慢も切れ、訴訟となった。そして組町・町代双方から見解を出したが、結局、文政《ぶんせい》元年（一八一八）一〇月、組町の勝利となった。

この済状には二〇項目に近い内容があるが、そのいくつかをあげておこう。

御用向諸通達などは前々の仕来たりどおり大切に勤める、に始まり、御触は遅滞なく一町限に持参する。諸願に役所へ出た時は、町代が滞りないように丁寧に勤める。入用銀の両替包の入目《いりめ》を正路《せいろ》にし、異議を立てないこと。家屋敷買得のさい町代の加判・奥印《おくいん》、吟味料を廃止する。町代居宅の軒役・町入用とも町中へ差し出す。町年寄の交代には請状を役所へ出し、町代への一札は出さない。触書には町代とのみ記し、苗字は書かない。町代は自分の宗門帳・居宅譲状を町役へ差し出す。町入用などは年寄立会いで勘定し、町代の給銀を役料といわない。町代は玄関に式台を作らず、高張提灯《たかはりちょうちん》を立てない。宗門帳は町中で取り集めて役所へ出し、町代に控を渡さない。小番を召し抱えるさいは、組町へ届け出る。町代は役所へは帯刀、組町へは無刀で出る。

このような内容を見ると、町代は公儀の一端を担うものとなっていて、役所へ帯刀で出頭し、通達・触書や願い事など役所と町内の関係事務が円滑に進むようにしたことを知りうる。それとともに町においてもさまざまな役割があり、とくに町人の身分に重要な意味をもつ家屋敷購入にも吟味をし、加判や奥印をしたように、ある意味で決定的な位置にいたことがわかる。たしかにこれらの用件は、名誉職に近い町年寄では処置ができないことは明らかであるから、町代を置かないでは町政は動かなかったであろうが、そのため本来は町抱えだった者が、役人のごとくに、町を引き回し問題になったのであった。

さまざまな文化人

京都には多くの文化人が住み、活動していたが、その名を伝える『平安人物志』も文化一〇年・文政五年・同一三年・天保《てんぽう》九年・嘉永《かえい》五年・慶応《けいおう》三年の各版がある。それは四一九名から八三〇名と人数にはばらつきがあるが、学問から芸能まで多くの人材を記して、京都文化の厚みを示している。

これらの文化人で特色のある人物を記しておこう。

京都には、儒学には寛政異学の禁を推進した柴野栗山《しばのりつざん》や西山拙斎《にしやませっさい》、考証学の皆川淇園《みながわきえん》・村《むら》瀬栲亭《せこうてい》や猪飼敬所《いかいけいしょ》、あるいは田能村竹田《たのむらちくでん》らがいた。また宮津《みやづ》藩家老の子で、この世を「ウリカイ」の世とみる独特の経世論をもった海保青陵《かいほせいりょう》も、晩年を京都で過ごした。

また新しい学問の流れである蘭学においては、順正書院《じゅんせいしょいん》を創設、『破レ家ノツヾクリ話』を書き『窮理外科則』などの訳書を出した新宮涼庭や、『訳鍵《やくけん》』などを著した藤林普山《ふじばやしふざん》などがあり、解剖を行った小石元俊とその子元瑞、『波留麻和解《ハルマわげ》』の著者稲村三伯（海上随鷗）がある。さらに清新な詩また狂詩文をつくり、居所を銅駝余霞楼《どうだよかろう》などとした中島棕隠《なかじまそういん》や書家として知られた貫名海屋《ぬきなかいおく》も含まれている。「女流」も十数人記されているが、なかでも大田《おおた》垣《がき》蓮月《れんげつ》や詩人梁川星巌《やながわせいがん》の妻紅蘭《こうらん》が知られている。

さて三条大橋の東南のたもとに、西北に向かって平伏している高山彦九郎《たかやまひこくろう》の銅像がある。今では彼の逸話を知らない人も多いだろうし、何をしているか不思議に思われるだろうが、私たちのように太平洋戦争前の教育を受けた者には、なじみのある像である。高山は、近世中期、上野《こうずけ》国の人、この時期には徳川幕府の勢威もまだまだ盛んであり、尊皇論を唱える者は少ないなかで、諸国を廻って尊皇を説いた。そして京都に来た高山は、御所の塀が破れているため、三条大橋からその灯火が見えたことを悲しみ、平伏し涙を流して拝んだ、という。

それは戦前の皇室崇拝の風潮のなかで、その逸話をもとにつくられた銅像であった。その後、彼は尊号事件——光格《こうかく》天皇が父の閑院宮典仁《かんいんのみやすけひと》親王に太上天皇の尊号を贈ろうとして、幕府老中松平定信に反対されたこと——を聞いて自刃したといわれるが、激情の人であった。そして天皇陵の調査を行い『山陵志《さんりょうし》』を著した蒲生君平《がもうくんぺい》、海防の必要を説いて『海国兵談《かいこくへいだん》』を記した林子平《はやししへい》とともに、寛政の三奇人といわれた。

先に越後の人竹内式部《たけのうちしきぶ》が公家に大義名分を説いて、幕府から処罰された宝暦《ほうれき》事件（一七五八年）があったが、そのころから幕府批判のなかで、天皇家への尊崇を説く尊皇論が盛んとなった。のちには『日本外史』などを著して尊皇論を説いた頼山陽《らいさんよう》が、安芸竹原《たけはら》から京都に移り、賀茂川河畔の山紫水明処《さんしすいめいしょ》と名付けた家にいたが、この家は今も残っている。

幕末、京都は政局の中心になり、諸国から尊皇攘夷《じょうい》論の志士たちが上京して活躍したから、それらの史跡も残っている。たとえば薩摩・長州の同盟に尽力し、大政奉還に活躍した土佐の郷士《ごうし》坂本龍馬《さかもとりょうま》・中岡慎太郎《なかおかしんたろう》が、慶応三年（一八六七）京都見廻組に討たれた河原町通の近江屋跡には碑がある。また、伏見の船宿寺田屋は、文久《ぶんきゅう》二年（一八六二）尊攘激派の薩摩藩士有馬新七《ありましんしち》らが島津久光《ひさみつ》の上意討ちにあった寺田屋事件や、慶応二年（一八六六）坂本龍馬が幕吏に襲撃され負傷する事件があった。現建物東隣の旧遺跡には「薩藩九烈士遺蹟表」が建っている。

おかげまいり

近世には伊勢神宮への参詣が行われ、それが成人式のようになっていて、近代にも受け継がれていた。そのなかで、近世には宝永二年（一七〇五）・明和《めいわ》八年（一七七一）・文政一三年（一八三〇）におかげまいりやぬけまいりといわれる集団的参詣の波が起こった。

明和のおかげまいりは、京都宇治、文政のそれは徳島から始まったとされるが、その範囲は畿内・東海から中部・四国・九州に及び、参加人員は数百万から五〇〇万に達すると推定されている。これは当時二〇〇〇万前後と推定される人口の四分の一を超えるもので、巨大な大衆運動であった。そこでは天空からお札が降り、鳩がお祓《はら》い札をくわえてきた、といった奇瑞《きずい》がささやかれた。

さて『浮世の有様』が伝える文政のおかげまいりは、

京師《けいし》にては閏月十日頃より浮れ出し、一統に参宮し、施行《せぎよう》をなす事も大坂より多し。（中略）相応のなりして参りぬる者には、少しも施行なく、見苦しく哀れなる者には、過分の施行をなし、施行駕《かご》・施行馬立派に出立《いでたち》、緋《ひ》ちりめんの襦袢《じゆばん》、下帯、又は十計《とおばかり》なる娘の振袖を着し、帯にはつるべ縄をしめて、老人又は難渋にて路銭持たざる者をえらびて、程よく世話を成しぬると聞り。

裕福な者は緋ぢりめんなどの衣装と凝っているが、貧しい者や町家の奉公人は着のみ着のままで、当時の社会で旅行などほとんど望めなかった階層が、これを好機とし、沿道の施行をうけて、参宮に出かけたのであった。幕府は、このような大衆行動を、支配を無視するものとして警戒しており、現に天保飢饉《ききん》のあと同一〇年に稲荷豊年踊が大流行したのを禁止しているが、おかげまいりのように大規模になると、止めることもできず黙認せざるを得なかった。もちろん、これを妨げようとした者には神罰が下ったというような噂が飛び、町家の主人らが使用人の行動を苦々しく思っても、それを認めざるを得なかった。

これらの行動は、都市うちこわしのように、権力や豪富の者に直接行動に出るのとは異なるもので、政治批判とまではいえないが、封建社会のなかで世直しを希求する底流に発しており、さらに男が緋ぢりめんや娘の衣装などを着るという異装をして参宮旅行をするということが示すように、封建社会での日常に縛られた人々が、束の間の解放感を味わったのであった。

それについて思い出すのは、太平洋戦争後、敗北とアメリカなどの占領下にもかかわらず、大阪などの町で踊りが盛んに行われたことである。それは長く暗い戦争からの解放感によるものと思っているが、こうした社会現象はしばしば起こるものらしい。

四、幕末の争乱

尊皇攘夷運動

幕末の政局はたびたび転変した。それまで幕府によって非政治的存在として抑えられていた朝廷が、そのなかで幕府に対抗する政治運動の核として浮かびあがり、そのため京都が政局の中心となった。そして、この動きを封じようとする幕府と、いわゆる勤皇の志士たちとの間で、政争が繰り返された。

このなかで幕府は朝廷との関係を深めるため、将軍家茂《いえもち》の夫人として孝明天皇の妹和宮《かずのみや》の降嫁を奏請した。和宮には先に有栖川宮熾仁《ありすがわのみやたるひと》親王との婚約が整っており、当初天皇は断っていたが、重なる要求によりついに勅許した。このとき天皇は幕府に攘夷の実行を約束させている。そして文久元年（一八六一）一〇月、和宮は江戸へ下った。これによって幕府は朝廷との関係を深めたが、その結果、朝廷の優位を認め、さらに外交上の問題を抱えることになった。

また同二年正月、老中安藤信正《あんどうのぶまさ》が坂下門《さかしたもん》外で浪士に襲われ、朝廷では久我建通《こがたけみち》・千種有文《ちくさありふみ》・岩倉具視《いわくらともみ》ら公武合体派の公家らが追放される事件が引き起こされた。これらに示されるように攘夷運動が盛んで、志士により九条家の島田左近《しまださこん》が七月に暗殺され梟首《きようしゆ》されたのをはじめ、貿易商人らに対する「天誅《てんちゆう》」と称する暗殺が横行した。なかには等持院《とうじいん》にあった足利将軍三代の木像を盗み、これを曝《さら》すという、いささか児戯に類することもあった。京都守護職に任じられた会津藩主松平容保《まつだいらかたもり》は、このような志士の取り締まりをし、また幕府は浪士隊を送っているが、その中から近藤勇《こんどういさみ》・土方歳三《ひじかたとしぞう》らの新撰組が結成された。また旗本らによる見廻組もあって、京都の治安にあたった。

さて尊皇攘夷運動の中心として、はじめは長州藩がいたが、文久三年に京都守護職・会津藩主松平容保と薩摩藩が組んで、朝廷から急進派の公家を追放し、長州藩の勢力を追い落とした。長州藩士は三条実美《さんじようさねとみ》ら七名の公家を擁して都落ちをする（七卿落《しちきようお》ち）。そして翌年には兵を起こして、京都に攻め上ったが、ここでも会津・薩摩両藩兵に防がれて敗退した。このとき御所周辺で激戦が行われ、とくに蛤門《はまぐりもん》の戦いでは西郷隆盛《さいごうたかもり》らが率いる薩摩藩士が御所を死守したことで知られる。これを禁門《きんもん》の変と呼んでいる。このとき流れ弾が御所内にも飛んできて、女官たちが騒ぎ、まだ幼かった明治天皇もショックをうけたという。また、この戦闘のため京都市街に大火が起こり、御所の南方に広く及んだが、俗に「どんどん焼け」といわれた。

また、このとき長州藩士と行を共にした久留米《くるめ》藩士ら一七人は、摂津・山城境の天王山で再挙しようとして果たさず、ここで自刃した。今も天王山には「十七烈士の墓」がある。なお彼らを追ってきた会津藩兵が火を放ったため、大山崎の町が災禍にあっている。

大政奉還

元治《げんじ》元年（一八六四）、幕府は長州藩征討を諸侯に命じたが、折しも先に砲撃をうけた報復としてイギリス・フランス・アメリカ・オランダの四国艦隊が下関を砲撃した。このため内外に敵をうけた長州藩では三家老が自刃して屈伏した。しかしこの苦境のなかで高杉晋作《たかすぎしんさく》ら奇兵隊の決起により、慶応元年（一八六五）には藩論を統一し、軍政改革を行った。同二年六月、幕府は紀伊藩主徳川茂承《もちつぐ》を征長先鋒総督として、第二次長州出兵を行うが、密かに薩長同盟が結ばれており、さらに軍備を整えた長州藩兵に幕府軍は各地で敗れ、同三年には兵を収めた。

慶応二年四月、幕府は大坂の豪商に二五二万五〇〇〇両という巨額の御用金を課したが、これにより大坂の市況は冷え込んだであろう。この数年、各地で百姓一揆が起こっていたが、五月には西宮・大坂・江戸などの都市にうちこわしがあった。

また慶応三年八月二八日、京都では伊勢外宮の札が降ったとして「ええじゃないか」の乱舞が始まる。これは男が女装、女が男装をするなどの異装をし、「ヨイジャナイカ、ヱイジャナイカ、クサイモノニ紙ヲハレ、ヤブレタラ、マタハレ、ヱイジャナイカ、ヱイジャナイカ」などと囃《はや》して踊り、市中の家は作り物をした。

時代の転換を前に、民衆の解放感や不安感がこのような形で示されたのであろう。

さて混乱のなかで、政局も動いた。慶応二年七月、将軍家茂は二一歳の若さで大坂城に没し、慶喜《よしのぶ》が一五代将軍に就任した。慶喜は水戸の徳川斉昭《なりあき》の七男、一橋家に入り、将軍継嗣問題などで隠居・謹慎させられたが、文久二年（一八六二）七月、一橋家を再相続し、将軍後見職に就いた。その後、京都で活躍、朝議参与また禁裏守衛総督を勤め、条約勅許や長州征討を進めたが、家茂の死去により、将軍となった。しかし第二次長州出兵の戦況は悪く、さらに年末には孝明天皇が急死された。天皇は攘夷思想の持ち主であるが、公武合体を求めており、この死は幕府にとって痛手となった。それには毒殺の噂が流れている。

慶喜は、フランス公使のロッシュの意見をいれながら、幕政改革を行い、慶応三年一〇月には大政奉還を行った。これは討幕派の矛先をかわし、新たな公議政体を創設して徳川がその筆頭にたつ形で、勢力の温存をはかろうとしたものであった。

これに対して王政復古の政変を起こし、薩摩藩らは朝廷の権力を握った。この情勢を見て慶喜は大坂城へ移った。慶応四年正月二日に幕府軍は討薩表《とうさつのひょう》を掲げて京都へ向かい、それを迎え討つ薩摩・長州藩兵らとの間で、京都南郊の鳥羽・伏見で戦闘が起こった。この戦いは、新式の武備を整えた薩・長側が勝利し、幕府の凋落《ちょうらく》は明らかとなった。しかもそのあと慶喜は軍艦開陽丸《かいようまる》に乗って、密かに大坂から江戸へ帰ったため、幕府軍の気勢はあがらず、ここで畿内は平穏となった。

ついで朝廷側は、有栖川宮熾仁親王を東征大総督として幕府討伐の軍を起こし、官軍はほとんど抵抗をうけることなく、江戸に達した。山科では従来から郷士が禁裏御用を勤めていたが、新たに山科隊をつくり京都各所の警備につき、東山道鎮撫隊に属して東征に参加している。

慶喜は蟄居《ちっきょ》し、西郷隆盛と勝海舟《かつかいしゅう》の交渉により江戸城の無血開城となり、幕府は倒れた。その後、幕臣の一部が上野の寛永寺《かんえいじ》に立て籠もって戦い、また会津藩などの抵抗もあったが、幕府方は追い詰められ、榎本武揚《えのもとたけあき》らの立て籠もる北海道箱館の五稜郭《ごりょうかく》の戦いを最後に、維新の争乱は終わった。

第六章　近代以降の京都

近代京都への道

京都の近代化は、多方面で行われたが、まず政治面での動きを記しておこう。京都に大きな影響を与えたのは、明治二年（一八六九）、皇室の東京移転であった。平安京以来、千年の都を誇ってきたから、この東遷は京都人の心情には耐えがたいものがあった。また直接には、近世中後期には三五万前後の人口であったものが、明治五年（一八七二）には、洛中・洛外総戸数六万七二一一戸、二四万四八八三人となり、同六年ではさらに約一万八〇〇〇人が減少している。

京都から皇居を移すことは、政府の要路者が従来のしきたりに囚《とら》われず、人心を一新し、新しい政府への展望を開くために必須《ひっす》のことと考えたもので、当初は大久保《おおくぼ》利通《としみち》による大阪遷都案もでていたが、結局、江戸を東京と改めて首都とした。これによって京都を西京と呼ぶこともあった。明治天皇は慶応四年（一八六八）三月に大坂へ行幸、一〇月に江戸城に滞在したが、いったん帰京ののち、翌明治二年三月、東京へ向かった。京都町民はこれが遷都を意味することを知って騒然となり、九月には皇后の東行に反対して御所石薬師門前に町組の旗を立てて集まることもあったが、一〇月五日に皇后も東京へ向かった。

明治三年三月、従来から行われていた洛中地子銭免除を認められたが、これはやがて近世での諸権利の見直しのなかで解消する。そして京都は、首都移転による影響が出たものの、あらためて近代化の道を歩み続けた。先に行政上では、京都取締役所・京都裁判所が置かれ、慶応四年閏四月二九日、京都府と改称された。そして京都裁判所総督には万里小路博房《までのこうじひろふさ》、初代の京都府知事に長谷信篤《ながたにのぶあつ》、ついで槇村正直《まきむらまさなお》・北垣国道《きたがきくにみち》らが就任し、さまざまな施策を講じた。

なかでも槇村は、長州藩士で、明治元年より京都府に出て権大参事となり、同一〇年より四年間府知事を勤めた。この間、会計官商法司ついで京都府勧業方が殖産興業を行い、政府も勧業基立金を貸与し、一〇万両の産業基立金を下付した。そしてそれらを活用しつつ、茶・楮《こうぞ》・木綿などの農産物や織物・陶器などの加工品の改良、養蚕場・製糸場・牧畜場・製靴場・製紙場・鉄具製工場・女紅場《にょこうば》・栽培試験場などを設けた。西陣は、優秀な職工三名をフランスのリヨンに派遣して、織布技術を研究させるとともに、ジャカードなどの機械類を輸入したし、染色も化学染料による染色法の指導がなされた。また清水焼もドイツ人化学者ゴットフリード・ワグナーが技術に影響を与えた。こうして伝統産業は近代に展開するのであった。また槇村は、京都勧業場を開設して殖産興業政策を進め、博覧会社をつくらせて、各所で博覧会を行ったし、学校や博物館・病院などの施設も整えた。また京都府成立とともに、市中取り締まりのため平安隊と呼ばれた府兵が設けられたが、明治二年廃止され、そのまま警固方となり、邏卒《らそつ》や番人と改称し、同八年には巡査となった。

また三代知事北垣国道は、但馬の郷士、生野《いくの》の変に参加し、維新ののち鳥取県の少参事、高知・徳島の県令を経て、京都府知事となった。彼は商工会議所設立を認め、とくに青年技師田辺朔郎《たなべさくろう》を起用して琵琶湖疏水を建設し、輸送と発電を意図して、同二四年には蹴上《けあげ》発電所を設けて、西陣など市内への電力を供給するなどの施策を行った。これを動力に、明治二八年、日本最初の路面電車が市街を走った。またこの年は平安奠都《てんと》一一〇〇年にあたり、祭礼が行われ、平安神宮が創設された。

京都は東京・大阪とともに明治二二年市制が施行されたが、市制特例のため、知事が市長職務執行者となり、北垣が初代市長となった。ついで満二五歳以上、国税二円以上または地租納入者による市会議員選挙が行われ、かなり激しい選挙運動ののち、四二名が選ばれた。内容は中立派の公民会が多数を占め、立憲政友会などの政党からの当選者はいなかった。これは京都選出の衆議院議員にも見られる傾向であった。

また明治三一年九月をもって市制特例の廃止にともない、内貴甚三郎《ないきじんざぶろう》が初代民選市長となった。内貴は呉服問屋銭清の長男、市会議員で京都財界に貢献していた。

町組と教育

維新により、京都町人の生活の核となっていた町組組織も変化した。まず慶応末に町代・雑色が廃止され、上京・下京の三役から触などが行われることになった。そして町代はそれぞれの町組年寄の手代として、町組御用を勤めた。また明治に入っては町会所で髪結いを行いつつ町用を勤めていた町用人もなくなった。

そして慶応四年（一八六八）六月、別に議事者三名を選ばせ、府の諮問や町組の協議機関としたが、そのうち一名は町年寄、二名は町内惣代にあたる者として、町内の入札で選んだ。これは翌明治二年七月、一年余で廃止されている。

その三月には「市中制法」や五人組条項を定め、町組の編成も、従来の古町・枝町・新町など町の格があったのを各町同格として、上京四五番組・下京四一番組ができ、先の三役に代わって、千田忠八郎ら七名が大年寄として知事に選任され、一組中の入札により中年寄・添年寄が公選された。ついで明治二年には三条通を境に上京三三番組・下京三二番組に改変された。これらの番組は、上京では三八町から一一町、下京では三七町から一四町、島原は郭内六町、と町数にかなり差があった。この改変で旧町組の町々が離合することもあったが、これを基礎に市政が展開した。京都府は町組に会所を設置し、会議場や府員の出張所・府兵の宿所とするように指示した。

また明治政府は、近代化のために教育を重視したが、町組会所に小学校を設立させた。これには有志の献金もあったが、町組によっては軒別に集金をするところもあり、結局、その建設・運営費用は京都府が下付し、半額は無償、半額は無利息一〇ヵ年賦返済としたが、明治五年ごろには返済を免除した。また各校に玄米五〇石を二度にわたって渡し、これを売却して基金をつくり、小学校会社として利殖もはかったが、明治一九年ごろにはほぼなくなっている。

小学校では第五等から第一等まであり、教科は句読《くとう》・読誦《とくしょう》・習字・算術として、句読では、『孝経』『論語』『孟子』などの儒学の古典、市中制法や万国公法、『西洋事情』（福沢諭吉）・『日本外史』（頼山陽）などが含まれていた。新旧思想の混じった内容といえる。また府は、大年寄熊谷直孝《くまがいなおたか》らに『京都六十四校記』をつくらせて教育の実態を記させた。福沢諭吉が視察して『京都学校の記』を著し、その現状を伝え称賛しているが、町々の努力もあって、教育は大きく普及した。もっとも当時では児童に家業の手伝いを期待していたし、費用もかかるので不就学児童も多く、明治三一年度末でも一〇〇人中男は二三名、女は三二名という状況であった。女の不就学が多いのは、女子に学問は要らないとの風潮からであろう。そのため夜学校が開かれている。また盲唖《もうあ》者への教育も、明治八年、待賢《たいけん》小学校に古河太四郎《ふるかわたしろう》が盲唖教場を開いた。他方、宇和島の士族遠山憲美《とおやまのりよし》の建議もあり、盲唖院がつくられ、府立となり、のち市立となったが、人件費以外は寄付金で賄ったため、財政難が続いたが、大正期には市の財政で安定することになった。

なお幼稚園も、明治八年に柳池《りゆうち》小学校に幼穉《ようち》遊嬉場《ゆうきじよう》ができた。これはすぐ閉鎖されるが、一〇年代末・二〇年代に本格的な幼稚園ができた。

こうして幼少児童に対する教育体制が整った。

教育の展開

京都府は、明治三年（一八七〇）に京都府中学をつくり、文部省の学制との摩擦もあったため「仮中学」とし、同六年には「小学取締所」としたが、外国人教師を雇った独・英・仏の学校からなる欧学舎、和漢学の立生校、さらに筆算局を新設して数学の中等教育も行った。その後、仏学校を閉鎖、独逸《ドイツ》学校は予科医学校とし、教員養成は明治九年新設の師範学校に委ねるなど変動があったが、英学・立生・数学の各校は男子中等教育専門の「仮中学」となり、さらに京都中学となった。また同一九年には商工会議所の請願をいれて京都商業学校をつくっている。

女子教育には、明治五年、府の新英学校・女紅場ができ、それは京都府女学校・同高等女学校として展開し、また同一〇年には新島裏《にいじまじよう》が同志社分校女紅場を創設し、すぐに同志社女学校と改称した。さらに裁縫など家事を教育する女紅場も各所に広がった。ついで明治三五年から中学校・高等女学校が増設されたが、市もまた四一年に高等女学校、大正一一年（一九二二）第二高女をつくった。

その他、明治九年には教員の養成のため師範学校ができ、市内小学校区が負担して、学生には月三円五〇銭の学資を貸与し、卒業後は三年間区内の小学校に奉職するように義務づけられた。女子教員は明治一五年より京都府女学校内の師範学科で養成されたが、のち師範学校に合併された。

そのなかで京都の特色といえるのは、宗門系学校の成立であった。それは、明治八年、浄土真宗東本願寺系の京都中学校（大谷中・高校）、同三四年京都淑女《しゅくじょ》高等女学校、同四〇年、西本願寺系の京都高等女学校、同四三年平安中学校、浄土宗知恩院系に同三七年家政裁縫女学校、同三九年東山中学校、同四四年華頂《かちょう》女学院、日蓮宗では大正一〇年に本圀寺系に明徳女学校ができている。またキリスト教系には明治八年に同志社英学校ができ、それを基に発展して大学園となったし、明治二八年には日本聖公会による平安女学院ができた。神道系は、明治三八年に皇典講究所による精華女学院がある。その他には京都高等手芸女学校・菊花高等女学校・京都成安技芸女学校がある。

また美術・工芸の都にふさわしく、明治一三年、府は画家田能村小虎《ことら》らの建議により画学校をつくったが、のち京都市に移管、京都市美術学校・京都市美術工芸学校となった。この京都絵画専門学校第一回卒業生には入江波光《いりえはこう》・榊原紫峰《さかきばらしほう》・小野竹喬《おのちつきよう》・村上華岳《むらかみかがく》・土田麦僊《つちだばくせん》といった近代のすぐれた画家が輩出し、大正七年政府主催の文展に対抗して、指導者の中井宗太郎《なかいそうたろう》を顧問に国画創作協会を発足させた。

京都は、その文化的伝統をふまえて、学問の都となった。政府は、大阪を経済産業都市、京都を教育文化都市と考えたのではないかと思うが、大阪にあった学校や舎密局《せいみ》を移して第三高等学校をつくり、明治三〇年理工科大学、同三二年法科大学をはじめに、京都帝国大学を創立した。同三九年哲学科、ついで史学科・文学科からなる文科大学も創設され、東京帝国大学に対して、西の学問府となり、独自の学風を誇った。大阪では大阪高等商業（現大阪市立大学）がつくられ、国は大正期に大阪高等学校、昭和六年、大阪人の運動によって大阪帝国大学を創立したが、理医工三学部で文科系はなかったし、京都よりかなり遅かった。

宗教界の動揺

まず明治政府の政策とくに神仏分離・廃仏毀釈《きしやく》と国家神道への道は、宗教界に大きな影響を与えた。平安時代以来、神仏習合が行われ、たとえば天照大神《あまてらすおおみかみ》の本地を大日如来とし、また八幡大菩薩というように、本地仏があり、それが垂迹《すいじやく》して日本の神となったとする考え方は、仏教の盛んな時期に行われた。しかし近世中期、国学ことに平田篤胤の復古神道説が広まり、神仏習合を批判し、惟神道《かんながらのみち》を唱えた。この門流には京都南郊の向日神社社家六人部是香《むとべよしか》などもいたが、またこの派の者が明治政府に入って、祭政一致を宣し、神祇官を復活して神職者を付属させ、神社における僧形の別当や社僧に復飾を命じ、ついで神仏分離令を発し、神社から仏教色を一掃しようとした。それは進んで廃仏毀釈の動きともなり、仏教界は大きな影響をうけた。

八坂神社も延暦寺末から脱し、祇園社感神院の呼称も八坂神社と改めたし、愛宕山も本地仏であった勝軍地蔵を放出して、愛宕大権現から愛宕神社になり、北野天満宮は北野神社として、菅原道真が天台座主尊意から伝えられたとして本殿内陣に安置していた「御襟懸《えりかけ》守護の仏舎利」を山国《やまぐに》(京北町)の常照皇寺《じょうしょうこうじ》に移すなど、各社において対応措置が取られた。

ついで寺社の経済基盤にも手が入った。版籍奉還が行われ、大名・武士の家禄などが政府に渡ったと同じく、境内を除いて寺社の所領も上知を命じ、ついで境内地に含まれていた付属山林などを収公した。これによって有力社寺の打撃は大きく、たとえば清水寺は一五万六四六三坪の境内が、一万三八八七坪と一割以下に減少した。建仁寺も跡地に花屋敷などがつくられている。このなかで廃寺となる寺院も多く、明治九年(一八七六)に京都府が認可した廃寺は、京都・伏見で五九ヵ寺に及んでいる。

虚無僧《こむそう》の寺である明暗寺《みょうあんじ》は、明治四年の普化《ふけ》宗廃止令をうけて廃寺となったし、修験宗も廃止され、本山の醍醐寺三宝院と聖護院は真言宗・天台宗へ入り、明治八年には三宝院の末寺一八ヵ寺、聖護院の末寺三〇ヵ寺が廃止された。六十六部《ろくじゅうろくぶ》の禁止もなされている。

また女人禁制の結界を解き、僧尼の肉食・妻帯・蓄髪を勝手とした。これにより現代仏教のあり方が定まったといえる。

政府も、さすがに上知令による急激な経済変動を避けて、明治五年から現収納高の五割を給付し、同七年からは旧領高の二分の一を収納高と考えて、その五割を支給、以後、逓減禄制を実施して、その一割を減じていき、明治一七年に支給を全廃するという漸進的な施策を行った。

さらに迷信などを取り締まるとして、神子《みこ》・巫《かんなぎ》・神おろし・市子《いちこ》・憑祈禱《つききとう》・狐下げ・玉占《たまうら》・口寄せを禁じ、大日堂・地蔵堂などの祠堂は、無益な寄付をさせ人々を惑わすとして取り除きを命じた。

そして民間習俗でも、門松の停止、三月の雛祭、五月の節句、七夕の飾りも禁じ、大文字の送り火や六斎念仏、精霊送りなども廃止にした。しかしこれらは深く人々の生活のなかに入っていたから、その後も存続し、現代においても行われ、大文字などは京都の夏の風物として賑わっている。

京都は「穢多《えた》の水上《みなかみ》」（『諸式留帳』）ともあるように、平安時代から被差別民を生み出していた。中世では河原者として造園などに活躍し、京都の名園に関係した者も出たが、近世では検地・人別改めなどにより、居住・職業などの差別のある組織された身分制の底辺におかれ、被差別部落として定着させられた。

京都の被差別部落は、天部《あまべ》、六条のち七条、北小路西院《さいいん》村、川崎、蓮台野の集落があり、天部・川崎・蓮台野には中世以来の歴史があった。これらの集落は、天部村は独立の行政村であるが、他は六条が柳原《やなぎはら》庄、北小路は西京《にしのきょう》村、川崎は田中村、蓮台野は千本廻《せんぼんまわ》りの枝郷とされていた。戸数・人口では、正徳五年（一七一五）の三村の戸数を見ると、六条村は一八〇戸（家持八四、借家九六）、蓮台野村四六戸（家持一四、借家三二）、北小路村二〇戸（家持一五、借家五）で、六条村がもっとも多い。なお六条村の動向を見ると、宝永元年（一七〇四）一六八戸・七三二人、享保六年（一七二一）五二六人に減少して、同一七年には六三六人と増加し、延享《えんきょう》元年（一七四四）には九五九人となっていて、人口は短期間にかなりの変動をしている。都市部落の流動性を示しているといえる。

また産業としては、皮革細工が盛んで、原料に鹿革とともに輸入品の唐革があったこともわかる。一七世紀半ばの俳書『毛吹草《けふきぐさ》』には、「天辺太鼓《あまべのたいこ》〔六サイ念仏、鼠戸等ニ用之〕、モロヲロシ〔ウシノ子ノ皮ト云、刀ノ鞘ヌリ下地ニ用之〕、（中略）八坂弦《やさかのつる》、履《くつ》〔出家用之〕」があり、非人では東山の「非（悲）田院蘭金剛」などが記されている。また細工に必要な膠《にかわ》を動物の皮や腱《けん》・骨等を煮てつくり、雪駄《せった》製造も盛んであった。農業はあまり行われていないが、天部村では岡崎村へ三五石の出作があったことがわかっている。

これらの村は、権利をもつ特定場所の斃《へい》牛馬処理を行い、幕府から一定の役負担を担っていた。それは断罪役で、京都では粟田口・三条西土手の東西刑場において、刑の執行、刑場の掃除、火刑に必要な薪の準備などをし、牢屋敷の掃除なども行った。宝永五年（一七〇八）からは洛中洛外の「うろん成者」の取り締まりを命ぜられている。また二条城の掃除役も勤めたが、これは穢多頭下村《しもむら》氏の差配するところであった。下村氏は寛永ごろに初代頭として一二〇石の知行をもらったといい、元禄一三年（一七〇〇）の郷帳には、三代文六が「御庭作　文六」として出ているが、これは中世以来の伝統を受け継いで造園を行ったものか。

明治維新にともない、士農工商といった身分が廃止されるなかで、蓮台野村年寄元右衛門は「四民平等」の世になったので、士民同様に扱ってほしいとの請願を行ったことは注目できる。明治政府も、明治四年（一八七一）八月「賤民解放令」を布告し、穢多・非人の称を廃止し、以後は「身分・職業共、平民同様タルベキ事」と令した。

しかし四民の格差はなくなっていったにもかかわらず、旧穢多身分については長年の差別と、解放令にともなう政治・経済的裏付けが十分に講じられなかったため、差別状況は続き現代に及んでいる。その間にあったいくつかの動きをあげておこう。

第一次世界大戦による物価上昇があり、大正七年（一九一八）には米価高騰し、富山に米騒動が起こったが、京都でも東七条柳原《やなぎはら》から米屋の襲撃がなされ、各所に広がった。これには軍隊なども出動して鎮定されている。

大正一一年（一九二二）三月三日には、京都市の岡崎公会堂で全国水平社の創立大会が行われ、「部落民自身の行動によって絶対の解放を期す」といった綱領を採択した。これは差別からの解放を部落民自身が希求する運動として画期的なものであった。そして中央委員長に京都の南梅吉《みなみうめきち》が選出され、本部は楽只《らくし》地区の南の自宅に置かれた。また京都府連合会も創立され、各所に支部ができた。水平社には内部対立も起こり、その後軍国時代に入るなかで厳しい弾圧をうけるなど苦難の道を歩んだが、就職差別反対や東西本願寺の募財拒否、徳川一門糾弾などの運動を展開し、また労農運動や朝鮮の被差別民解放団体衡平社《こうへいしゃ》との提携がいわれた。戦後には、社会状況の大きな変動があるなかで、部落解放同盟・全国部落解放運動連合会などが組織され解放運動は大きく発展したが、これは京都が一つの中心となり盛んであった。とくに早く部落問題研究所が創設され、さらに部落解放研究所もできて、解放のための研究の全国的な中心となっている。

近年には政府による同和対策事業特別措置法・地域改善対策特別措置法が施行されて、地域の整備なども進んだが、なお差別の全面解消をめざして努力しなければならない。

大京都へ

近代の京都は、数度にわたる周辺地域への拡張により広がった。もともと洛中は、北は鞍馬口、南は九条、東は新京極、西は西京極付近が境となっていて限られていた。しかし明治二一年（一八八八）六月、粟田口・南禅寺・吉田・岡崎・浄土寺・鹿ケ谷・今熊野・清閑寺（左京区）を編入したのをはじめ、周辺を合併して、昭和六年（一九三一）にはこの時期からでも約一〇倍近い二八八・六五平方キロメートルに達した。現在の上京区、左京区、東山区の三区がそれにあたる。このなかでは、鴨川東部には岡崎に動物園、吉田には京都帝国大学・第三高等学校、さらには高等工芸学校・美術工芸学校などができ、文教地区となっていた。

近代京都の事業では、初期の殖産興業についで、西郷菊次郎市長が「京都市百年の大計」として、道路拡築・電鉄敷設・上水道建設の三大公共事業を策定し、三井銀行の斡旋《あっせん》で、フランスからの外債をも資金に加えて進めた。まず琵琶湖第二疏水の開削と四〇〇〇馬力の発電事業、第二疏水からの上水道設置、烏丸通・河原町通・東大路通・西大路通・北大路通・七条通など主要道路の拡張と市営電鉄敷設事業がそれであった。これらによって近代都市としての整備が進んでいく。また明治二八年三月、平安神宮鎮座式、四月、第四回内国博覧会が開かれていることも忘れられない。

京都の軍隊

京都にも連隊がおかれ、日清戦争に派遣されてはいるが、講和条約の締結で実戦には参加しなかった。しかしその後の軍備拡張が行われるなかで、明治二九年(一八九六)には大阪砲兵工廠《こうしょう》の付属施設として宇治火薬製造所がつくられた。また第四師団のもとに第三八連隊などが新設され、深草に兵営ができた。この連隊には大和・山城の壮丁が入り、台湾や清国へ派遣されたが、日露戦争では、第二軍に編成され、遼東半島に上陸し南山攻撃に参加し、さらに遼陽から奉天へと戦闘に参加した。また新たに編成された後備第三八連隊は、旅順攻撃の第三軍にあって二〇三高地の攻撃にも参加し、大きな損害をうけている。京都とその周辺部で、陸軍の戦死・戦没者が八〇〇名を超えたのは、その状況を示している。またこの戦中に第一六師団が増設され、第三八連隊や第九(大津)・第一八(敦賀)・第五三(奈良)の諸連隊が傘下に入った。この第一六師団の設置場所については、愛宕郡上賀茂・大宮、葛野郡花園村も候補地として誘致運動がなされたが、すでに兵営のある深草に落ち着いた。これらの連隊は、また米騒動にあたっては、各所に配置されている。

また昭和六年（一九三一）に満州事変が起こり、昭和一二年より日中戦争、さらに昭和一六年から二〇年には太平洋戦争へと突入した。京都深草の第一六師団は昭和九年に満州へ駐屯し、太平洋戦争にはフィリピン島やトラック諸島の戦線に出撃、昭和二〇年三月には硫黄島の守備兵が全滅の悲運にあっている。

交通

市内の交通としては、まず四輪馬車が使われ、市内に十数両があったが、一般には人力車が普及して、明治中後期には六〇〇〇台に及んだが、自動車の普及とともに昭和初期には数百台と減少した。自動車は大正期には広がり、大正一三年（一九二四）には五三六台となった。また明治三六年（一九〇三）には七条～堀川中立売～祇園石段下に乗合自動車としての営業がなされ、すぐに廃業したが、大正期には京都乗合自動車株式会社が七条大宮～淀を営業し、昭和に入ると、京都市が市バスを開業し、京阪電鉄が京都遊覧バスを走らせようとしている。また明治一〇年代から自転車が使われ始めたが、この時期には一般にも広がった。

全国交通の大動脈としては、国鉄の東海道線をあげねばならないが、これは近畿地方では、まず明治一〇年一二月、神戸～京都間の鉄道が開通、洋風の京都駅舎もできた。ついで同一三年七月には鴨川鉄橋や逢坂山トンネルの掘削がなされて京都～大津間も開通した。東海道線が東京～神戸間を全通するのは、明治二二年七月のことで、これにより京都～東京を一日で結び、その交通に画期的な発展をみせた。

そして大正三年八月一三日には新装なった京都駅の祝賀会が開かれている。なおこの建物は昭和二五年（一九五〇）一一月に焼失し、現在は四代目である。また貨物輸送との分離がはかられ、梅小路に用地を買収して基地ができ営業されている。

その後、明治三二年には、山陰線の前身である鉄道が、京都～園部《そのべ》間に開通し、さらに同四三年には福知山《ふくちやま》まで通じた。ただ、この起点は市内ではあるが二条駅で、京都駅と結ばれるのは、戦後のことである。

また私鉄では、明治三九年から京都～大阪間に京阪電車の工事が進められ、同四三年に京都五条～大阪天満橋間に開業した。国鉄東海道線が淀川西側を走るのに対して、京阪電車は八幡まで東岸を通った。東岸には京街道があって、伏見・淀・八幡・枚方・寝屋川・守口の旧宿場町などがあり、沿線人口も多く、それらを結んだのである。なお阪急電鉄による河原町乗り入れは戦後のことで、淀川西側を国鉄と並行して走っている。

これによって現在では京都～大阪間には三線が走るようになり、それぞれ競争して輸送力の増強をはかっている。なお、その後京阪は大阪では淀屋橋さらに西の堂島大橋付近まで、京都では七条から三条へ、さらに北へ出町柳《でまちやなぎ》まで延びて、叡山電鉄とつながるようになった。阪急は西院、四条大宮そして四条河原町まで延びている。

また大正元年には三条大橋東詰から山科を経由して大津への京津《けいしん》電車が通じた。国鉄東海道線はあるものの、この道は旧東海道に沿っていて、沿線の人々に便宜を与えている。市内交通では、旧来の道幅は狭く、車・バスや電車の通行に不便であったが、四条・御池《おいけ》・烏丸など主要道路が拡幅され、市電も走ったが、三条通は河原町以西は動いていない。市電は昭和五三年に廃止となり、現在では、御池通や烏丸通に地下鉄が通るが、他はバスが主要な交通手段となった。このバス・乗合自動車は明治三六年九月に営業開始している。

山宣と水長

大正デモクラシーのあと行われた、昭和三年（一九二八）二月の第一六回衆議院議員選挙は、財産などの有無を問わない普通選挙の最初であった。そして八名の無産政党議員が誕生するが、最左派の労農党から出て、京都一区で水谷長三郎《みずたにちょうざぶろう》、二区で山本宣治《やまもとせんじ》が当選した。水谷は伏見の船宿の生まれ、京大を出て弁護士となり、小作争議などの応援をした。彼は戦後も社会党議員として活躍した。山本は宇治の料亭花屋敷の長男、カナダに渡り、帰国して東大動物学科を卒業、同志社大・京大で講師となり、子沢山に苦しむ庶民のために産児制限運動を行った。しかし選挙翌年の三月、右翼の七生義団《しちせいぎだん》員によって刺殺された。彼が前日大阪で開かれた全国農民組合大会での演説で、「山宣一人孤塁を守る」と、革新系議員として悲壮な決意を語ったことは知られている。ついで昭和五年二月の総選挙では、労農党は分裂しており、労農大衆党から出た水谷は、労農党から出た元京大教授河上肇《かわかみはじめ》と競合して、合計得票数は増えたが共倒れになったし、二区の細迫兼光《ほそさこかねみつ》も落選した。河上は、求道者的態度で無我の真理を求めたが、マルクス主義者として共産党に入り入獄、のち自叙伝などを残す。

これらの動きはあったものの、残念なことに戦争への道を防ぐことはできず、日本は、昭和六年の満州事変、翌七年上海事変により、中国へ侵攻したが、爆弾三勇士の顕彰などもあり、軍国一色となった。無産政党では全国労農大衆党は帝国主義戦争反対の立場は守ったが、孤立した。同年の府会議員選挙では津司《つし》市太郎は当選したが、満州駐屯軍への慰問電報に反対して、議会で懲罰をうけ、また暴行をうけて負傷した。そのあと全労党の市議三名は脱党している。また国家社会主義へ走る者も多かった。それでも昭和七年七月には、社会大衆党が結党され、昭和一二年には水谷衆議院議員に府会議員四名・市会議員一〇名を擁するまでになったが、そこでは親軍的傾向が強くなり、やがて時代の波に埋没する運命となった。

これに対して国家主義団体が多数成立し、学生間では京大・同志社大などにも成立していたが、立命館大学の禁衛隊は知られている。

革新自治体の出現

戦後の京都において、先のような革新性の流れは受け継がれ、京都府政における蜷川虎三《にながわとらぞう》知事と市政における高山義三《たかやまぎぞう》市長が選出されている。同じ時、東京に美濃部亮吉《みのべりようきち》知事、大阪に黒田了一《くろだりよういち》知事が成立して、日本に革新行政の風が吹いた。

なぜこの時期に、こうした状況になったかは検討がいるが、戦後の体制変化で、保守層の基盤が揺らいだことや、生活の新しい動向を求める民衆の要望などが、こうした状況を生み出したものであろう。もちろん蜷川が元京大教授であり、その個性も強烈で、訴えるところが強かったことによるだろう。

戦時下から戦後へ

日中戦争・太平洋戦争は、京都にも大きな影響を与えたが、そのなかで東京・大阪と異なるところは大空襲をうけなかったことである。これにはアメリカの有識者が、寺社が多く、文化財の少なくない古都京都を残そうと、軍部へ示唆したためといわれるが、近郊宇治の火薬庫などを除いて、さしたる軍需施設がなかったためもあろう。ただ一般には空襲がまったくなかったとされるのは誤りで、いくつかの爆弾投下がなされている。

私のように大阪にいた者は、空襲をうけて友人を亡くし、一面焼け野原となった靫《うつぼ》などの戦災の跡始末をしたりし、闇市場の光景を見ているから、昭和二四年（一九四九）に京大へ進学したさい、町の落ち着いていることに印象が深かった。

戦後の京都では、京都駅前などに新しい建物が建つようになり、古都の景観を乱すとして論議が起こった。京都のような大都市では、それなりに多様な活動があり、旧態をそのまま残すことは難しい。したがってそのための都市計画が必要になっている。

また古都の風物となっている祇園祭・葵祭などや大文字などの伝統行事も、たとえば祇園祭の先頭を渡る長刀鉾を出す鉾町では、通常の民家は一軒であり、他は会社であって総務の方が祭礼行事を勤めておられる。住民の移動もあって、従来からの支持基盤には大きな変化が起こっている。町衆に支えられた祭礼は、基礎において変貌しているが、それらをふまえて、今後の維持を考えることも重要である。

あとがき

京都は、千年の都を誇っているが、都が東京に移っても、社寺の本山があり、芸能の家や服飾などの老舗があって、その文化的伝統は他の都市の追随を許さない。その歴史を物語として、一話ごとにまとめて書くことは、なかなか難しいが、興味ある企画であり、それを夫婦の共著でやれといわれると、何となくやってみたくなってお引き受けしたのであるが、これは思ったより大変であった。

私たちが、京都で学問の道を歩み出してから、ほぼ五〇年になるが、京都の歴史に関わりはじめたのは、小葉田淳先生の「京都の都市と商業」という演習からであった。晴子はそのリポートで「中世の祇園祭」についてまとめ、それは林屋辰三郎先生が主宰されていた『芸能史研究』に掲載して頂き、のちに『中世京都と祇園祭』(中公新書)にまでなった。修は福井家文書を採訪して「京升座について」を書いた。そして一九六八(昭和四三)年に最初の巻が出た『京都の歴史』(学芸書林)には、晴子も修も執筆陣に加えて頂き、晴子は平安期から中世末期まで、修は織豊期から幕末までの都市・商業部分を担当した。思えば、未だ若かった私たちに重要な部分を担当させて頂いたものである。その後の私共の研究には京都に触れたものが多いが、それらをふまえて、今回の著書がうまれた。もちろん京都の歴史とその研究は膨大なもので、すべてを網羅することはできなかったと思う。

晴子は「物語」という表題にこだわって、女の一人語りでの京都案内というスタイルで書いたつもりである。修も同じように必要と思うテーマを選んで書いたが、結局は自分たちの知る京都、興味をもつ京都を描いたことになるだろう。

私たちが結婚して京都南郊の向日町に住んで、半世紀近い歳月が流れた。本書は私たち夫婦にとって、初めての共著である。第一章の戦国期までと第二～四章を晴子、第一章の秀吉時代以降と第五、六章を修という分担で書いた。

また、地図については、同志社大学の鋤柄俊夫氏と同志社女子大学の山田邦和氏に分担して頂き、考古学研究の成果について御教示を得た。

終りにあたって、本書を推進して下さった高橋真理子さんに深く感謝する。

脇田 修
脇田晴子

参考文献

『京都の歴史』全十巻、学芸書林、一九六八～七六年
日本歴史地名大系『京都市の地名』平凡社、一九七九年
同　『京都府の地名』同、一九八一年
『洛中洛外図大観』小学館、一九八七年

赤井達郎『京の美術と芸能－浄土から浮世へ』京都新聞社、一九九〇年
赤松俊秀『京都寺史考』法蔵館、一九七二年
赤松俊秀『古代中世社会経済史研究』平楽寺書店、一九七二年
秋山国三・仲村研『京都「町」の研究』法政大学出版局、一九七五年
秋山国三『近世京都町組発達史－新版・公同沿革史』法政大学出版局、一九八〇年
網野善彦『日本中世の非農業民と天皇』岩波書店、一九八四年

今谷明『室町幕府解体過程の研究』岩波書店、一九八五年
今谷明『京都・一五四七年－描かれた中世都市』平凡社、一九八八年
今谷明『天文法華の乱－武装する町衆』平凡社、一九八九年
今谷明『戦国大名と天皇－室町幕府の解体と王権の逆襲』講談社学術文庫、二〇〇一年
植木行宣『山・鉾・屋台の祭り－風流の開花』白水社、二〇〇一年
上島有『京郊庄園村落の研究』塙書房、一九七〇年
大石雅章『日本中世社会と寺院』清文堂出版、二〇〇四年
奥野高廣『戦国時代の宮廷生活』続群書類従完成会、二〇〇四年
小野晃嗣『日本中世商業史の研究』法政大学出版局、一九八九年
河内将芳『中世京都の都市と宗教』思文閣出版、二〇〇六年
川嶋将生『中世京都文化の周縁』思文閣出版、一九九二年
河音能平『中世封建社会の首都と農村』東京大学出版会、一九八四年
鍛代敏雄『中世後期の寺社と経済』思文閣出版、一九九九年
桑山浩然『室町幕府の政治と経済』吉川弘文館、二〇〇六年
五島邦治『京都町共同体成立史の研究』岩田書院、二〇〇四年
小葉田淳『中世日支通交貿易史の研究』刀江書院、一九四一年

参考文献

五味文彦『院政期社会の研究』山川出版社、一九八四年
佐藤進一『日本中世史論集』岩波書店、一九九〇年
水藤真『歴博甲本洛中洛外図屛風を読む』歴博ブックレット、一九九九年
瀬田勝哉『洛中洛外の群像』平凡社、一九九四年
高橋昌明『平清盛　福原の夢』講談社、二〇〇七年
高橋康夫『京都中世都市史研究』思文閣出版、一九八三年
高橋康夫『洛中洛外－環境文化の中世史』平凡社、一九八八年
難波田徹『中世考古美術と社会』思文閣出版、一九九一年
早島大祐『首都の経済と室町幕府』吉川弘文館、二〇〇六年
林屋辰三郎『中世芸能史の研究－古代からの継承と創造』岩波書店、一九六〇年
原田伴彦『原田伴彦著作集』全八巻、思文閣出版、一九八一～八二年
原田正俊『日本中世の禅宗と社会』吉川弘文館、一九九八年
宗政五十緒『近世京都出版文化の研究』同朋舎出版、一九八二年
村井康彦『古代国家解体過程の研究』岩波書店、一九六五年
村山修一『日本都市生活の源流』関書院、一九五五年
百瀬今朝雄『弘安書札礼の研究』東京大学出版会、二〇〇〇年

安岡重明編『京都企業家の伝統と革新』同文舘出版、一九九八年
安田政彦『平安京のニオイ』吉川弘文館、二〇〇七年
横井清『中世民衆の生活文化』東京大学出版会、一九七五年
脇田修『近世封建制成立史論』東京大学出版会、一九七七年
脇田修『元禄の社会』塙書房、一九八〇年
脇田修「京都」『部落の歴史 近畿篇』部落問題研究所、一九八二年
脇田修『河原巻物の世界』東京大学出版会、一九九一年
脇田修『日本近世都市史の研究』東京大学出版会、一九九四年
脇田晴子『日本中世商業発達史の研究』御茶の水書房、一九六九年
脇田晴子『日本中世都市論』東京大学出版会、一九八一年
脇田晴子『室町時代』中公新書、一九八五年
脇田晴子『日本中世女性史の研究』東京大学出版会、一九九二年
脇田晴子『日本中世被差別民の研究』岩波書店、二〇〇二年

地名索引

［さ行］

［た行］

［な行］

［は行］

寺社名索引

地図作製協力◆鋤柄俊夫
山田邦和
地図ＤＴＰ◆関根美有

脇田 修（わきた・おさむ）

1931年，大阪に生まれる．京都大学文学部卒業．京都大学大学院文学研究科博士課程修了．文学博士．大阪大学教授，帝塚山学院学院長などを経て，大阪大学名誉教授．2018年３月逝去．
著書『近世身分制と被差別部落』（部落問題研究所，2001）
『部落史に考える』（部落問題研究所，1996）
『近世大坂の経済と文化』（人文書院，1994）
『秀吉の経済感覚』（中公新書，1991）他多数

脇田晴子（わきた・はるこ）

1934年，西宮市に生まれる．神戸大学文学部卒業．京都大学大学院文学研究科博士課程修了．文学博士．大阪外国語大学教授，滋賀県立大学教授などを経て，滋賀県立大学名誉教授．2016年９月逝去．
著書『能楽のなかの女たち』（岩波書店，2005）
『天皇と中世文化』（吉川弘文館，2003）
『日本中世被差別民の研究』（岩波書店，2002）
『中世京都と祇園祭』（中公新書，1999）他多数

物語《ものがたり》 京都《きょうと》の歴史《れきし》
中公新書 *1928*

2008年１月25日初版
2020年２月25日７版

著 者 脇 田 修
　　　脇 田 晴 子
発行者 松 田 陽 三

本文印刷 三晃印刷
カバー印刷 大熊整美堂
製 本 小泉製本

発行所 中央公論新社
〒100-8152
東京都千代田区大手町 1-7-1
電話 販売 03-5299-1730
　　 編集 03-5299-1830
URL http://www.chuko.co.jp/

Published by CHUOKORON-SHINSHA, INC.
Printed in Japan ISBN978-4-12-101928-8 C1221

中公新書

日本史

d1